Esther Ahmad · Craig Borlase

Die Glaubenskriegerin

Ich kämpfte um Allahs Aufmerksamkeit und fand Gottes liebevollen Blick

Aus dem amerikanischen Englisch von Tabita Krägeloh

SCM
Hänssler

SCM

Stiftung Christliche Medien

SCM Hänssler ist ein Imprint der SCM Verlagsgruppe, die zur Stiftung Christliche Medien gehört, einer gemeinnützigen Stiftung, die sich für die Förderung und Verbreitung christlicher Bücher, Zeitschriften, Filme und Musik einsetzt.

MIX
Papier aus verantwortungsvollen Quellen
FSC® C014496

SCM Hänssler in der SCM Verlagsgruppe GmbH
Max-Eyth-Straße 41 · 71088 Holzgerlingen
Internet: www.scm-haenssler.de; E-Mail: info@scm-haenssler.de

Originally published in the U.S.A. under the title:
Defying Jihad, by Esther Ahmad and Craig Borlase

Lektorat: Rebecca Schneebeli
Übersetzung: Tabitha Krägeloh
Umschlaggestaltung: Sybille Koschera, Stuttgart
Titelbild: Photo by Ifrah Akhter on Unsplash
Satz: typoscript GmbH, Walddorfhäslach
Druck und Bindung: GGP Media GmbH, Pößneck
Gedruckt in Deutschland
ISBN 978-3-7751-5974-6
Bestell-Nr. 395.974

Dieses Buch ist meinem Ehemann John
und meiner Tochter Amiyah gewidmet.

Ihr habt an meiner Seite so viel riskiert.
Es vergeht kein Tag, an dem ich Gott nicht für euch danke. Ich bete, dass Gott
euch auch weiterhin segnen
und schützen wird.

Inhalt

Anmerkung der Autorin

Diese Memoiren sind die wahre Geschichte meines Lebenswegs. Sie schildern meine Kindheit in einer islamistischen Familie, meine lebensverändernde Begegnung mit Jesus und meine Flucht aus Pakistan. Um meine Familie zu schützen – sowohl jene Angehörige, die noch in Pakistan leben, als auch die in den USA –, habe ich einige Namen und Ortsangaben geändert. Im Fall meiner Kinder habe ich einen zusammengesetzten Charakter erfunden, um ihre Identitäten geheim zu halten.

Ich möchte zudem hervorheben, dass meine Geschichte eben nur das ist – meine Geschichte. Nicht alle Muslime sind Extremisten und nicht alle Muslime interpretieren den Dschihad so, wie meine religiöse Gemeinschaft es tat. Ich hoffe, dass dieses Buch Ihnen Einblicke in ein Leben gibt, von dem Sie vielleicht nicht viel wissen, und ich hoffe, dass es zum Dialog zwischen Menschen aus verschiedenen Kulturen und religiösen Hintergründen beiträgt.

Prolog

Ich trete vom Fenster zurück und versuche, den Lärm der Meute, die sich draußen vor unserem Haus versammelt hat, zu ignorieren. Sie sind sogar noch aufgebrachter als beim letzten Mal, als sie kamen und die Nachtruhe unserer ruhigen, respektablen Straße störten. Sie *sollten* aufgebracht sein. Angesichts dessen, was ich getan habe und wer ich geworden bin, ist es nur eine Frage der Zeit, bis sich ihre Verärgerung in Zorn verwandelt.

Ich stehe am Vordereingang und schließe die Augen, doch ich kann sie immer noch vor mir sehen, wie sie ins orangene Licht einer einzelnen Straßenlaterne getaucht dastehen. Die jungen Männer, die mit ihren Fäusten in die Luft schlagen, ihre Münder vor Wut verzerrt. Die Frauen, die sich aus den Fenstern der Nachbarhäuser lehnen, ihre Gesichter hinter Burkas verborgen. Die alten Männer, die von der Seite aus zusehen und ihre Augen auf den Mann gerichtet haben, der in der Mitte von ihnen allen steht. Der Mann, der mächtiger ist als irgendeiner von ihnen. Mein Vater.

Ich atme aus und strenge mich noch mehr an, meine Gedanken zu beruhigen. Ich lasse die einzelnen »Allahu Akbar!«-Rufe und Forderungen wie »Bringt das Mädchen raus!« verschwimmen und ineinander übergehen. Ich will ihre Stimmen nicht hören und ich will ihre Gesichter nicht sehen. Aber nicht, weil ich Angst habe. Ich habe Angst – ein bisschen. Doch Furcht ist das Letzte, was ich jetzt gebrauchen kann.

Ich muss auf jeden Fall in der Lage sein zu denken. Ich will meinen Anker auswerfen und meinen Geist gegen die starken Strömungen stählen, die über mich hinwegfließen und versuchen, mich in die Tiefen der Panik hinabzureißen. Ich will an dem festhalten, was real ist. Was immer als Nächstes kommen mag, ich muss mich an meinen Glauben klammern.

Ich rufe mir das Buch in Erinnerung, das ich bekommen habe, eines der beiden Bücher, die ich vor fast jedem in meinem Haus geheim gehalten habe. Hinter seinem zerknitterten und verblassten Umschlag finden sich Geschichten von Männern und Frauen, die gestorben sind, weil sie sich zu Gott bekannt haben. Die beschriebenen Tode sind brutal, doch die Kraft dieser Geschichten ist genug, um den Atem in meiner Brust zu beschleunigen und mein Herz hoffnungsvoll höherschlagen zu lassen.

Ich habe diese Geschichten wieder und wieder gelesen – so oft, dass ich sie jetzt so gut kenne wie die Feigen- und Guavenbäume in unserem Hof. Momentan sind diese Bäume die einzigen Lebewesen, die mich noch von der Meute trennen.

Ich denke an das andere Buch, das ich versteckt habe – das mit dem schwarzen Ledereinband und den Seiten, die so dünn sind, dass ich jedes Mal Angst habe, ich könne sie zerreißen, wenn ich sie nicht mit der größten Vorsicht behandle. Ich denke an die Geschichten, die auf diesen Seiten stehen. Ich denke an Paulus und Stephanus und so viele andere, die als Märtyrer gestorben sind.

Empfanden sie die gleiche Angst wie ich, als sie einer Meute entgegentraten? Rasten ihre Gedanken und Herzen, als das Ende nahte? Rangen sie so, wie ich es gerade tue, darum, ihre Gedanken auf die Ewigkeit nach dem Tod zu richten statt auf die Augenblicke davor? Wenn ja, gibt es für mich Hoffnung?

Mein Leben ist gerade hauchdünn. Meine Zeit hier auf der Erde ist bald abgelaufen. Ich bin bereit, im Himmel anzukommen. Aber die Erde zurückzulassen? Das ist schwieriger. Werde ich aus der Geschichte meiner Familie ausradiert werden? Werden sie mich vergessen? Werden sie jede Erinnerung an mich auslöschen?

Der Lärm von draußen macht einen Satz nach vorne – wie ein Tiger, der seine Beute anspringt. Jemand hat die Haustür geöffnet. Ich kneife meine Augen zu und zwinge mich, sie geschlossen zu halten. Ich kann die warme Sommerbrise an meiner Wange spüren.

Ich höre die Stimme meiner Mutter, die sich unter das Stimmengewirr der Menge mischt. Schreit sie jemanden an? Ich muss auch sie ignorieren.

Daniel. Ich beschließe, an ihn zu denken. Ich stelle mir vor, wie er der Meute entgegentritt, die seinen Tod fordert; ich sehe, wie er in die Löwengrube geworfen wird. Er vertraut darauf, dass Gott und Gott allein die Kontrolle hat. Ich erinnere mich auch an die drei Freunde von Daniel, die von starken Händen immer näher an den heißen Ofen gestoßen werden. Ich brauche mir die Hitze gar nicht vorzustellen – ich kann sie förmlich an meinen eigenen Armen spüren.

Ich denke an den vierten Mann, der zwischen den Flammen zu sehen war – der Mann, den niemand benennen, aber alle sehen konnten. Der Mann, der die Meute und das ganze Königreich zu Gott umkehren ließ. Der Mann, der alles veränderte.

Ich öffne die Augen, ich sehe meine Mutter vor mir stehen. Ihr Gesicht ist von einem Schleier eingerahmt. Sie wickelt mir eine Dupatta um den Kopf, wobei sie mein Haar und den unteren Teil meines Gesichtes mit dem Stoff bedeckt. Sie sieht mir in die Augen mit Tränen in ihren eigenen.

»Schick sie raus!«, sagt eine tiefe Stimme hinter ihr. Die Stimme meines Vaters ist immer die lauteste.

Ich kann sehen, dass meine Mutter etwas sagen will, doch die Worte bleiben ihr im Hals stecken. Wir umarmen uns und ich spüre ihre Tränen auf meinen Wangen.

»Denk daran, dass er unsere Zuflucht ist«, sage ich zu ihr. »Er ist unser Erlöser, unsere allgegenwärtige Hilfe in jeder Not. Ob ich lebe oder sterbe, Jesus Christus wird kommen, um mich zu retten. Um uns beide zu retten.«

Ich folge meinem Vater zur Tür hinaus und durch den Innenhof. Ich halte meinen Kopf gesenkt und zähle die Schritte, die mich an den Feigen- und Guavenbäumen vorbei auf die Straße bringen. Erst als mein Vater stehen bleibt, sehe ich hoch und nehme alles in mich auf. Er dreht sich zu mir um, doch ich weiß, dass er mich nicht ansehen wird. Stattdessen mustern seine Augen die Menschenmenge. Ich folge seinem Blick. Der Mob ist größer, als ich erwartet habe. Es sind zwei- oder dreihundert Menschen. Auch ihr Zorn ist größer, als ich erwartet habe; ich kann ihren Hass förmlich spüren. Ich spüre, wie er sich in mich hineinbohrt.

»Erschießt sie!«, ruft einer der jungen Männer in meiner Nähe.

Ich werfe ihm einen kurzen Blick zu. Sein Bart ist flaumig und bedeckt kaum sein Kinn. Ich frage mich, ob ich ihm je zuvor begegnet bin.

Bald stimmen andere mit ein und schreien: »Kafir!« Sie beschimpfen mich als Ungläubige. Doch der Lärm um mich herum bedeutet mir nichts. Etwas viel Stärkeres geschieht in meinem Innern. Es geschieht in einem einzigen Augenblick. Plötzlich bin ich von einem Mut erfüllt, der nicht von dieser Welt ist. Ich spüre die Worte in mir brodeln wie bei einer chemischen Reaktion. Wie brennender Phosphor in einem Labor erwachen sie plötzlich zum Leben und drängen nach draußen.

»Ja!«, schreie ich. »Tötet mich!« Meine Stimme ist laut. Ich kann mich nicht erinnern, dass sie jemals so laut gewesen ist. Und stark ist sie auch. Doch so neu diese Stimme auch sein mag, ich weiß, dass es meine Stimme ist. Ich bin es, die da spricht, aus meinem tiefsten Innern.

»Wenn ihr mich erschießen wollt, dann tut es«, fauche ich und sehe dabei direkt den jungen Mann mit dem Bartflaum an. »Aber tut es nicht hier. Bringt mich zur großen Kreuzung und lasst es die ganze Stadt wissen! Ich will, dass jeder in Pakistan hört, dass ich heute mein Leben für Jesus Christus gebe.«

Einen kurzen Moment lang herrscht Ruhe, bis ein Mann hinter mir ruft: »Schneidet ihr die Kehle auf!«

»Ja!« Ich wirbele herum, um ihn anzusehen. Er hält ein Messer, dessen Klinge so lang ist wie seine Hand. Die Worte kommen jetzt schneller und lauter, der Ofen in mir wird heißer und heißer. Selbst wenn ich es wollte, könnte ich mich selbst nicht davon abhalten, so zu reden. Nichts könnte mich jetzt noch zum Schweigen bringen. »Ihr könnt mir die Kehle durchschneiden, aber ich glaube, dass Gott stark ist und die Macht hat, unglaubliche Dinge zu tun – gestern, heute und für immer! Wenn ihr mich tötet, glaube ich, dass viele Menschen hören werden, was mit mir geschehen ist. Sie werden sich fragen, wer Jesus ist. Und wenn sie ihn suchen, werden sie ihn finden!«

»Verbrennt sie!«

»Ja!«, sage ich. »Verbrennt mich und ich glaube, dass ich zu ihm gehen werde und er herabkommen wird. Ihr alle werdet sein herrliches Angesicht sehen und viele von euch werden sehen, dass er der wahre Gott ist. Wie auch immer ihr mich tötet, viele von euch werden noch heute zu Christen werden!«

Alles verlangsamt sich, während ich mich umschaue. In diesem Moment sehe ich klarer als je zuvor in meinem Leben. Ich kann die Blindheit der Männer sehen, die mir ihren Hass entgegenschleudern. Ich spüre die Angst und den Schmerz der verschleierten Frauen, die sich hinter Wänden und Fenstern verbergen. Ich weiß, dass ich vor nicht allzu langer Zeit genauso war wie sie. Ich war verwundet und verloren, ein einsames Schaf, das zu weit abgeirrt war und jede Hoffnung, einen sicheren Ort zu erreichen, verloren hatte.

Aber jetzt nicht mehr. Jetzt bin ich bereit. Mein Kampf ist vorbei. Ich bin bereit zu sterben. Ich schließe meine Augen und seufze ein stummes Dankgebet. Bald wird es vorbei sein. Bald wird es …

»Wartet.« Die Stimme meines Vaters schneidet durch den Lärm der Menge. Mein Gebet erstarrt und mein Blut wird zu Blei.

Ich öffne die Augen. Er steht nah bei mir – so nah, dass ich selbst den feinsten Hauch seines Rasierwassers riechen kann. Wenn ich wollte, könnte ich die Hand ausstrecken und ihn berühren. Ich kann mich nicht daran erinnern, wann wir uns das letzte Mal so nah waren. Ich kann mich nicht erinnern, ihm überhaupt jemals so nah gewesen zu sein.

Er sieht auf etwas hinter mir, doch ich starre ihn direkt an. Ich studiere sein Gesicht, wie ich früher Proben unter dem Mikroskop studiert habe. Aus dieser Nähe kommt mir das Vertraute seltsam und fremd vor. Aus dieser Nähe ist nichts an meinem Vater so, wie ich es in Erinnerung habe. Er sieht alt aus. Erschöpft.

»Wartet«, sagt er erneut. Zum ersten Mal in meinen 21 Jahren sieht er mir direkt in die Augen.

Der Blick, den er mir zuwirft, ist nicht der Blick eines Vaters. Es ist kein Blick voller Liebe oder Güte oder Fürsorge. Er sieht mich nicht an, wie meine Mutter mich ansieht. Mein Vater starrt mich mit den Augen eines Mannes an, der keinerlei Gefühle für das hat, was er sieht.

»Ich habe eine bessere Idee«, sagt er. Er blinzelt zweimal und wendet sich ab.

Ich weiß nicht, was er plant, aber ich weiß, was er denkt. Er sieht mich jetzt anders. Er sieht mich als seinen Dschihad. Irgendwie werde ich dafür bezahlen müssen.

TEIL 1

Jeder muss einmal sterben

Eins

Ich wurde in dem Augenblick, als ich auf diese Welt kam, verwundet. Nicht, dass es ein Problem bei meiner Geburt gegeben hätte – ich kam stark und gesund zur Welt, mit einem Schrei, der laut genug war, um die Bäume erzittern zu lassen. Auch mit meiner Mutter war alles in Ordnung. Sie weinte vor Freude, als sie mich sah, nahm mich an ihre Brust und blickte liebevoll auf mein volles schwarzes Haar und meine großen Augen. Sie hieß mich willkommen, wie sie ihre ersten beiden Babys empfangen hatte, als diese vor einem beziehungsweise zwei Jahren geboren worden waren.

Die Wunde kam von meinem Vater. Er wollte einen Sohn. Ich war seine dritte Tochter.

Als meine Mutter zum ersten Mal ein Mädchen zur Welt brachte, hatte er es als Allahs Willen akzeptiert. Beim zweiten Mal war er schon etwas zurückhaltender gewesen. Aber drei Töchter zu bekommen? Das war nicht gut. Warum war er noch nicht mit einem Sohn gesegnet worden? Wie konnte ein Mann sein Haupt stolz erheben, wenn seine Frau ihm nichts als Töchter schenkte?

Statt mich nach meiner Geburt zu besuchen und mir einen Namen zu geben, wie er es bei meinen Schwestern getan hatte, weigerte er sich, mich zu sehen. Er kümmerte sich nicht um meine Mutter und betrachtete mich nicht voller Stolz. Er ging nicht in die Moschee, um zu beten oder den Ulema einzuladen, uns zu Hause zu besuchen, wie jeder gute Vater es tun sollte. Im Gegensatz zu meinen Schwestern und den anderen Kindern, die in unserer Nachbarschaft geboren wurden, bekam ich keinen Besuch von einem Gelehrten. Niemand flüsterte den Gebetsruf in meine neugeborenen Ohren, um mich darüber zu informieren, dass es keinen Gott außer Allah gibt und Mohammed der Bote Gottes ist.

Stattdessen vergrub sich mein Vater in seiner Arbeit. Von Sonnenaufgang bis Sonnenuntergang war er in der Stadt unterwegs, um Gewürze zu kaufen und zu verkaufen, wie auch sein Vater es vor ihm getan hatte. Wenn er spätabends nach Hause kam, mied er bewusst das Zimmer, in dem meine Mutter weinte, umgeben von Verwandten und Freunden, die vergeblich versuchten, sie zu trösten. Er ignorierte die Tränen meiner Mutter und die behutsamen Hinweise der Leute, die ihm rieten, nicht verärgert zu sein und zu akzeptieren, dass auch eine dritte Tochter ganz klar Allahs Wille war.

Nach drei Tagen gab er nach. Er ging ins Schlafzimmer, wo meine Mutter mich leise stillte. »Die Geschäfte laufen gut«, sagte er, um seinen Sinneswandel zu erklären. »Vielleicht will Allah mich ja doch segnen.«

Er erkundigte sich nach dem Wohlbefinden von meiner Mutter und mir, dann wandte er sich wieder zum Gehen. »Wir werden sie Zakhira nennen«, sagte er, als er zur Tür hinausging.

Obwohl ich mit einem Namen aufwuchs, der »Reichtum« bedeutete, fühlte ich mich wie eine Bettlerin. Die Geschichte von meinen ersten drei Tagen verfolgte mich überall, wo ich hinging. Es war das Erste, was die Leute erwähnten, wenn ich ihnen begegnete. Ich hörte irgendwann auf, zu zählen, wie oft ich von meiner Mutter bei einem Treffen mit der erweiterten Familie vorgestellt wurde und hörte: »Ah, *das* ist also das Mädchen, das dein Mann nicht ansehen wollte, he?«

Der Klang ihrer schnalzenden Zungen, während sie im Tratsch schwelgten, drehte das Messer in meinem Innern um. Von meinem Vater nicht geliebt zu werden war eine Sache, aber die Tatsache, dass alle anderen es wussten, machte die Wunde nur noch tiefer.

Je älter ich wurde, desto mehr Fragen stellte ich Allah. Meine Schwestern verhöhnten mich regelmäßig, weil ich diejenige war, die mein Vater nie wollte. Und wenn ich mich neben ihnen zum Gebet kniete, presste ich mein Gesicht in die muffig riechende Matte und betete im Stillen, während sich meine Augen mit Tränen füllten. *Warum hatte mein Vater mich nicht akzeptiert? Warum hatte Allah mich zu einem Mädchen gemacht? Warum wurde ich von meinem ersten Atemzug an bestraft?*

Ich bekam nie eine Antwort.

Stattdessen begann ich, die Gefühle zu benennen, die sich in mir regten. Leere. Einsamkeit. Rastlosigkeit. Gab es nichts, was ich tun konnte, um meinen Vater dazu zu bringen, mich zu sehen?

Meine Mutter wurde erneut schwanger und gebar in die offenen Arme meines Vaters den Sohn, den er immer gewollt hatte. Auch ein weiteres Mädchen kam hinzu und es gab Zeiten, in denen es schien, als würden sich die Dinge für mich endlich ändern. Zum Beispiel gab es eine Phase, in der mein Vater uns Kinder eins nach dem anderen mit auf den Markt nahm. Er war absolut fair und –

wann immer ich an der Reihe war – erlaubte er mir, das Huhn auszusuchen, das wir abends essen würden, oder die Gewürze, die meine Mutter zu Hause benötigte.

»Ich weiß, dass du eine gute Wahl treffen wirst, Zakhira«, sagte er dann zu mir. »Du bringst Glück. Du hast mir viel Geld eingebracht.«

So wertvoll diese Erinnerungen auch sein mögen, was sich mir am meisten einprägte, waren die anderen Gespräche, die auf dem Markt stattfanden. Immer, wenn wir auf einen seiner alten Freunde trafen, starrten sie mich an und fragten: »Wer ist das? Ist das die Dritte? Die, die du nicht ansehen wolltest?«

Mein Vater sagte nie, dass es ihm leidtat, und ich sprach auch nie mit ihm oder meiner Mutter darüber. Es war nicht die Art von Gespräch, das ein Mädchen in Pakistan mit ihren Eltern hat. Ich hatte keine andere Wahl, als selbst mit meinem Schmerz fertigzuwerden.

Das Beten half. Ich lernte, mir nachts die Decke über den Kopf zu ziehen und zu Allah zu rufen. Ich flüsterte dabei in meiner eigenen Sprache, Urdu, während mir die Tränen über die Wangen flossen.

Als ich sieben Jahre alt war, kam ich in die Schule, wie meine älteren Schwestern vor mir. Dort stieß ich unerwartet auf eine ganz neue Möglichkeit, mit meinen Problemen umzugehen: Ich entdeckte, dass ich meinen Vater stolz machen konnte. Schon nach einigen Unterrichtswochen wurden meine Eltern zu einem persönlichen Treffen mit meinem Lehrer eingeladen. Ich saß neben meinem Vater und meiner Mutter und hatte den Blick auf meine Füße gerichtet, während meine Beine von der Stuhlkante herunterbaumelten.

Ich hörte, wie der Lehrer ausführlich berichtete, was für eine gute Schülerin ich sei: »Sie ist sehr brav, immer respektvoll und sehr ordentlich. Sie ist die Schlauste in ihrer Klasse und sorgt gerne dafür, dass die anderen Mädchen still sitzen und mich nicht stören.«

Ich blickte auf und sah, dass meine Mutter mich anstarrte. Durch den Schlitz in ihrem Schleier konnte ich ihre Augen tanzen sehen und ich wusste, dass sich unter dem schwarzen Stoff ein Lächeln verbarg, das so breit war wie ein Ozean. Doch es war die Reaktion meines Vaters, die mich am meisten überraschte.

»Ja.« Er sah den Lehrer geradewegs an und breitete seine Hände weit aus, als wollte er ein Geschenk entgegennehmen. »Wir sind sehr stolz auf sie.«

Seine Stimme klang finster, doch seine Worte waren wie Honig für mich. Ich konnte fühlen, wie sie tief in mich eindrangen, wohltuend und heilend.

Es überraschte mich nicht, dass er mich während jenes Treffens kein einziges Mal ansah und die Worte meines Lehrers auch nie gegenüber anderen erwähnte. Es überraschte mich nicht, dass meine Schwestern mich später an diesem Tag erneut und mit noch größerem Eifer ärgerten. Doch ich schwor mir, besser zu werden und noch fleißiger zu arbeiten. Vielleicht würde mich mein Vater dann endlich ansehen.

Mein Verhältnis zu meiner Mutter war sehr eng, vielleicht deshalb, weil mein Vater so kalt und distanziert war. Sie und ich unterhielten uns ununterbrochen. Ich liebte es, nach Schulschluss neben ihr herzulaufen, während sie sich ihren Weg durch das Chaos und die Farben des örtlichen Marktes bahnte. Dann duckten wir uns gemeinsam in ein niedriges Gebäude, vorbei an den dünnen Vorhängen, die in der Türöffnung hingen. Diese Vorhänge markierten das Ende der Außenwelt und den Beginn des Königreichs meiner Mutter. Dort, in jenem Raum mit niedriger Decke, erhellt von Lampen, die leise über unseren Köpfen summten, führte meine Mutter ihre Schneiderei.

Es war ein magischer Ort. Ich pflegte mich auf einen Stuhl direkt neben sie zu setzen und mich mit großen Augen umzusehen, während meine Mutter und ihr Team aus zwei weiteren Frauen zwischen Bergen von leuchtend bunten Stoffen dasaßen. Der Raum war erfüllt von endlosen Flüssen aus Seide und Baumwolle, Schachteln mit Knöpfen und dem konstanten Rattern der drei elektrischen Nähmaschinen. Sie waren alt und verbeult, doch sie konnten wahre Wunder vollbringen. Sie verwandelten lebloses Material in Kleider, die genauso schön waren wie die, die ich in Zeitschriften sah.

Ich wollte unbedingt so viel wie möglich über diese Maschinen lernen. Ich löcherte meine Mutter mit Fragen über ihre Funktionsweise. Ich war ein wenig enttäuscht, als meine Mutter mir das Pedal zeigte, das den Motor startete und stoppte. Bis zu jenem Punkt hatte ich wirklich geglaubt, die Maschinen hätten ein Eigenleben. Doch ich kam bald über diese Enttäuschung hinweg und begann meine Mutter anzuflehen, mir zu erlauben, eine der Maschinen selbst auszuprobieren.

»Wenn du älter bist«, sagte sie. Sie führte mich zu einem Kleid, an dem nur noch die Knöpfe fehlten. »Zuerst musst du lernen zu nähen, wie ich es gelernt habe.«

Es kamen nie Männer durch den Vorhang herein. Auch meine älteren Schwestern besuchten die Werkstatt nur selten und ich kann mich nicht erinnern, dass mein Bruder je kam. Manchmal musste ich die Aufmerksamkeit meiner Mutter mit meiner jüngeren Schwester teilen, aber das war nicht so schlimm. Es gab genug Magie für uns beide in diesem kleinen Raum.

Alle Frauen legten ihre Burka ab, sobald sie drinnen waren. Sie konnten in der Schneiderwerkstatt frei reden. Es gab Tage, an denen die Luft von Gelächter erfüllt war. An anderen Tagen waren alle still, aber wie die Stimmung auch war, ich fühlte mich immer sicher innerhalb jener vier Wände.

Wenn ich meine Mutter nicht gerade darüber ausfragte, wie Elektrizität funktionierte oder wie die Nadel die beiden Fäden so ordentlich verbinden konnte, drehte sich das Gespräch oft um religiöse Themen. Nicht, dass ich viele Fragen gestellt hätte. Meine Mutter regte diese Unterhaltungen an und lehrte mich, was es bedeutet, eine gute Muslimin zu sein. Dies tat sie mit noch mehr Leidenschaft, als mir beizubringen, wie man Knöpfe annähte.

»Du musst immer Mohammed preisen und Allah danken«, sagte sie fast täglich. »Bleib rein, Zakhira. Lass dich nicht von dem Weg abbringen, den der Prophet für uns abgesteckt hat.«

Sie hatte eine schöne Singstimme, doch die einzige Art von Liedern, die sie sang, waren Naats – Loblieder für Mohammed. Sie erlaubte uns nie, ins Kino zu gehen, obwohl meine älteren Schwestern sie anflehten, sich die neuesten indischen Blockbuster ansehen zu dürfen, von denen ihre Freundinnen sprachen. Und obwohl sie ein erfolgreiches Geschäft hatte, das schöne Kleider anfertigte, achtete sie sehr darauf, dabei nicht vom Islam abzuweichen.

»Wenn du Nagellack trägst, wird dir Allah die Nägel ausreißen«, sagte sie. »Wenn du Lippenstift verwendest, werden deine Lippen mit Draht zugenäht werden. Kannst du dir vorstellen, wie schmerzhaft das wäre?«

Ich hätte es mir vorstellen können, wenn ich mich genug angestrengt hätte, doch meine Gedanken waren zu sehr mit Elektrizität und der Funktionsweise von Nähmaschinen beschäftigt, um mich allzu sehr um Make-up, romantische Bollywood-Filme oder die ewige Verdammnis zu kümmern.

Als ich mein zweites Schuljahr beendet hatte, verbrachte ich die Sommerferien zu meiner großen Freude in der Werkstatt meiner Mutter. Dies war der Sommer, in dem ich meine ersten Schritte als Schneiderin machte. Voller Ehrfurcht sah ich zu, wie die Nähmaschine brummend zum Leben erwachte, wenn ich das Pedal drückte.

Es war auch der Sommer, in dem ich von der Hölle erfuhr. Das Gespräch fand an einem ganz gewöhnlichen Nachmittag statt. Als meine Mutter und ich allein in der Werkstatt saßen, lenkte sie das Thema von Make-up und Filmen weg. Während sie sprach, fiel ein Schatten über meine Gedanken. »Wenn jemand lügt«, sagte sie, »wird Allah seine Zunge weit herausziehen und sie an die Wand nageln.«

Das Bild war so lebendig und erschreckend, dass es eine Weile dauerte, bis ich antwortete. Als ich endlich wieder sprechen konnte, klang meine Stimme weit entfernt: »Woher weiß Allah, wann wir lügen?«

»Da sind zwei Engel, die dich die ganze Zeit beobachten – einer auf deiner linken Schulter und einer auf deiner rechten. Der auf der linken Seite schreibt alles Böse auf, was du tust, während der auf der rechten all deine guten Werke notiert.«

Ich dachte an meinen Vater und daran, wie oft ich wütend auf ihn gewesen war. Ich spürte einen Schauer über meinen Rücken laufen. Als ich nun sprach, war meine Stimme noch schwächer: »Ami, was ist, wenn ich böse Gedanken über jemanden habe? Schreibt der Engel auf der linken Schulter die auch auf?«

Meine Mutter lächelte und streckte die Hand aus, um mir über die Wange zu streichen. »Nein, mein Kind. Sie können deine Gedanken nicht hören. Nur deine Taten zählen.« Sie hielt inne und das Lächeln verschwand aus ihrem Gesicht. »Jeder stirbt einmal und dann findet er sich vor Allah wieder. Auf der einen Seite wird der Engel sein, der das Gute aufgeschrieben hat, und auf der anderen der Engel, der das Schlechte aufgeschrieben hat. Vor Allah wird eine Waage mit zwei Waagschalen stehen. Wenn die guten Taten die bösen überwiegen, kommt die Person in den Himmel. Wenn die bösen Taten schwerer wiegen, kommt sie in die Hölle.«

Später an jenem Abend waren meine Mutter und ich zu Hause und bereiteten mit meinen Schwestern das Abendessen zu. Als ich Chapatis anbriet, war ich abgelenkt und verbrannte mir den Arm an der Pfanne. Der Schmerz setzte sofort ein, doch ich gab mir Mühe, die Tränen zu unterdrücken.

Im Laufe des restlichen Abends betrachtete ich immer wieder die Schwellung an meinem Arm. Ich war überzeugt, dass ich spüren konnte, wie mein Fleisch weiter brannte. Als ich ins Bett ging, war ich immer noch aufgewühlt und ängstlich. Mein Arm tat noch zu sehr weh, um zu schlafen.

Als ich endlich einschlief, waren meine Träume furchteinflößend. Ich stand vor einem Thron aus schwarzem Stein. Auf beiden Seiten stand ein Engel. Als ich hinsah, wandte der Engel auf der Rechten sich von mir ab, während der Engel auf der Linken seine Hand nach mir ausstreckte. Ich konnte spüren, wie seine Finger sich fest um die Stelle an meinem Arm schlossen, wo ich mich an der Pfanne verbrannt hatte. Dann fühlte ich, wie meine Füße sich bewegten, während er mich in die Tiefe zog. Je näher wir der Hölle kamen, desto heißer wurde es. Bald glühte mein ganzer Körper in der Hitze, als wäre jeder Zentimeter meines Fleisches von der Pfanne verbrannt worden.

Ich wachte im Dunkeln auf. Mein Arm pulsierte und mein Rücken war schweißgebadet. Ich versuchte, nach meiner Mutter zu rufen, doch lange Zeit brachte ich keinen Ton heraus.

Zwei

Ich war nicht die Einzige, der meine Mutter beibringen wollte, wie wichtig es ist, eine gute Muslimin zu sein. Sie ermutigte auch meine Geschwister zum Beten und schärfte uns allen die Realitäten des Gerichts ein, das uns nach dem Tod erwarten würde. Doch während ich eine aufmerksame, nachdenkliche Zuhörerin war, galt dies nicht für jeden in meiner Familie – vor allem nicht für meinen Vater.

Ihr erster Ehestreit betraf seine Garderobe. Mein Vater bevorzugte westliche Kleidung, doch für meine Mutter waren seine Polyesterhosen und hautengen Hemden ein äußerliches Zeichen für mangelnde innere Hingabe an Allah. Da er damals ein schwächerer Mann war als in seinen späteren Jahren, gab er sehr bald nach und akzeptierte die schlichte, fließende Salwar Kamiz, die seine Braut ihm empfahl. Dies war jedoch ein leerer Sieg für sie, denn in den darauffolgenden Jahren zeigte mein Vater keinerlei Anzeichen dafür, ein hingebungsvollerer Diener Allahs zu werden. Er kleidete sich passend, doch sein Herz war nicht bei der Sache.

Eines Nachts wurde ich von Geschrei geweckt, das von draußen kam. Ich gesellte mich zu meinen kichernden Schwestern ans

Fenster und sah, wie mein Vater gegen die Tür hämmerte. Er trug die engsten Hosen, die ich je gesehen hatte, und ein weißes Hemd mit einem Kragen, der beinahe so breit war wie seine Schultern.

»Lass mich rein!«, schrie er.

»Nein.« Die Stimme meiner Mutter drang aus dem Innern des Hauses zu uns herauf. »Ich will nicht, dass du hierherkommst, solange du dich so anziehst und ins Kino gehst.«

Kurz herrschte Stille. »Okay«, sagte mein Vater mit ruhiger und sanfter Stimme. »Ich werde nicht mehr gehen. Jetzt lass mich rein.«

»Nein!«, schrie meine Mutter voller Selbstvertrauen – einem Selbstvertrauen, das von ihrer Überzeugung herrührte, als pflichtbewusste Tochter Allahs zu handeln. »Lass jeden sehen, dass du ausgesperrt wurdest.«

Der Kampf war vorbei, doch der Krieg wütete weiter. Einige Monate später kam mein Vater mit einem brandneuen Fernseher nach Hause. Wir hatten nie zuvor einen Fernseher gehabt und wie alle meine Geschwister war ich begeistert. Meine Mutter hatte Schwierigkeiten, uns am nächsten Morgen in die Schule zu bekommen, und am Ende des Tages eilten wir alle aufgeregt nach Hause, um zu sehen, welche Wunder uns auf dem Bildschirm erwarteten. Zu unserer Überraschung klaffte an der Stelle, an die mein Vater den Fernseher gestellt hatte, eine Lücke.

»Ich habe ihn verkauft«, sagte meine Mutter, während wir mit offenem Mund dastanden. »Ich will keinen Fernseher in meinem Haus. Wenn wir ihn behalten hätten, würde Allahs gesegneter Engel nicht zu uns kommen.«

Das gefiel mir nicht, aber ich kam nicht gegen ihre Logik an. Meine Mutter hatte mir schon so oft erzählt, wie wichtig es ist, sich nicht zu verunreinigen. Um Allah pflichtbewusst zu dienen, müssen wir alle Schritte befolgen, die im Koran dargelegt sind – wie man betet, wie man isst, wie man sich kleidet und sogar wie man einander grüßt. Laut dem Hadith betreten Engel keine Häuser, in denen es bewegte Bilder gibt. Warum sollte eine gute muslimische Familie es also überhaupt in Erwägung ziehen, sich einen Fernseher nach Hause zu holen?

Als mein Vater nach Hause kam und entdeckte, was geschehen war, tat er, was er in seiner Ehe bis dahin immer getan hatte. Er sagte nichts und ging fort.

Meine Mutter legte alle Regeln des Hauses fest. Sie sorgte dafür, dass alle ihre Kinder fünfmal am Tag beteten. Außerdem achtete sie darauf, dass der Koran immer das höchste Buch im Raum war und niemals auf den Boden gelegt wurde. Um den gesegneten Engel zu ermutigen, unser Haus zu besuchen, stellte sie sicher, dass kein unreines Tier wie etwa ein Hund je durch unsere Türen kam.

Unsere Familie war in dieser Hinsicht nicht ungewöhnlich. In unserer Straße lebten viele Familien wie die unsrige, in denen die Mütter sich um ihre Kinder und Häuser kümmerten und die Väter ihren Geschäften nachgingen. Doch schon als kleines Mädchen fiel mir auf, dass wir manchmal anders behandelt wurden. Immer, wenn wir auf den Markt gingen, um Reis, Linsen oder Knoblauch zu kaufen, ließen die Verkäufer meiner Mutter etwas mehr Aufmerksamkeit zukommen als den anderen Kunden. Und wenn mein Vater eines von uns Kindern zum Metzger sandte, um Fleisch abzuholen, wurden uns immer die besten Stücke und obendrein noch eine kühle Limo gegeben – etwas, was keines der anderen Kinder im Laden bekam. Unser Wohlstand brachte viele Privilegien mit sich.

Die Tatsache, dass die Leute meinen Vater respektierten und schätzten, bedeutete mir nicht viel. Aus meiner Perspektive zählte nur, dass ich eine Enttäuschung für ihn war. Sosehr ich mich in der Schule auch anstrengte, die Augenblicke, in denen ich ihn stolz machte, waren dünn gesät. Die Hänseleien meiner Schwestern hielten an, ebenso wie das Murmeln und die säuerlichen Gesichter der Frauen, die über mich tratschten, wann immer ich in der Nähe war. Ich war immer noch das Kind, das mein Vater nie gewollt hatte. Ich war immer noch das Mädchen, von dem er sich wünschte, dass es als Junge geboren wäre.

Unsere ganze Welt veränderte sich an dem Tag, an dem mein Vater sich einen Bart wachsen ließ. Zumindest kam es mir damals so vor.

Ich war zehn Jahre alt und Pakistan befand sich im Umbruch. Eine kleine Gruppe militanter Islamisten begann, in unserem Gebiet Anhänger zu rekrutieren. Sie wollten den machthabenden Geschäftsleuten und weltlichen Führern die Kontrolle über Pakistan entreißen. Sie glaubten, dass Pakistan gemäß der Scharia regiert werden sollte, und ermutigten unsere Gemeinde dazu, alle äußeren Zeichen des westlichen Lebens abzulehnen, die viele in unserem Land angenommen hatten. Sie versuchten, die Kinos zu schließen und den Modeläden das Wasser – sprich die Kunden – abzugraben. Rückblickend erkenne ich, dass sie meinen Vater gezielt in Visier nahmen, weil er wohlhabend war. Sie hatten ehrgeizige Pläne für die Zukunft. Eines Tages würden sie Leute brauchen, die sie finanzierten.

Ich weiß nicht, wie, doch sie hatten Erfolg, wo meine Mutter gescheitert war. Es gelang ihnen, meinen Vater von der Welt der eng sitzenden Hosen und indischen Filme abzubringen und ihn davon zu überzeugen, seinen Glauben ernst zu nehmen. Also ließ er sich den Bart wachsen.

Je mehr Zeit er mit der militanten Gruppe verbrachte, desto länger und voller wurde sein Bart. Anfangs wuchs er noch ungleichmäßig, doch zu dem Zeitpunkt, als er lang genug war, um sein Kinn zu bedecken, hatte mein Vater angefangen, meinen Bruder mit in die Moschee am Ende der Straße zu nehmen, um fünfmal am Tag zu beten. Als sein Bart dann so lang war, dass er hindurchfahren und sich einzelne Strähnen um die Finger wickeln konnte, verkündete er, dass unsere ganze Familie sich zu der Gruppe bekennen sollte.

Als sein Bart beinahe so voll war wie die Bärte der Geistlichen, mit denen er sich auf der Straße unterhielt, gestaltete mein Vater das Erdgeschoss unseres Hauses um. Er wollte einen Raum schaffen, der groß genug war für rund hundert Personen, um sie einzuladen, den Geistlichen zuzuhören, die lehrten, was es bedeutete, ein wahrer, hingebungsvoller Muslim zu sein.

Innerhalb von Wochen waren die Bauarbeiten abgeschlossen. Eines der Schlafzimmer war verschwunden und ebenso das beste Zimmer des Hauses – der Ort, an dem wir früher Gäste empfingen und sie auf Ledersesseln Platz nehmen ließen, die wie Throne an der Wand entlang aufgestellt waren. An ihrer Stelle befand sich nun ein Saal mit Teppichboden, an dessen einem Ende ein einzelner Stuhl stand. Außerdem gab es einen Vorhang, der vor eine Ecke gezogen werden konnte, damit die Frauen zusammen mit den Männern an den Treffen teilnehmen konnten, ohne gesehen zu werden.

Obwohl es in diesem Raum keine Maschinen, wenig Farbe und keinerlei Geschwätz oder Gelächter von Frauen gab, fand ich, dass er genauso magisch war wie die Werkstatt meiner Mutter. Und nachdem ich zum ersten Mal an einem Treffen dort teilgenommen hatte, war ich überzeugt, dass es ein Ort war, an dem Wunder geschehen konnten.

Als die Bauleute und Raumausstatter gegangen waren, half ich, den Saal zu reinigen. Meine Mutter leitete die Arbeiten an, wies uns Kindern Aufgaben zu und ermutigte uns mit Aussagen wie: »Je härter ihr arbeitet, desto glücklicher wird Allah sein.«

Als der Freitagnachmittag endlich kam, konnte ich mich kaum zurückhalten. Ich beobachtete von oben, wie eine Gruppe von Männern sich draußen vor unseren Toren versammelte, bevor sie von meinem Vater empfangen wurden. Ich hörte, wie das Haus vom Klang tiefer Männerstimmen erfüllt wurde, und nahm schnell meinen Platz neben meinen Schwestern und meiner Mutter hinter dem Vorhang versteckt ein.

Da dies das erste Daras oder Treffen war, entschied mein Vater, dass wir zur Feier des Tages Allah bitten sollten, das Essen zu segnen, das meine Mutter zubereitet hatte: weißer Reis mit Mandeln und Cashews, übergossen mit Milch. Die Aufgabe meines Vaters war es, die Schüssel mit dem Gericht hereinzutragen, sie mit einem weißen Tuch zu bedecken und neben den Stuhl des Geistlichen zu stellen. Dann würde uns der Geistliche erklären, wie wir zu beten hatten.

Wir schlossen alle die Augen, nahmen unsere Gebetsperlen zur Hand und wiederholten dasselbe arabische Gebet einundzwanzigmal – einmal für jede Perle. Beim Beten drehten wir unsere Köpfe nach links und rechts. Bald fielen wir in einen Rhythmus. Der ganze Raum summte und bewegte sich, genauso wie die Werkstatt meiner Mutter, wenn alle drei Nähmaschinen liefen.

»Allahu Akbar!« Der laute Ruf aus dem vorderen Teil des Raumes erschreckte mich im ersten Moment. Ich schaute auf und sah, wie der Geistliche vor der Schüssel stand und das weiße Tuch hochhielt.

»Der Handabdruck!«, rief ein anderer Mann. »Wir sind gesegnet worden vom Propheten, Friede sei mit ihm.«

Der Raum brach in Lob und Begeisterung aus. Ich drängte mich nach vorne, um hinter den Vorhang schauen zu können. Ich wollte mit eigenen Augen sehen, was alle anstarrten. Mitten im Reis war ein deutlicher Handabdruck erkennbar. Er konnte nur von einem Mann stammen, und ich sah keinen Grund, daran zu zweifeln, dass Mohammed selbst ihn hinterlassen hatte.

»Siehst du«, sagte meine Mutter, als unsere Blicke sich kreuzten, »je härter wir arbeiten, desto glücklicher wird Allah sein.«

Nach jenem ersten Daras hielten wir mindestens einmal die Woche Versammlungen in unserem Haus ab. Ich musste nie zur Teilnahme überredet werden. Obwohl ich die jüngste Frau hinter dem Vorhang war, hörte ich wie gebannt zu, wenn die Geistlichen aus dem Koran und dem Hadith lehrten. Ich lernte beides lieben und die Worte wie Brot zu verschlingen.

In jenen Tagen hörte ich viel über Großzügigkeit und darüber, wie wichtig es ist, Menschen in Not zu helfen. Obwohl wir wohlhabend waren, wusste ich, dass ich nur einige Blöcke weit laufen musste, um Armut auf den Straßen zu sehen. Je mehr ich hörte und beobachtete, desto mehr verstand ich, dass Muslime leidenschaftliche, großzügige Menschen sind. Wenn sie geben, tun sie es fröhlich und ohne Vorbehalte.

Das vielleicht beste Beispiel für diese Großzügigkeit kam aus unerwarteter Quelle: von meinem Vater. Als ich eines Tages von der Schule nach Hause kam, sah ich fünf Nähmaschinen im Flur stehen. Meine Mutter starrte sie verwirrt an.

»Wofür sind die?«, fragte sie meinen Vater, als er nach Hause kam.

»Ich habe sie für die Witwen gekauft«, sagte er.

»Warum? Du hättest ihnen stattdessen einfach das Geld geben können, dann wären sie in der Lage, sich Essen zu kaufen und ihre Kinder zur Schule zu schicken.«

»Möglicherweise, aber so werden sie in der Lage sein, selbst Geld zu verdienen. Und wenn sie selbst etwas verdienen, können sie auch mit anderen teilen – so wie wir.«

Kurze Zeit nachdem die Nähmaschinen den dankbaren neuen Besitzerinnen überreicht worden waren, veranstalteten wir ein Daras, das ich niemals vergessen werde. Der Saal war sogar noch voller als sonst und statt eines Geistlichen standen fünf vorne. Die Männer legten einen Grad an Autorität und Selbstbeherrschung an den Tag, wie ich es noch nie gesehen hatte. In meinen jungen Augen sahen diese Männer mit ihren fließenden Bärten und gelehrten Mienen wie die weisesten Menschen der Welt aus.

Der älteste unter ihnen sprach eine Weile über das Leben von Mohammed und wies die anderen Geistlichen dann an, je eine Ecke eines großen weißen Tuchs zu halten. Sie hielten das Tuch zwischen sich hoch. Dann standen plötzlich alle auf und drängten nach vorne. Die meisten warfen Geld auf das Tuch, doch eine Frau zog sogar ihr goldenes Armband aus und legte es zwischen die Münzen und Scheine.

Ich rannte aus dem Raum und geradewegs hoch in mein Schlafzimmer, um eine Schachtel hervorzuholen, die am Boden meines Kleiderschranks stand. In weniger als einer Minute war ich zurück auf dem Daras. Als meine Hände sich öffneten, fielen einige goldene Ketten und Ohrringe auf das Tuch. Diese gehörten mir schon so lange, wie ich denken konnte. Sie waren der wertvollste Besitz, den ich hatte, und ich wollte sie Allah geben.

Als die Versammlung beendet war, saß ich still auf dem Teppich, während die Gäste nach draußen strömten. Es fühlte sich gut an, großzügig zu sein. Ich wollte den Armen helfen, doch ich wollte auch, dass Allah über mich lächelte. Ich wollte seinen Segen für unsere Familie und ich wusste, dass mein Gold ein kleiner Preis für Allahs Gunst war.

Ein Paar schuhloser Füße blieb vor mir stehen. Ich schaute auf und sah meinen Vater auf mich herabstarren. Ich fühlte mich beunruhigt. Es machte mich nervös, ihm so nahe zu sein.

»Steh auf«, sagte er. »Folge mir!«

Als wir nach draußen auf den vorderen Hof kamen, sprach meine Mutter dort gerade mit meinen Schwestern. Mein Vater stellte mich neben sich und wandte sich an meine Mutter sowie alle anderen, die in Hörweite waren. »Ich bin stolz auf dieses Mädchen!«, sagte er. »Sie hat das Allerbeste gegeben, das sie zu geben hatte. Sie hat alles für Allahs Sache getan.«

Ich war so glücklich, dass ich dachte, ich würde platzen.

»Ich bin stolz auf dich«, sagte er zu mir. »Du hast nicht an dich selbst gedacht.«

Dann wandte er sich erneut an meine Mutter. »Geh und kaufe ihr mehr Schmuck! Aber hole diesmal größere, dickere Ketten.«

Meine Schwestern sahen mich fassungslos an. Ich erlaubte mir ein winziges Lächeln, senkte meinen Blick und pries Allah im Stillen. Der Gedanke, mehr wertvollen Schmuck zu bekommen, war wunderbar. Doch selbst diese Begeisterung verblasste im Vergleich zu der Freude, die ich verspürte, nachdem mein Vater in der Öffentlichkeit so von mir geredet hatte. Es machte mich so froh, dass ich es kaum begreifen konnte.

Drei

Ich wusste, dass es riskant war, doch ich war verzweifelt. Also wickelte ich mich enger in meine Dupatta und lief auf meinen Vater und den Mullah zu. Das Daras war seit einer Weile vorüber, doch Anwar, der Mullah, war noch im Versammlungsraum geblieben, um sich zu unterhalten.

Ich fiel dem Mullah zu Füßen auf die Knie und versuchte, die kurze Rede aufzusagen, die ich vorbereitet hatte. Doch statt »Können Sie mir bitte – so Allah will – das Privileg gewähren, meine Ausbildung fortzusetzen?«, war alles, was aus meinem Mund hervorkam, ein wortloses Schluchzen.

»Warum weint sie?«, fragte der Mullah meinen Vater.

Ich konnte den Zorn in der Stimme meines Vaters hören, als er antwortete: »Sie will nächstes Jahr in die Schule gehen, aber das ist nicht nötig. Sie hat schon fünf Jahre abgeschlossen und welches Mädchen braucht mehr als das? Sie wird nur Wäsche waschen, Geschirr spülen und Hausarbeit erledigen. Ich werde sie sicher nicht arbeiten schicken, genauso wenig wie ihr Ehemann, wenn sie einmal heiratet. Fünf Jahre Bildung waren genug für ihre älteren Schwestern und es ist auch für sie genug.«

Ich hatte all diese Argumente bereits gehört – mehr als einmal. Meistens, wenn mein Vater so sprach, war ich wütend auf ihn. Doch als ich ihm an jenem Freitagnachmittag im Versammlungsraum zuhörte, überkam mich bloß eine tiefe Traurigkeit.

Die fünf Jahre, die ich zur Schule gegangen war, hatten großen Einfluss auf mich gehabt. Die Schule war für mich eine Gelegenheit gewesen, nicht nur die Zustimmung meines Vaters, sondern auch die Bestätigung meiner Lehrer und Mitschüler zu gewinnen. Ich hatte meine Aufgaben sorgfältig erledigt und ich mochte es, als Anführerin gesehen zu werden. Ich wusste, dass diese Gelegenheiten kostbar waren, dass nicht jedes Mädchen in Pakistan sich auch nur wenige Schuljahre leisten konnte.

Dennoch ging es um mehr als nur um hervorragende Zeugnisse und gute Noten. Ich lernte gerne. Die Schule war staatlich und folgte einem breit gefächerten Lehrplan. Die Lektionen in Naturwissenschaften und Mathe öffneten mir Fenster in eine Welt, die mich begeisterte – eine Welt, in der es erlaubt und sogar gewünscht war, Fragen zu stellen. Und jede Antwort brachte ein weiteres Geheimnis zu Tage, das es zu lösen galt. Das Lernen stillte einerseits meinen Wissenshunger und trieb ihn andererseits weiter an. Wenn ich in der Schule war, war ich nicht mehr das Mädchen, das mein Vater ablehnte. Ich war die Schülerin, die alle anderen übertraf.

Dennoch hatte ich mit derselben Zwickmühle zu kämpfen, in der viele Mädchen in meinem Alter steckten. Das Ende der Mittelschule war ein natürlicher Schlusspunkt für Eltern mit traditionellen Ansichten, wie auch mein Vater sie hatte. Fünf Jahre wurden als genügend Bildung erachtet, um einem Mädchen zu erlauben, die Art von Ehefrau zu werden, die sie sich vorstellten: unterwürfig, ohne Ehrgeiz und an ihr Zuhause gebunden.

Ich hatte meinen Vater angefleht, die Worte auf meinem Abschlusszeugnis zu lesen und auf den Rat der Lehrer zu hören: »Wir glauben, dass Zakhira weitermachen kann. Sie kann hier nicht aufhören.« Doch bisher hatte mein Flehen nichts gebracht. Und während ich mein Gesicht dem Mullah zu Füßen in den Teppichboden drückte, erkannte ich meine eigene Dummheit. Was hatte ich mir denn gedacht? Von allen Menschen in der Stadt war dieser hingebungsvolle Anhänger des Islam wohl der Letzte, der einem zwölfjährigen Mädchen seinen Wunsch nach Bildung erfüllen würde.

»Wie ist sie in der Schule?«, fragte er.

»Oh, sie ist sehr gut«, antwortete mein Vater mit Stolz statt Verärgerung in der Stimme. »Sie hat viele Auszeichnungen für ihre Schularbeit gewonnen und ihre Zeugnisse sind immer vorbildlich.«

»Nun ja«, sagte der Mullah nach einer Pause, »wenn sie gut ist, dann sollten Sie sie vielleicht gehen lassen, aber nur auf die richtige Schule. Ein Kind wie dieses braucht sorgfältige Pflege.«

Ich war verblüfft und ein wenig verwirrt.

»Die Medrese?«, fragte mein Vater.

»Ja. Natürlich müsste sie sich angemessen kleiden.«

»Das werde ich!«, rief ich. Ich hatte nie zuvor eine Burka getragen, aber wenn das nötig war, um weiter zur Schule zu gehen, war ich mehr als bereit dazu. »Danke«, sagte ich zum Mullah. »Sie sind wie ein Engel.«

Am Ende der Sommerferien meldete ich mich an meiner neuen Schule an. Obwohl sie von Geistlichen derselben militanten Organisation geleitet wurde, der mein Vater angehörte, bemerkte ich zunächst nicht viele Unterschiede zu meiner alten Schule. Wir lernten immer noch Mathe, Naturwissenschaften und Englisch.

Wir verbrachten mehr Zeit damit, über den Koran zu lernen, doch damit hatte ich kein Problem. Der Koranunterricht gab mir nur noch mehr Gelegenheiten zu glänzen.

Nach einigen Wochen hörte ich von einem Wettkampf zwischen fünf unterschiedlichen Medreses in der Stadt. Das Ziel war, den besten Vortrag über das Leben von Mohammed zu halten. Ich wusste sofort, dass ich teilnehmen und gewinnen wollte. Meine Mutter hatte mich gut unterrichtet. Unsere Unterhaltungen über den Propheten glitten so leicht dahin wie der Stoff durch ihre Nähmaschinen.

Die Lehrer überließen es den Schülern, sich vorzubereiten. Sie gaben uns nur einen einfachen Rat: Wenn wir irgendwelche Fakten oder Geschichten über Mohammed erzählten, die nicht stimmten, würden wir trotzdem einen Punkt bekommen, solange sie gut klangen.

Ich lernte fleißig und fragte meine Mutter, wenn ich Schwierigkeiten hatte, eine Stelle im Koran zu verstehen. Am Tag des Wettkampfes war ich so aufgeregt, dass ich überzeugt war, die Chapatis, die ich zum Mittagessen gegessen hatte, nicht bei mir behalten zu können. Ich war als eine der Letzten an der Reihe. Es war nervenaufreibend, die eindrucksvollen Vorträge der Mädchen und Jungen vor mir anzuhören. Doch während viele von ihnen ein breites Spektrum an Geschichten erzählten, auch manche, die ich noch nie gehört hatte, hielten die meisten Teilnehmer ihre Blicke nervös auf ihre Notizen gerichtet. Während ich sie beobachtete und auf meinen Einsatz wartete, entschied ich, ein Risiko einzugehen.

Ich ging auf die Bühne und senkte das Mikrofon herab. Meine Beine zitterten und ich hatte ein flaues Gefühl im Magen, doch ich faltete mein Blatt zusammen und legte es auf das Rednerpult. Ich sah auf die hundert Menschen, die versammelt waren, entdeckte meine Mutter und einige andere Verwandte, nahm einen tiefen Atemzug und begann: »Der Prophet Mohammed, Friede sei mit ihm, wurde an einem Montagmorgen irgendwann im Jahre 570 geboren. Es wird berichtet, dass die Mutter des Propheten Mohammed, Friede sei mit ihm, sagte, dass bei seiner Geburt ein helles Licht aus ihrem Inneren schien, das die Paläste von Syrien erleuchtete.«

Ich hielt inne und sah mich um. Manche nickten zustimmend. Ich nahm einen weiteren Atemzug – froh, angefangen zu haben, aber immer noch panisch, dass ich einen Fehler machen könnte. »Der Charakter des Propheten Mohammed, Friede sei mit ihm, kann als ehrlich, freundlich und wahr in allen seinen Worten beschrieben werden. Dreimal kam der Engel Gabriel zu ihm und umarmte ihn. Der Prophet Mohammed, Friede sei mit ihm, verbreitete den Islam und ging durch viele Prüfungen, doch er verleugnete nie Allah, den Allmächtigen.«

Noch mehr Leute nickten. Mein rasender Herzschlag beruhigte sich allmählich. Ich sagte ein wenig mehr über den Islam und achtete darauf, dass jedes Wort auf dem Koran und dem Hadith beruhte. Ich hatte viel zu viel Angst, um irgendwelche Geschichten zu erfinden.

Endlich näherte ich mich dem Ende. Ich schloss mit einem Gedicht über die fünf Säulen des Islam, das ich auswendig gelernt hatte. Als meine Lippen die ersten Worte bildeten, konnte ich spüren, wie meine Lungen in mir anschwollen. Meine Stimme erfüllte den ganzen Raum, als ich ausrief:

Allah ist Einer und wie kein anderer
Er hat keinen Partner und keinen Sohn
Er ist gütig und gerecht und weise
Er hat keine Gestalt, Form oder Größe.

Ich nahm unter dem längsten Beifall des Tages Platz. Kurze Zeit später hielt ich meine Siegertrophäe in den Händen und hörte zu, wie meine Lehrer und meine Mutter darüber sprachen, wie gut ich gewesen war. Nachdem ich so lange zugehört hatte, wie es mir der Höflichkeit halber nötig erschien, fragte ich, ob sie mich entschuldigen könnten.

Ich rannte die anderthalb Kilometer nach Hause und hielt die Trophäe fest umklammert, um sie auf das Regal im Familienzimmer neben meine anderen Zeichen des Erfolges zu stellen. Ich ordnete meine Zeugnisse und sonstigen Auszeichnungen neu an und platzierte die neueste in der Mitte. Ich hörte nicht die Schritte hinter mir. Ich bemerkte erst, dass mein Vater mir zusah, als er sagte: »Gut so, meine Tochter.«

Nachdem ich das Regal fertig geordnet hatte, drehte ich mich um, um ihm zu danken. Doch er hatte das Zimmer bereits verlassen.

Ich war noch nie auf einem Schulausflug gewesen. Deshalb war ich auch so aufgeregt wie selten zuvor, als die Lehrer alle Mädchen in einen Bus und alle Jungen in einen anderen Bus verfrachteten. Die beiden männlichen Lehrer, die vorne in unserem Bus saßen, wussten, wie man eine Gruppe bei Laune hielt. Sie verbrachten eine halbe Stunde damit, uns in einer Reihe von Gesängen und Rufen anzuleiten, um herauszufinden, welche Seite des Busses am lautesten schreien konnte. Als wir die Stadt verließen und aufs Land hinausfuhren, wusste ich, dass dies der beste Tag meines bisherigen Lebens werden würde.

Unser Ziel war eine Kunstausstellung in einem alten Bauernhaus. Ich hatte noch nie etwas wie diese Sammlung von Bildern gesehen – überwiegend Blumen und Landschaften –, doch sie inspirierten mich nicht. Ich hätte ein Wissenschaftsmuseum oder einen Besuch in einer Fabrik bevorzugt. Doch die Lehrer tischten ein gutes Picknick auf und die Rückfahrt war genauso amüsant wie die Hinfahrt.

Einen Monat später stiegen wir erneut für eine Exkursion in die Busse. Wieder waren unsere Lungen erschöpft und unsere Kehlen rau vom vielen Singen, als wir unser Ziel erreichten – ein flaches Gebäude am Rande eines staubigen Dorfes.

Die Lehrer hatten uns nicht erzählt, was uns dort erwartete. Ich war aufgeregt und neugierig, vor allem, als sie uns in einen Raum mit Holzbänken führten, das Licht ausmachten und einen Beamer einschalteten.

Ich hatte noch nie ein solches Gerät gesehen. Ich starrte auf das Rechteck aus weißem Licht auf der Wand vor uns, fasziniert davon, wie das Licht sich seinen Weg durch den Raum bahnte und den Staub in Sterne verwandelte.

Ein Mullah erschien an der Stirnseite des Raumes. »Heute werden wir euch zeigen, was mit unseren muslimischen Geschwistern rund um die Welt geschieht.«

Das weiße Rechteck veränderte sich augenblicklich. Vor uns war ein Junge zu sehen, der mit dem Gesicht nach unten auf dem Boden lag. Zuerst dachte ich, er würde schlafen, obwohl es sich mir nicht erschloss, warum jemand auf dem Gehweg mitten in einer Schlammpfütze schlafen sollte. Doch als ich genauer hinsah, erkannte ich, dass seine Beine in einem unmöglichen Winkel verdreht waren. Seine Augen waren nicht friedlich geschlossen, sondern zugeschwollen. Er hatte keinen Schlamm im Gesicht, sondern Blut.

»Hier seht ihr, was unsere Brüder und Schwestern erleiden«, sagte der Mullah. »Und wer tut so etwas? Es sind die Christen und die Juden.«

Die Bilder, die ich an jenem Tag sah, brannten sich in mein Gedächtnis: Frauen mit Verbrennungen von Zigaretten an den Armen, Männer mit angsterfüllten Gesichtern und Wunden, aus denen das Blut floss. Nackte Körper, die so schlimm geschlagen worden waren, dass die Haut wie schmutzige Lumpen aussah. Gefangene, die kahl rasiert und ausgehungert hinter Stacheldraht eingesperrt waren. Ihre Knochen ragten so weit heraus, dass ich mich fragte, wie sie überhaupt stehen konnten.

Zu jedem Foto, das die Wand bedeckte, hatte der Mullah eine neue Geschichte zu erzählen. Er sprach von Bosnien und Tschetschenien, von Massakern in Städten, von denen ich noch nie gehört hatte. Er erklärte klar und deutlich, was in der Welt vor sich ging: Die Muslime, die im Westen lebten, waren Opfer grausamer Verfolgungen.

Das alles war mir neu. Ich hatte eine vage Vorstellung davon, dass Pakistan und Indien oft kämpften, und ich hatte von gelegentlichen Angriffen auf Moscheen gehört. Doch Beweise dafür zu sehen, dass wir Muslime uns tatsächlich im Krieg befanden, war schockierend. Es war für mich sehr schwer zu glauben, dass meine Geschwister rund um die Welt angegriffen und gefoltert wurden.

Doch ich konnte vor der Wahrheit nicht davonlaufen. Mir waren die Augen geöffnet worden. Zum ersten Mal in meinem Leben war mir bewusst, dass ich einen Feind hatte.

Als wir das letzte Bild gesehen hatten und die Wand wieder strahlend weiß war, fuhr der Mullah fort: »Jeder von uns muss den Schmerz dieses Leides spüren. Wer ihn nicht spürt, ist kein Muslim mehr. Aber es reicht nicht, ihn zu spüren und nichts zu tun. Wir müssen ihren Schmerz teilen, damit wir Rache üben können. Das ist unser Streben, das ist unser Kampf. Und eines Tages wird es auch euer Kampf sein.«

Als wir zurück in die Stadt fuhren, hing die Stille wie ein dichter Nebel über dem Bus. Ich saß da und starrte auf den zerfransten Stoff des Sitzes vor mir. Ich wusste, dass der Mullah recht hatte. Ich spürte, wie mein Blut kochte. Ich konnte die Wut in mir fast schmecken.

Ich sagte meiner Mutter erst einmal nichts, als ich zu Hause ankam. Zum einen wollte ich etwas Ruhe haben, um zu verstehen, was ich gesehen und gehört hatte. Zum anderen klagte sie seit einiger Zeit, dass sie sich nicht gut fühlte. Ich erinnere mich, dass ich sie mit meinen Fragen nicht erschrecken wollte. Doch nach einigen Tagen konnte ich meine Gedanken nicht mehr für mich behalten. Ich ging zu ihr, als sie gerade im Garten arbeitete und sich um das Gemüse kümmerte, das sie anbaute.

»Wusstest du, dass wir im Krieg sind, Ami?«

»Wer hat dir das erzählt?«, fragte sie.

Ich dachte darüber nach, ihr zu erklären, was ich auf der Exkursion gesehen hatte, aber etwas in mir hinderte mich daran. »Es gibt im Westen Christen, die Muslime töten. Wusstest du das?«

»Ja.« Sie fuhr fort, Tomaten von den Ranken zu pflücken. »Aber du brauchst keine Angst zu haben. Es geschieht weit weg von hier. In Pakistan gibt es kaum Christen. Hier bist du vor ihnen sicher.«

Es war mir gar nicht in den Sinn gekommen, dass ich in Pakistan in Gefahr sein könnte. An jenem Abend ging ich noch besorgter ins Bett, als ich es davor gewesen war.

Im darauffolgenden Monat machten wir erneut einen Schulausflug und ebenso im Monat danach. Das Ziel war jedes Mal ein anderes, doch stets gab es eine Wand, an der Bilder gezeigt wurden. In manchen Monaten waren die Fotos sogar noch brutaler als beim ersten Mal. Manchmal erzählte der Mullah uns Geschichten von Personen, die als Christen geboren worden waren, aber dann zum Islam konvertierten. Offensichtlich gab es viele Hundertausende von ihnen.

»Der Islam wächst«, sagte der Mullah. »Bald wird die ganze Welt sich vor Allah verneigen!«

An Tagen wie diesen waren die Busfahrten nach Hause ein Karneval der Freude. Jedes Mal, wenn die Lehrer einen neuen Chorus anstimmten, schrien wir lauter als je zuvor. Zu wissen, dass wir auf der Siegerseite standen – dass eines Tages die ganze Welt so wie wir Allah anbeten würde –, war so überwältigend, dass es ein leichtes Schwindelgefühl in mir hinterließ.

Doch nichts war mit der letzten Exkursion des Jahres vergleichbar. Zum ersten Mal gab es keinen Beamer. Es gab auch keine Bänke und kein Anzeichen von dem üblichen Mullah. Wir wurden in einen großen, schwach beleuchteten Raum geführt. In der Mitte stand ein langer Tisch, über den ein schweres Leintuch gebreitet war. Wir standen schweigend da. Vierzig Augenpaare waren auf den Tisch gerichtet und fragten sich, welche Geheimnisse er wohl verbergen mochte.

Ich hatte keine Angst. Wenn diese Ausflüge mich etwas gelehrt hatten, dann war es, dass ich dem Mullah und den restlichen Lehrern der Medrese vertrauen konnte. Schließlich hatte ich es ihnen zu verdanken, dass ich nun die Wahrheit darüber kannte, wie die westlichen Länder es auf uns Muslime abgesehen hatten.

Nach wenigen Minuten öffnete sich eine Tür auf der anderen Seite des Raumes und der Mullah trat ein. Hinter ihm war ein Mann, den ich nie zuvor gesehen hatte. Er war etwa im gleichen Alter wie mein Vater und trug ein Gewehr auf der Schulter.

Der Mullah ging zum Tisch hinüber. »Heute werden wir euch die Werkzeuge zeigen, die wir gebrauchen, um den Islam zu verbreiten.« Er zog kräftig an dem Tuch und warf es neben sich auf den Boden.

Obwohl keiner von uns ein Wort gesagt hatte, seit wir den Raum betreten hatten, wurde es nun noch stiller. Ich spürte, wie ich näher an den Tisch herangezogen wurde, beinahe überwältigt von dem dringenden Verlangen, die Hand auszustrecken und das zu berühren, was sich darauf befand. Vor meinen Augen lagen ein halbes Dutzend Pistolen, drei Gewehre und mindestens zehn Granaten.

Ich hatte noch nie ein Gewehr aus der Nähe gesehen, obwohl sie ein fester Bestandteil des Lebens in der Stadt waren. Sie wirkten mächtiger und gefährlicher, nun, da ich auf Augenhöhe mit ihnen war. Das Gleiche galt für die Pistolen. Ich wunderte mich vor allem über den seltsamen Schriftzug darauf. Doch es waren die Granaten, die meine Aufmerksamkeit am meisten fesselten. Zu wissen, dass eine solche Macht und Zerstörung von einem simplen Stift zurückgehalten werden konnte, war wirklich faszinierend. Am liebsten hätte ich eine davon in die Hand genommen und genauer untersucht.

Den anderen muss es genauso ergangen sein, denn der Mullah stellte sich vor uns und lachte. »Nicht heute, aber irgendwann werdet ihr sie in die Hand nehmen dürfen.«

Dann sprach er einige Minuten lang über die unterschiedlichen Waffen. Erst, als er das Tuch wieder über den Tisch breitete, sah ich mich um. Alle meine Klassenkameraden waren genauso fasziniert wie ich.

»Die Zeit wird kommen, in der ihr für all das bereit sein werdet«, sagte der Mullah, während er uns aus dem Raum begleitete.

Bald aßen wir unsere belegten Brote und Bananen. Ich konnte hören, wie einzelne Grüppchen sich darüber unterhielten, welche Waffe sie am besten fanden und wie sie gegen die Ungläubigen kämpfen würden, sobald sie alt genug wären. Ich saß abseits. Ich hatte kein Interesse an ihrem albernen Geschwätz. Meine Gedanken überschlugen sich und ich musste mich konzentrieren.

Warum fühlte ich mich nach den Worten des Mullahs lebendiger als je zuvor in meinem Leben? Warum schlug mein Herz so schnell? Irgendwie wusste ich, dass dieser Moment entscheidend war. Aber wieso? Was in aller Welt könnte er für meine Zukunft bedeuten?

Vier

Nachdem ich ein Jahr lang bei den Mullahs gelernt hatte, auf monatliche Exkursionen gegangen war und erfahren hatte, dass die Muslime im Westen Opfer von Massenverfolgungen durch Juden und Christen waren, wurde ich plötzlich von der Medrese genommen.

Meine Mutter hörte, dass an einer der staatlichen Schulen in der Stadt noch Plätze frei waren. Sie hatte nichts gegen die Medrese, doch sie hatte auch das Lob nicht vergessen, mit dem meine ersten Lehrer mich überhäuft hatten. Sie hoffte, dass ich meine Ausbildung fortsetzen und eines Tages vielleicht sogar auf eine Universität gehen könne. Nicht, dass wir viel darüber sprachen. Träume wie diese sind so zerbrechlich, dass es weise ist, sie nicht zu häufig zur Sprache zu bringen. Es ist besser, sie geheim zu halten und vor neugierigen Augen und Ohren zu verbergen.

Mein Vater verbrachte immer mehr Zeit mit der militanten Organisation. Zu meiner Überraschung protestierte er nicht gegen die Entscheidung meiner Mutter, mich von der Medrese zu holen und auf eine akademisch anspruchsvollere Schule zu schicken. Vielleicht war er zu beschäftigt, um sich darum zu kümmern.

Vielleicht war ihm aber auch wirklich egal, was mit mir geschah. So oder so war ich gespannt, was die Zukunft für mich bereithalten würde. Ich war gespannt, aber auch nervös. In meinem Jahr auf der Medrese hatte ich zwar viel über die Ereignisse in der Welt gelernt, aber wenig über Wissenschaften. Deshalb hatte ich panische Angst zu versagen. Denn dann würde mein Vater meine Ausbildung ganz sicher beenden. Also beschloss ich, fleißiger zu lernen als je zuvor.

Die einzige Bedingung, die mein Vater für meinen Abgang von der Medrese stellte, war, dass ich weiterhin eine regelmäßige religiöse Ausbildung von jemandem aus der Moschee erhalten sollte. Ich wurde einer der weiblichen Geistlichen zugeteilt. Wie die meisten dieser Frauen verbrachte sie viel Zeit damit, andere Frauen und junge Mädchen zu unterrichten und anzuleiten. Sie war sehr belesen und leidenschaftlich in Bezug darauf, wie man als hingebungsvolle Muslimin lebt. Ich freute mich auf unsere wöchentlichen Treffen. Eine Stunde in der Woche damit zu verbringen, über Geschichten aus dem Koran zu reden, war für mich eine willkommene Abwechslung zum vielen Lernen für Mathe und andere wissenschaftliche Fächer.

Je weiter mein erstes Jahr an der staatlichen Schule voranschritt, desto klarer wurde, dass ich noch viel an meinen mathematischen und wissenschaftlichen Fähigkeiten arbeiten musste. Meine Mutter diskutierte das Thema mit meinem Vater, dieser besprach es mit einem der Geistlichen, und bald hatte ich eine zusätzliche wöchentliche Lehrstunde in meinem Kalender.

Mein Tutor war Anwar, derselbe Mullah, der meinen Vater überredet hatte, mich auf die Medrese zu schicken. Er war hochgebildet und Gerüchten zufolge hatte er als junger Mann sogar im Ausland studiert. Meine Mutter brachte mich jeden Dienstagnachmittag zu ihm. Sie wartete draußen auf dem Hof, während ich für meine Unterrichtsstunde ins Haus ging. Ich war dankbar für seine Hilfe. Während es den Lehrern auf der Medrese schwergefallen war, mir Sachverhalte so zu erklären, dass ich sie verstand, hatte Anwar diese Gabe.

Ich wusste genau, warum mein Vater meinem Unterricht bei Anwar zugestimmt hatte. Es war nicht nur, weil er gebildet oder wohlhabend war, obwohl sein Haus mit den Marmorfußböden und eindrucksvollen Holzmöbeln viel prachtvoller war als unseres. Mein Vater hatte Anwar ausgesucht, weil er der Anführer der militanten Gruppe in unserer Stadt war.

Doch Anwar sah nicht auf mich herab wegen meines mangelnden Verständnisses, meines Geschlechts oder weil er einen höheren Status und mehr Geld besaß als meine Familie. Er behandelte mich vielmehr so, wie kein anderer Mann mich je behandelt hatte. Er behandelte mich wie eine Gleichgestellte. Und vor allem nannte er mich »Tochter«. Obwohl ich wusste, dass dies ein geläufiger Kosename war, fühlte ich mich innerlich lebendig, wenn er mich so nannte.

An einem Dienstagnachmittag, als ich gerade an einer Matheaufgabe saß, bemerkte ich, dass einige Männer den Raum betraten. Bis dahin hatte ich mich ganz auf meine Aufgabe konzentriert. Doch als ich hörte, wie Anwar seinen Besuchern sagte, dass sie vor mir frei sprechen könnten, und erklärte, wer mein Vater sei, begann ich, aufmerksam zu werden. Ich achtete dabei jedoch darauf, meine Augen auch weiterhin auf die Seite im Buch zu richten.

»Die Brüder in den Bergen brauchen mehr Waffen«, sagte einer der Männer.

»Was ist mit dem letzten Gold, das wir gesammelt haben?«, fragte Anwar.

»Wir haben alles verkauft und so viele Waffen gekauft, wie wir konnten; aber es war nicht genug. Wir brauchen noch mehr.«

»Wie viel Geld braucht ihr?«

Der erste Mann nannte eine Zahl, die so hoch war, dass ich es kaum fassen konnte.

Anwar schwieg. Als er wieder sprach, klang er beinahe desinteressiert. »Na gut. Überlasst das mir! Ich werde ein paar weitere Sammlungen organisieren.«

Hieß das, dass das Gold, das bei den Treffen in unserem Haus gesammelt wurde, genutzt wurde, um Waffen zu kaufen? Das war eine erschreckende Schlussfolgerung, doch ich konnte keine andere Erklärung finden. Noch erstaunter war ich über die genannten Summen. Mehrere Millionen Rupien. Zehntausende Dollars oder Euros. Das war das Beeindruckendste, was meine jungen Ohren bislang gehört hatten. Intuitiv wusste ich, dass dies eine Information war, die ich für mich behalten musste.

»Magst du gerne Englisch, meine Tochter?«

Ich sah von meinen Büchern auf und studierte Anwars Gesicht. Seine Frage hatte mich ganz aus dem Konzept gebracht. Mein Vater schimpfte oft, dass Englisch die Sprache der Ungläubigen sei. Ich wusste genau, welche Antwort *er* erwarten würde. Doch ich wusste auch, dass Anwar und mein Vater sehr verschieden waren.

»Ja«, sagte ich mit plötzlich zittriger Stimme.

Anwar lächelte mich an. »Das ist okay. Ich habe in Amerika und Großbritannien gelebt und es gibt dort viel zu lernen. Doch das ist nur möglich, wenn du Englisch lesen und sprechen kannst.«

Ich beschloss, eine Frage zu riskieren: »Warum sind Sie dorthin gegangen?«

»Für das Studium«, sagte er. »Ich habe Ingenieurswissenschaften studiert, erst in London und dann in Kalifornien.«

Ich hatte einen Lauf, also fragte ich weiter: »War es gefährlich?«

Er zuckte mit den Achseln und sein Lächeln verblasste. »Alles, was ich dir sagen werde, ist: Es gibt kein Land wie Pakistan. Es ist der einzige Ort, an dem wahre Nachfolger Allahs so leben können, wie wir es tun.«

Eine Weile breitete sich Stille im Raum aus. Ich spürte hundert Fragen in mir aufsteigen, doch mein Mund schien die Worte nicht aussprechen zu können.

Es war Anwar, der als Nächstes sprach: »Vielleicht wirst du eines Tages in den Westen gehen und dort studieren oder arbeiten. Und wenn du das tust, kannst du dich dem Werk anschließen, das unsere muslimischen Geschwister bereits in diesen Ländern tun.«

»Wie?«

»Wenn du Englisch sprechen kannst und weißt, wie man die richtigen Dinge sagt, ist es nicht schwer, Christen von ihrer Religion abzubringen und zum Islam zu führen. Außerdem gibt es viele westliche Jungen, die sich in ein hübsches Mädchen wie dich verlieben könnten.«

Ich spürte, wie meine Wangen glühten, als ich mich wieder meinem Buch zuwandte.

»Ich meine das ernst«, bekräftigte Anwar. »Es gibt viele muslimische Schwestern, die zum Studieren in den Westen gehen, Ehemänner finden und sie zum Islam führen.«

Ich fühlte mich unbehaglich und peinlich berührt, doch ich wusste, dass er recht hatte. Auf einer unserer Exkursionen hatte der Mullah mehrere Bilder von pakistanischen Bräuten gezeigt, die neben westlichen Männern standen. Er erzählte uns, dass Frauen die Macht haben, ihren Ehemann zu verändern, vor allem, wenn sie Kinder zusammen haben.

Um das Gespräch in eine andere Richtung zu lenken, stellte ich eine Frage, die mir seit einer meiner Koranstunden mit der

Geistlichen im Kopf herumging. Sie hatte mir einen Abschnitt über Josef gezeigt, aber die Geschichte schien unvollständig zu sein. Ich hatte sie gefragt, wie die Geschichte weiterging, aber sie sagte nur, dass das in einem anderen Buch stand. Wenn mir jemand mehr erzählen konnte, dann war es mit Sicherheit Anwar.

»Du willst von Josef lesen?«, fragte er.

»Ja, und auch von Abraham.«

»Es gibt nur ein Buch, das diese Geschichten erzählt. Ich habe es nicht hier. Es ist ein schwarzes Buch …«

»Kann ich es lesen? Wo kann ich es bekommen?«

Er stand auf. »Es wird Bibel genannt. Es ist ein christliches Buch und du kannst es nur von ihnen bekommen. Doch du sollst nichts mit diesen Menschen zu tun haben. Vielleicht werde ich eines Tages eine Bibel für dich finden. Aber im Augenblick sollst du nur den Koran lesen.«

Fünf

Es gab einen guten Grund dafür, dass ich mich in der Schule anstrengte. Mehr noch, als die Zustimmung meines Vaters zu gewinnen, hatte ich ein klares Ziel im Kopf: Ich wollte Ärztin werden, genauer gesagt Kardiologin. Ich wollte nicht einfach nur die Herzen irgendwelcher Fremden heilen; ich wollte meiner Mutter helfen. Wenn ich es nicht tat, wusste ich, dass sie früher oder später an ihrer Krankheit sterben würde.

Die Gesundheit meiner Mutter hatte begonnen, sich zu verschlechtern, während ich auf der Medrese war. Einige Zeit nachdem ich die Schule gewechselt hatte, war ein Herzleiden bei ihr diagnostiziert worden und ihre Schmerzen hatten immer mehr zugenommen. Die Ärzte wussten genau, woran es lag und dass sich ihr Zustand weiter verschlechtern würde. Sie hatten sogar einen Plan für eine Operation, die die Gesundheit meiner Mutter vollständig wiederherstellen könnte. Doch es gab ein Problem: Die einzigen Chirurgen, die fähig waren, diese Operation in unserem örtlichen Krankenhaus durchzuführen, waren Männer. Doch sich von einem Mann operieren zu lassen stand sowohl für meine Mutter als auch für meinen Vater außer Frage.

Egal, wie sehr ich sie anflehte, ihre Meinung zu ändern und sich operieren zu lassen, sie weigerte sich: »Wenn ich bei der Operation sterbe, nachdem ein Mann mich berührt hat, sterbe ich unrein. Ich möchte lieber mit Schmerzen leben und als gute Muslimin sterben, als zu riskieren, Allah so gegenüberzutreten und in die Hölle zu kommen.«

Dieses Gespräch wiederholte sich häufig zwischen uns – und es endete immer gleich. Meine Mutter sah mich an und sagte: »Jeder muss einmal sterben.«

Während ihr Körper schwächer wurde und ihre Schmerzen zunahmen, wuchs meine Frustration. Ich verstand irgendwann den Wunsch meiner Mutter, Allahs Gericht zu entkommen. Ich betrachtete ihre Hingabe letztlich sogar mit einem gewissen Maß an Respekt. Doch es beunruhigte mich, dass es, je älter ich wurde, immer unwahrscheinlicher schien, dass ich ihr helfen könnte. Trotz Anwars Nachhilfe und der Verbesserung meiner Noten erinnerte mich jeder Krankenhausbesuch daran, dass es in unserer Gesellschaft wenig Raum für Ärztinnen gab. Nun, da ich 16 Jahre alt war, wurde mir bewusst, dass ich versuchte, einen unglaublich großen Felsbrocken einen Berg hinaufzurollen. Wie konnte ich da jemals auf Erfolg hoffen?

Zur gleichen Zeit, als ich an meinen eigenen Fähigkeiten zu zweifeln begann, fing ich auch an, Fragen über die Welt um mich herum zu stellen. Es geschah eines Morgens im Krankenhaus. Ich saß neben meiner Mutter, während ein paar Tests bei ihr durchgeführt wurden. Als sie an Maschinen angeschlossen dalag, warf ich einen Blick auf die Rückseite eines dieser Geräte. Dort stand: *»Made in Germany«*. Ich untersuchte auch die andere Maschine. Darauf las ich: *»Made in the UK«*.

In den darauffolgenden Tagen war mein Ziel, herauszufinden, wo die ganze medizinische Ausrüstung herkam, die meiner Mutter half. Tatsächlich kam alles aus dem Westen. Dies bewog mich dazu, auch über andere Erfindungen Nachforschungen anzustellen, also sah ich in der Schulbibliothek in Fachbüchern nach. Ich recherchierte alles – vom Telefon über Kassettenrekorder und Überwachungsgeräte bis hin zu Kugeln, Bomben und Handys. Ich konnte nicht eine einzige Erfindung finden, die aus einem muslimischen Land kam. Und die Namen von fast allen Erfindern waren christlich oder jüdisch.

Die ganze Zeit hallte die gleiche Frage laut und deutlich in meinem Kopf wider: *Warum?* Warum sollte Allah den Ungläubigen so viel Weisheit geben statt uns, seinen geliebten und treuen Nachfolgern?

Und wenn die Menschen im Westen nicht gut waren, wie mir mein ganzes Leben lang erzählt worden war, warum wirkten sie dann immer so glücklich? Jede Werbung und jedes Zeitungsfoto, das ich sah, zeigte sie lächelnd. Wenn sie so schlecht lebten und der Rettung bedurften, warum machte Allah sie dann nicht traurig? Es ergab einfach keinen Sinn.

Und wenn Muslime wirklich die Lieblinge Allahs waren, warum erlaubte er unseren Feinden dann, uns zu schlagen, zu verbrennen und zu töten? Warum sandte Allah keinen Engel, um sie zu vernichten?

Es war, als würde ich an einem Faden am Ende eines alten Teppichs ziehen. Je näher ich die Dinge betrachtete, desto mehr schien sich alles zu entwirren und desto mehr Fragen hatte ich.

Unweigerlich tat ich, was meine Mutter und Anwar mich gelehrt hatten: Ich griff zum Hadith. Ich erinnerte mich an eine bekannte Geschichte, die ich gelesen hatte. Sie handelte davon, wie Mohammeds Nachfolger sich in einem Tal namens She'eb Abi Talib versteckten. Sie wurden gejagt. Da sie kein Essen hatten, hatten sie keine andere Wahl, als Gras zu essen. Ihr Leiden dauerte drei Jahre an. Wenn ich diese Geschichte mit dem Bericht im Koran verglich, in dem Mose auf einen Felsen schlug und Wasser hervorsprudelte, oder damit, wie Allah die Juden mit Brot versorgte, als sie durch die Wüste wanderten, ergab es keinen Sinn. Warum sollte Allah die Ungläubigen ernähren, aber seine eigenen Leute verhungern lassen?

Diese Gedanken drängten sich mir ohne Vorwarnung immer wieder auf. Und wenn die Nacht hereingebrochen war und das Haus still dalag, hörte ich sie am lautesten. Dort in meinem Zimmer, in dem nichts zu hören war außer den tiefen Atemzügen meiner älteren Schwester, spürte ich Zorn in mir aufsteigen. Ich tobte innerlich gegen Allah und schrie ihn im Stillen an, weil er seine eigenen Leute so schlecht behandelte und unsere Feinde so gut.

Meine Wut hielt nie länger als ein paar Sekunden an. Beinahe im selben Moment, in dem ich meinem Zorn freien Lauf gelassen hatte, spürte ich die Furcht in mir aufsteigen. Mein Herz pochte in meiner Brust und mein Magen verkrampfte sich. Gegen Allah zu toben war etwas, was eine gute Muslimin auf keinen Fall tun sollte. Also kletterte ich aus dem Bett, ging in den Gebetsraum und kniete mich auf den Boden, um Allah um Vergebung zu bitten. Ich hoffte verzweifelt, dass er seine Ohren nicht vor meinem Rufen verschließen würde.

Meine Rebellion, soweit man sie als solche bezeichnen konnte, beschränkte sich nicht nur auf Fragen der Theologie und Wissenschaft. So wie jedes Teenie-Mädchen auf jedem Kontinent kam ich in eine Phase, in der ich regelmäßig mit meiner Mutter über Mode stritt. All die Nachmittage, die ich in ihrer Werkstatt verbracht hatte, hatten in mir eine tiefe Liebe zu Kleidern und Stil genährt. Je älter ich wurde, desto entschiedener wusste ich, was mir gefiel.

Von allen Zeitschriften, die meine Mutter in der Werkstatt hatte, mochte ich eine am liebsten. Sie war voller Fotos von reichen

Menschen, die heirateten. Ich verbrachte Stunden damit, die Frauen in ihren weißen Kleidern und mit glitzernden Diademen auf den Köpfen anzustarren. Es gelang mir sogar, einige Ausgaben der Zeitschrift mit nach Hause zu schmuggeln, wo ich ungestört darin blätterte.

»Wenn ich heirate«, verkündete ich meiner Mutter eines Tages, nachdem wir vom Markt zurückgekehrt waren, »will ich ein weißes Kleid tragen.«

Sie gab ein Geräusch von sich, das eine Mischung aus Schnauben und Husten war.

»Was?«, sagte ich. »Warum nicht?«

»Rot ist die beste Farbe zum Heiraten. Weiß trägt man, wenn man den Verlust eines Ehemanns betrauert.«

»Aber warum sollte die Farbe eines Kleides für irgendwen einen Unterschied machen?«

»Zakhira, das ist einfach so. Jeder weiß, dass man den Tod herausfordert, wenn man Weiß trägt, ohne zu trauern. Das Gleiche gilt für Schwarz. Eine Frau trägt nur Schwarz, wenn sie jemanden verfluchen will. Wenn sie es zu irgendeiner anderen Zeit trägt, wird ihr Bruder sterben. Jetzt hör auf mit diesem Unsinn und räum den Knoblauch weg!«

Ich war bereits zur Hälfte die Treppe hinauf, als sie zu reden aufhörte. Als ich wenige Minuten später in die Küche zurückkehrte, kreischte sie.

»Was machst du da, Zakhira?«

Ich stand lächelnd im Türrahmen. Ich mochte das schwere schwarze Kleid nicht besonders, das ich angezogen hatte – der Schnitt war ganz falsch und es war mir ein wenig zu groß. Doch es ging jetzt nicht um Mode. Es ging um Logik – und darum, vor meiner Mutter Stellung zu beziehen.

»Ich will nur sehen, ob mein Bruder stirbt oder nicht.«

»Was?«, schrie sie. »Du willst deinen Bruder töten?«

»Nein«, sagte ich ruhig. »Ich will nur sehen, ob das, was du sagst, wahr ist oder nicht.«

Es dauerte Stunden, bis meine Mutter sich wieder beruhigt hatte und zugab, dass mein Bruder immer noch gesund und munter war. Nachdem ich noch einige Tage auf sie eingeredet hatte, willigte sie endlich ein, mich wieder Schwarz tragen zu lassen, wenn ich wollte. Dennoch war es kein richtiger Sieg für mich. Was ich wirklich wollte, war Weiß tragen zu dürfen – wie die Bräute in den Zeitschriften. Und ich sehnte mich danach, den Sinn meiner Religion zu verstehen und zu wissen, dass sie einer genaueren Prüfung standhielt.

Kurz nach diesem Akt des Trotzes nähte ich ein Kleid für mich selbst, das so aussah wie die Kleider, die ich in den Hochzeitszeitschriften bewunderte. Ich fand etwas weißen Baumwollstoff in der Werkstatt meiner Mutter und verbrachte Wochen damit, von Hand ein feines Muster rund um den Ausschnitt zu sticken. Alle anderen Frauen dort bewunderten es – und sogar meine Mutter lobte mich für die Qualität meiner Arbeit. Doch sie weigerte sich trotzdem, mich das Kleid tragen zu lassen.

Als eine Familienhochzeit bevorstand, begann ich, mehr denn je auf sie einzureden. Tagelang versuchte ich, meine Mutter zu überzeugen, mich das Kleid tragen zu lassen. »Alle sagen, dass es schön ist«, flehte ich wieder und wieder. »Warum lässt du es mich nicht tragen? Wovor hast du Angst?«

Es nützte überhaupt nichts. Sie wimmelte mich immer wieder mit einer Handbewegung und einem heftigen Augenrollen ab. Ich reagierte darauf, indem ich mich umdrehte und aus dem Zimmer stürmte.

Nach ein paar Stunden kehrte ich zurück und versuchte es erneut, doch meine Mutter war unerbittlich. Und so blieb ich am

Tag der Hochzeit allein zu Hause, während der Rest der Familie hinging.

Bereute ich es? Nein. Ein Teil von mir wusste, dass es dumm war, über etwas so Unbedeutendes wie ein Kleid zu streiten. Doch tief in meinem Innern wusste ich, dass es nicht wirklich um das Kleid ging. Ich hatte einen Riss in meiner Religion gefunden, eine Bruchlinie, die mich störte. Wenn meine eigene Mutter, die mich so sorgsam darin unterwiesen hatte, was es bedeutete, eine gute Muslimin zu sein, an einen so albernen und unlogischen Aberglauben gebunden war, was hatte sie dann noch alles falsch verstanden?

Es war Anwar, der mir half, die Dinge klarer zu sehen und meiner Fragerei Einhalt zu gebieten.

»Ich habe eine Frage, die mich in letzter Zeit sehr beschäftigt hat«, sagte ich eines Tages, kurz bevor ich sein Haus verließ. »Warum entschied sich der allmächtige Allah, Mose und die Juden zu ernähren, aber nicht Mohammed, Friede sei mit ihm, und seine Nachfolger?«

»Du solltest nicht so tiefgründig nachdenken, Tochter«, sagte er mit einem Lächeln. »Denk nicht so tiefgründig über Allah nach und lies nicht zu tief in den Koran hinein. Denk nicht über jedes einzelne Wort nach, sonst kommst du vom Weg ab und fängst am Ende an, Allah selbst zu hinterfragen.«

Ich spürte, wie mir das Blut in den Kopf schoss, als er sprach. Wusste er von meinen Wutausbrüchen gegenüber Allah?

»Es tut mir leid«, sagte ich. Ich bereute es, die Frage gestellt zu haben. »Ich werde nicht mehr über diese Dinge nachdenken.«

Ich hoffte verzweifelt, dass das Gespräch beendet wäre, doch ich konnte Anwars Augen auf mir spüren. Die Stille war bedrückend und ich spürte, wie mein Herz schneller schlug. Als er wieder sprach, war seine Stimme ruhig, aber fest, als würde er einem Kind Anweisungen geben: »Weißt du, was geschieht, wenn du stirbst?«

Ich studierte Anwars Gesicht und fragte mich, was er mir sagen wollte. Ich erwiderte, dass ich ein wenig darüber wusste – dass meine Mutter mir von dem Engel auf der linken und dem auf der rechten Seite erzählt hatte und davon, wie all unsere guten Taten gegen die schlechten aufgewogen würden.

»Das ist alles wahr«, sagte er. »Wie du hier auf der Erde lebst, entscheidet, wie du im Himmel belohnt wirst. Für diejenigen, die Allah am meisten dienen, wird das Paradies am besten sein. Die Frauen werden auf Betten schlafen, die so weich wie Rosen sind, umgeben von perlweißen Kissen. Jede wird einen Garten haben, der von einer hohen Mauer umgeben ist, sodass kein Mann darüber schauen kann. Alles, was du willst, wird nur einen Gedanken entfernt sein. Wenn du möchtest, kannst du deinen irdischen Ehemann behalten. Und die Männer, die am meisten belohnt werden, erhalten jeweils 72 Jungfrauen, deren Schweiß so wohlriechend ist wie Parfum.«

Meine Mutter hatte mir das meiste davon bereits erzählt, aber ich rutschte trotzdem verlegen auf meinem Stuhl hin und her, während er sprach.

»Diejenigen, die nie auf Allah gehört haben oder Mohammed als den letzten Propheten nie akzeptiert haben, werden für immer in der Hölle bleiben. Sie werden Durst haben von der großen Hitze. Doch das einzige Getränk, das ihnen zur Verfügung steht, ist kochendes Wasser, das von innen alles verbrennt, oder ekelhafter Eiter, von dem selbst dem stärksten Magen schlecht wird.«

Anwar wartete einen Moment und ließ das Bild kurz auf mich einwirken. »Das ist die Wahl, vor der du stehst: Entweder du lebst als ergebene Anhängerin Allahs und empfängst die Belohnungen oder du entscheidest dich, dich von ihm abzuwenden und die ewige Bestrafung zu ertragen. Jeder muss sterben.«

Meine Mutter hatte ihren eigenen Plan, um dafür zu sorgen, dass ich Allah treu blieb. Sie sagte mir, dass ich mehr beten müsse.

»Dieses Leben ist vorübergehend, Zakhira-jan«, sagte sie, indem sie meinen Kosenamen in Urdu verwendete. Ich stand neben ihr in der Küche, während wir Knoblauch schälten und Linsen wuschen. »Wir müssen uns auf das nächste Leben vorbereiten. Wenn du stirbst, wird dich der Engel als Erstes fragen …«

»Bist du Muslimin?« Ich kannte das Skript inzwischen ziemlich gut.

»Das ist richtig. Und was wird der Engel als Nächstes fragen?«

»Hast du deine Gebete gesprochen?«

»Ja. Und dann musst du sie aufsagen. Die Hölle wird länger dauern für diejenigen, die schweigen, und der Himmel wird schneller kommen für die, die alle fünf täglichen Gebete kennen. Wenn du sie nicht lernst, während du lebst, wie wirst du dich daran erinnern können, wenn du tot bist?«

Wir wiederholten jede Woche eine Version dieses Gesprächs. Irgendwann kam die Botschaft an. Zwischen den Belehrungen meiner Mutter und den Ratschlägen Anwars verschwanden meine Fragen allmählich und mein Zorn wurde ausgelöscht. Ich hängte das weiße Kleid ganz hinten in meinen Schrank und widmete mich der Aufgabe, eine gute Muslimin zu sein.

Ich verfolgte meine religiösen Pflichten mit demselben Eifer, den ich auch in meinem wissenschaftlichen Unterricht an den Tag legte. Zusätzlich zu den üblichen fünf Gebeten am Tag beschloss ich, drei weitere tägliche Gebete zu sprechen. Ich begann bereits um 3:30 Uhr, wissend, dass diese frühmorgendlichen Gebete einen zusätzlichen Lohn mit sich brachten.

Wenn die Gesundheit meiner Mutter es zuließ, schloss sie sich mir an. Doch meistens war ich allein. Das machte mir nichts aus. Es fühlte sich gut an, zu wissen, dass alle anderen schliefen, während ich mich im Gebet vor Allah verneigte und mir meinen ewigen Lohn verdiente. Wenn ich in der Schule war und es auf 10 Uhr zuging, entschuldigte ich mich, um allein in den Gebetsraum zu gehen. Niemand sonst war je dort. In einer Schule mit über 2000 Schülern war ich die Einzige, die so hingebungsvoll war.

Mein Vater nahm meinen Bruder oft mit in die Moschee zum Beten und ließ uns Frauen zu Hause. Dann stellte ich mich vor meine Schwestern und leitete die Gebete an. Niemand beschwerte sich darüber oder stellte mein Recht infrage, dies zu tun. Ich war nicht die älteste, aber die hingebungsvollste meiner Geschwister und es schien nur richtig, dass ich die Leitung übernahm.

Obwohl ich aufgegeben hatte, Allah über Dinge wie Wissenschaft und die Ungläubigen auszufragen, versuchte ich immer noch, meine Religion aus einer logischen Perspektive zu betrachten. Eines Tages würde ich für mein Leben gerichtet werden und ich dachte mir, dass – wenn fünf Gebete am Tag gut waren – acht sicherlich noch besser wären. Ich redete mir ein, dass all diese zusätzlichen Gebete dazu beitrügen, die Waage zu meinen Gunsten zu neigen.

Doch es gab eine Frage, die mich Tag und Nacht verfolgte: Waren meine Gebete genug? Sosehr ich mich auch anstrengte, ich konnte nie sicher sein, dass ich genug tat, um mir meinen Platz im Himmel zu sichern. Diese Frage grub sich tief in mich ein und hallte ununterbrochen in meinen Gedanken wider. Die Unsicherheit machte mich nervös, sie sickerte in mich ein wie Öl in einen See.

Ich gab mein Bestes, sie zu ignorieren: Ich betete noch gewissenhafter und rezitierte noch häufiger den Koran. Doch an manchen Tagen schien mir dieser Kampf, um mir meine eigene Errettung zu erarbeiten, aussichtslos. Und ich wusste nicht, an wen ich mich wenden oder wo ich Hilfe finden könnte.

Sechs

Als ich zum ersten Mal vom Dschihad hörte, stieg etwas in mir auf. *Ja,* dachte ich. *Das ist die Art, wie ich leben muss.*

Ich nahm an einem Daras in unserem Haus teil, als der Mullah eine einfache Geschichte erzählte: »Nachdem Uthman den Islam angenommen hatte, heiratete er die zweite Tochter des Propheten und wurde später der dritte Kalif des Islam. Dies kam ihn teuer zu stehen. Seine Verwandten waren aufgebracht. Sie folterten ihn und ließen Uthman somit keine andere Wahl, als seinen Reichtum zurückzulassen und zu fliehen. Jahre vergingen und Uthman gewann seinen früheren Wohlstand zurück. Doch anstatt seine Reichtümer in der Erwartung zukünftiger Schwierigkeiten zu horten, teilte er sie großzügig. Mehr als einmal gab er einen großen Teil seiner Mittel zum Wohl der Muslime aus. Als einige arme Flüchtlinge auf ihn zukamen und ihn um Hilfe baten – verschenkte er einen Großteil des Getreides aus seinem Lager, obwohl Händler bereit gewesen wären, große Summen für das Korn zu zahlen. Als er gefragt wurde, warum er dies getan hatte, antwortete Uthman: ›Ich werde einen größeren Lohn von Allah empfangen.‹ Mit der Zeit wurde er unter dem Namen Al Ghani bekannt, was ›großzügig‹ bedeutet. Wir sind alle dazu berufen, den Dschihad gegen die Armut aufzunehmen. Allah selbst lächelt über diejenigen, die dies tun.«

Etwas in mir regte sich, als ich seine Worte hörte. Ich kannte die Geschichte von Uthman Al Ghani schon mein Leben lang und ich hatte praktische Beispiele von Großzügigkeit bei meinem Vater gesehen. Aber irgendwie hatte ich Armut nie als etwas betrachtet, was wir Muslime bekämpfen mussten. Ich wusste, dass Großzügigkeit gut war, aber bis zu jenem Moment war mir nicht bewusst gewesen, wie enorm wichtig sie war. Ich glaubte, dass ich, wenn ich mit der gleichen Leidenschaft wie Uthman Al Ghani nach Großzügigkeit strebte, auch großen Lohn im Himmel empfangen würde.

Ich verschwendete keine Zeit. Ich begann, indem ich mein ganzes Taschengeld an Witwen und Waisen in der Stadt verteilte. Doch nach einigen Wochen wollte ich mehr. Ich beschloss, den teuren Goldschmuck, den mein Vater mir geschenkt hatte, zu nehmen und bis auf das letzte Stück zu verkaufen. Jede einzelne Rupie ging an eine Witwe in der Stadt.

Meine Eltern waren stolz, doch ihre Freude hatte nur eine begrenzte Wirkung auf mich. Während ihr Segen eine gute Sache hier auf der Erde war, war das, was ich wirklich wollte, die Gewissheit, dass meine Zukunft im Himmel sicher war. Das Lächeln meiner Mutter und das steife zustimmende Nicken meines Vaters waren der Furcht in mir nicht gewachsen.

Obwohl es in unserer Straße viele Familien gab, die wie die unsrige der oberen Mittelschicht angehörten, war der Stadtteil gemischt. Ich musste nur wenige Straßenblöcke weit laufen, um Bettler und Straßenkehrer zu finden, und es gab einen Haufen Kinder aus armen Verhältnissen, die jeden Tag auf der Straße spielten, wenn sie nicht gerade zu Hause arbeiten mussten. Viele dieser

Kinder waren Waisen und alle von ihnen zu arm, um die Schulgebühr zu zahlen oder Hefte und Stifte zu kaufen.

Die meisten Leute ignorierten diese Kinder. Doch ich konnte es nicht. Je mehr Zeit ich mit ihnen verbrachte, desto mehr bemitleidete ich sie. Ich kannte sie alle schon seit Jahren beim Namen – seit ich auf die staatliche Schule gekommen war und mich jeden Tag durch einen Berg von Hausaufgaben kämpfen musste. Wenn ich eine Pause brauchte, setzte ich mich oft mit einem offenen Buch im Schoß draußen auf das Flachdach unseres Hauses. Die Kinder gesellten sich zu mir, fragten, was ich las, und zeigten auf die Buchstaben, die sie erkannten.

Als meine Mutter von meinem Umgang mit diesen Kindern hörte, erzählte sie mir, dass es sie an ihre eigene Kindheit erinnerte. Sie hatte zur Schule gehen wollen, doch ihr Vater erlaubte es ihr nicht. Also gesellte sie sich jeden Tag zu ihren Brüdern, wenn diese von der Schule nach Hause kamen und sich zum Lernen mit ihren Büchern hinsetzten, und durchlöcherte sie mit Fragen. Sie hörte nicht auf, bis sie lesen gelernt hatte.

Dies brachte mich auf eine Idee. Ich dachte zunächst darüber nach, meinen Vater um Unterstützung zu bitten. Doch ich wusste, dass er nicht viel von Bildung hielt und kein Interesse daran hätte, dass ich die Armen unterrichtete. Anwar hingegen half mir sehr gerne. Er organisierte eine Kiste mit Lehrbüchern, Heften und Stiften, die von der Medrese geliefert wurden. Sobald die Materialien da waren, informierte ich die Kinder, dass ich sie, wenn sie lernen wollten, jeden Tag nach der Schule im Hof vor unserem Haus treffen würde.

Ich legte Wert darauf, es Nachhilfe zu nennen und nicht Schule. Ich wollte meinem Vater keinen Grund geben, das Ganze zu beenden. Außerdem wusste ich, dass ich den Kindern nicht die ganze Bildung anbieten konnte, die sie brauchten. Es Schule zu nennen hätte den Stellenwert erhöht, ihre Erwartungen gesteigert und mich zu sehr unter Druck gesetzt. Es war besser, die Dinge einfach zu halten.

Der Unterricht war elementar. Wir trafen uns jeden Tag für dreißig Minuten und arbeiteten zwei Seiten durch, entweder Mathe und Englisch oder Naturwissenschaften und Urdu. Ich sorgte dafür, dass wir gemeinsam eine Pause einlegten, um zu beten, wenn die Sonne unterzugehen begann. Und wenn einer meiner acht Schüler zu spät kam, setzte ich eine möglichst strenge Miene auf, klopfte mir mit dem Lineal auf die Hand und warnte ihn, dies nicht wieder zu tun. Danach waren sie immer pünktlich.

»Was ist das Beste, was ihr habt? Gebt es Allah.«

Diese Worte von den Lippen des Mullahs waren die einzigen, die ich an jenem Freitagnachmittag hörte. Sobald er sie geäußert hatte, beschäftigten sich meine Gedanken nur noch mit dem Tag, an dem ich mein Gold weggegeben hatte. Ich zählte die Minuten, bis ich das Daras verlassen konnte, dann rannte ich nach oben und öffnete meinen Schrank. Ich schob alle Kleider beiseite und griff nach dem einen, das ich wollte – das weiße Kleid mit der komplizierten Stickerei, die mich so viel Zeit gekostet hatte. Es war wunderschön und ich hatte es für den Tag aufbewahrt, an dem ich meine Mutter endlich davon überzeugen könne, es mich tragen zu lassen. Es war das Beste, was ich hatte.

Ich brachte das Kleid geradewegs zum Haus eines der Kinder, die ich unterrichtete. Die Mutter meines Schülers war eine Witwe mit fünf Töchtern und einem Sohn. Sie gehörten zu den Ärmsten der Stadt. Mein Vater brachte ihnen hin und wieder Linsen und Öl vorbei, ebenso wie andere Leute aus der Nachbarschaft. Die Mutter war es also gewohnt, Spenden zu empfangen. Doch als ich ihr erklärte, dass ich ihrer Tochter das Kleid geben wollte, lehnte sie ab.

»Das ist zu viel«, sagte sie. »Jeder weiß, wie fleißig du an diesem Kleid gearbeitet hast. Deine Mutter spricht oft voller Stolz davon. Ich kann nicht zulassen, dass du es verschenkst.«

Nachdem ich weiter auf sie eingeredet hatte, nahm sie schließlich das Kleid an und ich kehrte mit einem guten Gefühl nach Hause zurück. Meine Mutter lächelte, als ich ihr erzählte, was ich getan hatte. Sie stimmte mir zu, dass Allah mich sicherlich gesehen hatte.

Als ich in jener Nacht im Bett lag, dachte ich an den Tag zurück, an dem ich meinen Goldschmuck abgegeben hatte. Dann gab ich mich einer eitlen Fantasie darüber hin, ein besseres Kleid für das zu bekommen, das ich verschenkt hatte. Ich wusste, dass es dumm war, aber trotzdem war ich aufgeregt, als ich am nächsten Morgen aufstand und meinen Kleiderschrank öffnete. Würde ich erneut eine Belohnung vorfinden? Hing dort vielleicht ein wunderschönes weißes Hochzeitskleid wie die, die ich in den Zeitschriften gesehen hatte, und wartete auf mich?

Dies war natürlich nicht der Fall. Den restlichen Tag über fühlte ich mich enttäuscht – zum Teil von Allah, vor allem aber von mir selbst. Wie konnte ich mich nur zu einer so kindischen Fantasie hinreißen lassen?

Wenn ich vollkommen ehrlich mit mir selbst war, musste ich zugeben, dass es noch einen anderen Grund für meine zunehmende Großzügigkeit gab. Einige Monate zuvor hatte mein Vater angekündigt, dass es Zeit für mich war zu heiraten. Keine meiner älteren Schwestern war auf die weiterführende Schule gegangen, und sie hatten beide mit 16 Jahren geheiratet. Was meinen Vater betraf, war ich mit 17 viel zu alt, um noch alleinstehend zu sein.

Der Druck stieg. Wenn ich irgendwie verhindern wollte, dass mein Vater mich an den nächstbesten Mann verheiratete, der versuchte, ihn zu beeindrucken, musste ich die perfekte Tochter sein. Wenn mir das nicht gelang, würde er mich nur als ein weiteres Problem ansehen, das es so schnell wie möglich zu lösen galt, indem er mich verheiratete.

Ich musste ihn stolz machen. Zu diesem Zweck musste ich das hingebungsvollste, fleißigste und großzügigste Mädchen der Stadt sein. Er wusste bereits, dass ich großzügig war, aber das war nicht genug. Er schenkte mir ja bislang kaum Aufmerksamkeit – wie sollte ich ihn also von meinen anderen Qualitäten überzeugen? Wie konnte ich seine Meinung ändern, wenn sein Blick nur selten auf mir ruhte?

Es gab zwei Monde an meinem Himmel: die Angst vor der ewigen Verdammnis und die Angst, das bisschen Kontrolle zu verlieren, das ich über mein irdisches Leben hatte. Diese beiden Kämpfe wurden zu den zwei treibenden Kräften in meinem Leben. Doch zu meiner Verzweiflung fühlte ich mich schlechter, je mehr ich mich anstrengte, diese Kämpfe zu gewinnen.

Sieben

Ich war noch ein Kind, als ich zum ersten Mal sah, wie mein Vater meine Mutter schlug. Durch seinen lichten Bart war an manchen Stellen noch Haut zu sehen, was bedeutete, dass er zu diesem Zeitpunkt noch nicht lange der militanten Gruppe angehörte. Doch es waren nur wenige Wochen der Indoktrination nötig gewesen, um ihn zu verändern. Verschwunden war der Mann, der westliche Hosen trug und sich aus dem Haus stahl, um ins Kino zu gehen. Verschwunden war auch der Mann, der seiner Frau erlaubte, ihn vor seinen Kindern zurechtzuweisen.

An seine Stelle war ein Mann getreten, der in einer Hand ein Glas und in der anderen den Nacken meiner Mutter hielt. Sein Gesicht war wutverzerrt und Speichelfetzen flogen aus seinem Mund. Ich erinnere mich nicht daran, was er schrie oder wie der Streit begonnen hatte. Doch ich erinnere mich daran, dass ich mich an meine Schwestern drückte, während wir von der Küche aus zusahen, wie sich die Ereignisse im Flur entwickelten. Ich erinnere mich an das Geräusch, das das Glas machte, als er es an die Seite ihres Kopfes schlug, daran, wie die Gewalt und Lautstärke dieses Geräuschs mich überraschten. Und vor allem erinnere ich mich an den Laut, den meine Mutter machte, als sie zu Boden fiel. Es war, als würde durch dieses leise Wimmern alles Leben aus ihrem Körper weichen.

Am nächsten Tag, als meine Mutter aus dem Krankenhaus zurückgekehrt war, sah ich, dass die Haare über ihrem Ohr abrasiert worden waren. Ihre Haut war geschwollen und genäht. Von diesem Moment an veränderten sich die Dinge bei uns zu Hause. Die Streite meiner Eltern flackerten schneller auf. Allerdings endeten sie oft auch genauso schnell, wenn mein Vater meine Mutter daran erinnerte, was geschehen würde, wenn sie nicht einlenkte. Manchmal war es jedoch egal, wie laut und verzweifelt sie ihn anflehte, seine Finger griffen trotzdem nach ihrer Kehle.

Vielleicht war ich zu jung, um es zu sehen; vielleicht war ich auch einfach blind für die Wahrheit. Auf jeden Fall sah ich damals nicht die Verbindung zwischen dem Bekenntnis meines Vaters zum militanten Islam und der zunehmenden Gewalt bei uns zu Hause. Ich bemerkte nicht, wie die Gruppe ihr Gift versprühte und meinen Vater dazu ermutigte, seine Macht wahrzunehmen, um seine Familie so zu leiten und über sie zu herrschen, wie ein *wahrer* muslimischer Mann es tun sollte. In meinen Augen hatten der Schmerz und die Furcht, die er in unserem Haus verbreitete, nichts mit seinem Glauben zu tun. Es war einfach so.

Und das war auch der Grund, warum ich, als ich zum zweiten Mal einen Mullah im Daras über den Dschihad lehren hörte, dies nicht mit Gewalt oder Furcht in Verbindung brachte. Obwohl es nicht so aufregend war wie der Tag, an dem ich meinen Goldschmuck weggab, akzeptierte ich wieder einmal alles, was ich hörte. Doch diesmal stand noch viel mehr auf dem Spiel. Der Dschihad betraf nicht nur die Art, wie man lebte. Es ging um viel mehr als das. *Ja*, dachte ich. *Das ist die Art, wie ich sterben muss.*

Ich konnte an der Anzahl Schuhe, die vor dem Versammlungsraum standen, erkennen, dass das Daras an jenem Freitagnachmittag gut besucht war. Ich nahm meinen üblichen Platz neben meiner Mutter im abgeschirmten Bereich ein. Ein Mullah, den ich nie zuvor gehört hatte, begann zu predigen.

»Diese Welt ist euer Prüfungsraum«, sagte er. »Wenn ihr in diesem Raum besteht, werdet ihr immerwährendes Leben haben. Wenn ihr hier besteht, dann werdet ihr am Tag des Gerichts in den Himmel kommen. Doch wenn ihr durchfallt, kommt ihr in die Hölle. Jedes Mal, wenn ihr glaubt, etwas nicht tun zu können, erinnert euch an diese Wahrheit! All eure Taten werden aufgezeichnet, um am Tag eures Todes beurteilt zu werden.«

Ich erinnerte mich an den Traum, den ich Jahre zuvor gehabt hatte – der, in dem ein Engel mich in die Hölle zerrte. Ich wusste genau, dass unsere Taten aufgezeichnet und am Tag unseres Todes für oder gegen uns verwendet werden würden. Doch die Vorstellung, dass die Welt unser Prüfungsraum war, war mir vollkommen neu. Sie steckte wie eine unverdauliche Fischgräte in meiner Brust fest.

»Wenn wir sterben, erwartet uns der Schmerz des Grabes.« Auch darüber wusste ich Bescheid. Meine Mutter hatte oft davon gesprochen, wie unsere Gräber sich strecken und zusammenziehen und uns in ihrem Innern zerquetschen und verrenken. Dieser Gedanke hatte mich immer erschauern lassen.

»Doch nicht jeder wird ins Grab kommen. Die, die für Allah sterben, werden die Hölle komplett vermeiden. Jeder, der sein Leben im Dschihad gibt, kommt direkt in den Himmel, geradewegs ins Paradies. Wir sollten alle lieber für jenes Leben kämpfen statt für dieses. Meine Brüder und Schwestern, ich sage euch, dass dieses Leben nur vorübergehend ist. Jeder muss einmal sterben.«

Zuerst hatte ich den Dschihad einfach nur als Kampf gegen die Armut verstanden. Die Waffen, die ich im Kampf gegen die Ungerechtigkeit einsetzte, waren meine Spenden sowie meine Hingabe im Unterrichten von Kindern, die zu arm waren, um zur Schule zu gehen. Doch ich wusste, dass dies nicht genug war. Ich hatte es seit Monaten geahnt.

Mein Unbehagen begann, kurz nachdem ich das Kleid verschenkt hatte. Ich war immer noch aufgebracht wegen der ganzen Geschichte – zum Teil über Allah, vor allem aber über mich selbst –, als meine Mutter mir erzählte, dass das nächste Daras nicht in unserem Haus stattfinden würde.

»Warum nicht?«

»Tante Selma hat darum gebeten, dass wir uns in ihrem Haus versammeln.«

Wir trafen uns schon seit Jahren zu den wöchentlichen Versammlungen in unserem Haus. Eine besondere Bindung hatte sich zwischen den rund hundert Teilnehmern des Daras entwickelt. Dadurch, dass wir so viel Zeit gemeinsam verbrachten, zusammen den Koran studierten und einander dazu ermutigten, bessere Muslime zu werden, waren wir wie eine Familie geworden. Wir halfen einander in schweren Zeiten und feierten zusammen in guten Zeiten. Wenn eines unserer Mitglieder etwas Bedeutendes zu verkünden hatte, verlegten wir das Daras häufig in sein Zuhause.

Tante Selma war nicht wirklich mit uns verwandt oder verschwägert, doch sie war für jeden im Viertel etwas Besonderes. Ihr Ehemann und ihre drei Söhne waren gute Muslime – stets großzügig, freundlich und hingebungsvoll.

»Hat sich einer ihrer Söhne verlobt?«

»Vielleicht«, sagte meine Mutter. »Sie hat gesagt, dass sie will, dass wir uns alle schick anziehen und ein gemeinsames Festmahl halten.«

Als der Freitag endlich kam, war ich aufgeregt und beschloss, keinen weiteren Modestreit mit meiner Mutter vom Zaun zu brechen. Ich wählte bereitwillig ein Kleid, von dem ich wusste, dass es ihr gefiel. Wir liefen die kurze Strecke zum Haus von Tante Selma zusammen – mein Vater und mein Bruder schritten voraus und meine Mutter, meine Schwestern und ich folgten in respektvollem Abstand.

Tante Selma führte die Frauen in ein Zimmer, während ihr ältester Sohn die Männer in ein anderes Zimmer geleitete. »Willkommen!«, sagte sie zu uns Frauen, als wir alle drinnen waren und sie die Tür geschlossen hatte. Sie hielt ein großes Foto von ihrem Mann in der Hand. Plötzlich fiel mir auf, dass ich ihn seit Monaten nicht gesehen hatte.

»Mein Mann ist als Märtyrer gestorben.« Ihre Stimme war kräftig und ihre Augen streiften durch das Zimmer, während sie sprach. »Es war sein Wunsch, dass sein ältester Sohn zum Kampf ausgesandt wird. Deshalb werde ich ihn nächste Woche zum Dschihad aussenden. Ihr müsst alle dafür beten, dass er keine Angst bekommt und nicht nach Hause zurückkehrt, sondern den Wunsch seines Vaters erfüllt. Betet dafür, dass auch er ein Märtyrer wird.«

Das Zimmer füllte sich sofort mit Jubelrufen über die Größe Allahs. Tante Selma stand da und lächelte, während sie die Ausrufe der Frauen würdigte. Kurz darauf aßen wir Süßigkeiten und Duftreis und tranken kühle Limonade. Die Frauen schwirrten von Gespräch zu Gespräch. Ich saß still da und sah zu. Ich wusste, dass dies ein Ort für Mütter war, nicht für Kinder.

Als wir nach Hause zurückgekehrt waren, versuchte ich, mit meiner Mutter über diese Neuigkeit zu sprechen. Ich fragte sie darüber aus, wo der Dschihad des Ehemanns von Tante Selma stattgefunden hatte und wie er gestorben war. Doch meine Mutter sagte mir, dass sie nicht mehr wisse als das, was Tante Selma erzählt hatte.

Ihre Worte konnten meine Neugier nicht befriedigen, das wusste sie. »Wir werden vielleicht nie wissen, wie oder wo er gestorben ist«, erklärte sie mir später an jenem Abend. »Aber wir wissen sicher, dass er ein Held ist. Was er getan hat, ist ein Vorbild für uns alle.«

Acht

Einige Wochen nachdem wir von dem Martyrium gehört hatten, wurde das Daras abermals in Tante Selmas Haus verlegt. Wieder begrüßte sie die Frauen und Mädchen und wieder hielt sie ein Foto in der Hand. Diesmal war es ihr ältester Sohn – der, der beim letzten Mal die Männer in einen anderen Raum geleitet hatte.

»Allah sei gepriesen!«, sagte sie mit glühendem Gesicht. »Mein ältester Sohn ist in den Dschihad gezogen. Auch er ist als Märtyrer gestorben. Es ist genau so, wie sein Vater es sich gewünscht hat.«

Die Ausrufe der Freude und des Lobes waren noch lauter als beim letzten Mal. Wieder gab es Leckereien zu essen und Limo zu trinken. Außerdem verkündete Tante Selma, dass ihr zweiter Sohn, so Allah wollte, bald ebenfalls in den Dschihad geschickt würde – so wie sein Vater und sein Bruder vor ihm.

Die gleiche Prozedur wiederholte sich einen Monat später und ein viertes Mal im darauffolgenden Monat. Bis dahin hatten sich die Nachrichten von Tante Selmas Familie verbreitet. Neben den üblichen Teilnehmern unseres Daras waren Leute aus der Stadt hinzugekommen, zusammen mit einigen weiblichen Geistlichen von der Gruppe. Sie alle lobten Tante Selmas Söhne und ihren Ehemann. Sie sprachen in höheren Tönen von ihnen, als ich sie je über irgendjemanden hatte reden hören.

»Mein Sohn hat mich stolz gemacht«, sagte Tante Selma, während sie ein Foto hochhielt. Es war anders als die Bilder, die sie von ihrem Mann und ihren anderen beiden Söhnen gezeigt hatte. Jene Fotos waren Porträts gewesen, die nach den Schulabschlüssen ihrer Söhne aufgenommen worden waren. Die Männer blickten direkt in die Kamera, voller Kraft und Stolz. Das Bild von ihrem dritten Sohn hingegen zeigte eine blutige Leiche, die am Straßenrand lag.

»Er ist den Tod eines Märtyrers gestorben und ich bin glücklich«, sagte sie. »Jetzt bin ich an der Reihe. Ich werde in den Dschihad ziehen.«

Das war das Letzte, was ich von Tante Selma sah. Als sich das Daras in der nächsten Woche bei meiner Familie versammelte, stand ihr Haus bereits leer und war mit Brettern vernagelt. Kurze Zeit später hörte ich, dass auch sie gestorben war. Sie hinterließ ihr Haus und all ihren Schmuck der militanten Gruppe.

Wochenlang war Tante Selma das zentrale Gesprächsthema unter uns Frauen und Mädchen. Sie wurde für ihre Großzügigkeit gelobt und uns als Beispiel vorgehalten, weil sie ohne Vorbehalt alles für Allahs Sache gegeben hatte. Sie war jemand, den wir alle bewunderten, und die Tatsache, dass sie als Frau ihr Leben gegeben hatte, fand ich besonders aufregend. Ihr Opfer zeigte mir, dass es möglich war, alles für Allah zu geben, auch wenn man eine Frau war.

Eine Veränderung fand in mir statt. Seit Tante Selma die Stadt verlassen hatte, sah ich meine eigenen Bemühungen um Großzügigkeit zunehmend in einem anderen Licht. Ein paar Besitztümer zu verschenken oder nachmittags eine halbe Stunde zu unterrichten war nichts im Vergleich zu dem, was sie und ihre Familie getan hatten.

Da niemand darüber sprach, wo oder wie Tante Selmas Familie den Märtyrertod gestorben war, dachte ich mir meinen Teil. Ich nahm an, dass sie alle an die indisch-pakistanische Grenze gegangen waren, sich der Armee angeschlossen und in einem kleineren Gefecht gekämpft hatten. Tante Selmas Söhne waren allesamt junge Männer in ihren Zwanzigern gewesen, stark und voller Energie. Es war leicht, sich vorzustellen, wie sie und ihr Vater Panzer fuhren und an der Seite anderer Soldaten dienten. Ich konnte mir sogar vorstellen, wie Tante Selma mit einem Gewehr hantierte und die Nerven bewahrte, während sie sich an den Gefechtslinien um die Verletzten kümmerte. Doch ich konnte mich selbst in keinem dieser Szenarien sehen. Ich war eine ruhige 18-Jährige, die Wissenschaft und Mathe liebte. Ich konnte mir kaum vorstellen, eine AK-47 zur Hand zu nehmen und Seite an Seite mit kampferprobten Truppen zu marschieren.

Eines Tages, als ich neben meiner Mutter im Daras saß, stand ein neuer Mullah auf, den ich noch nie gesehen hatte. Je länger er predigte, desto klarer wurde mir, wie falsch ich gelegen hatte. Der Dschihad war nicht nur für Männer oder für die Starken und Gewandten; er war für alle – sogar für Mädchen wie mich. Es war, als würde mir ein Schleier von den Augen genommen.

»In diesem Kampf kämpfen wir nicht für uns selbst, sondern für Allah«, sagte der Mullah. »Ihr seid die Armee von Allah, nicht die Armee von Pakistan. Ihr habt hier einen Auftrag zu erfüllen und einen Feind zu bekämpfen. Seid ihr gewillt? Seid ihr bereit, Allah das Leben, das er euch gegeben hat, zurückzugeben? Werdet ihr die Waffen aufnehmen, die Allah euch zur Verfügung stellt? Mit Gewehren und Bomben kämpfen wir gegen die Ungläubigen, die versuchen, unsere Leute zu ermorden und zu verstümmeln. Auf diese Weise werden wir Amerika von der Erdoberfläche tilgen!«

Bei diesen Worten füllte sich der Raum mit zustimmendem Geschrei und »Allahu Akbar!«-Rufen.

Der Mullah fuhr fort, wobei seine Stimme an Lautstärke und Tonhöhe gewann: »Ist es nicht wahr, dass Allah diejenigen belohnt, die ihm dienen? Ich sage euch die Wahrheit: Je mehr Ungläubige ihr tötet, desto größer wird euer Lohn sein. Allah wird sehen, wie viele Christen und Juden ihr vernichtet, und er wird es nicht vergessen. Wenn ihr euer Leben im Dschihad opfert, werden eure Familien den gleichen Lohn im Paradies empfangen. Kein Grab, kein Gericht – einfach direkt ins Paradies. Denkt an die 72 Jungfrauen, die euer Vater dank euch bekommen wird! Und denkt an die schönen weichen Kissen und die hohen Mauern um den Garten. Wärt ihr nicht stolz, eurer Mutter solche Reichtümer zu geben?«

Mittlerweile war der ganze Saal von Aufregung erfüllt. Doch ich saß still da, meine Augen fest geschlossen. So viel von dem, was er sagte, war mir bekannt – etwa die Tatsache, dass man sich den Zugang zum Himmel nur sichern konnte, indem man sein Leben im Dschihad gab. Doch eine Sache, die der Mullah sagte, hatte ich noch nie zuvor gehört: die Vorstellung, dass ich meinen Eltern einen Platz im Himmel verschaffen konnte, ohne dass sie die Prüfung des Gerichtes durchlaufen mussten.

Dieses Versprechen war so wunderbar, dass es sich anfühlte, als würden sich meine Lungen mit der süßesten Luft füllen. Ich stellte mir mich selbst im Himmel vor, wie ich meinen Vater empfing, der staunend das Haus im Paradies bewunderte, das ich ihm gesichert hatte.

»Das hast du für mich getan?«, würde er sagen.

»Ja«, würde ich antworten. »Ich habe es für dich getan. Ich, die Tochter, die du nicht ansehen wolltest. Ich, die Tochter, die dich ins Paradies gebracht hat.«

Er würde eine Weile dastehen und mir in die Augen schauen. Er würde weinen, vielleicht sogar schluchzen. Schlussendlich würde er seine Arme ausbreiten und mich umarmen. Zum ersten Mal in meinem Leben würde ich wissen, wie es sich anfühlte, sicher in den Armen meines Vaters zu sein.

»Gibt es irgendwelche Freiwillige für den Dschihad?«, fragte der Mullah am Ende des Treffens.

Ich streckte meine Hand in die Höhe. Der Raum war in ehrfürchtiges Schweigen gehüllt, während der Mullah darauf wartete, dass sich weitere Hände erhoben. Doch ich nahm die Menschen um mich herum gar nicht wahr. Mein Kopf war voller Lärm. Erst als ich spürte, wie die Hand meiner Mutter sanft auf meinem Rücken ruhte, erinnerte ich mich daran, dass sie neben mir saß. Ihre Hand fühlte sich warm an. Ich öffnete die Augen, um sie anzusehen. Durch ihren Schleier konnte ich sehen, dass sie Tränen in den Augen hatte.

Ich sah mich um. Ich war die Einzige auf der Frauenseite des Vorhangs, die ihre Hand gehoben hatte, und alle Blicke waren auf mich gerichtet.

Das Treffen endete kurz darauf und der Mullah wies mich an, sitzen zu bleiben und zu warten, während er mit den Männern sprach, die sich als Freiwillige gemeldet hatten. Statt zuzuhören, was er zu den Männern sagte, grübelte ich darüber nach, wohin mich der Dschihad führen könnte. Vielleicht würde ich zum

Kämpfen an die Grenze zu Indien geschickt. Vielleicht war auch ich dazu berufen, mein Leben im Kampf zu geben. Ich war weder nervös noch besorgt, ich war bloß fest entschlossen. Was immer es mich kostete – wenn es meinen Vater und meine Mutter mit mir ins Paradies brachte, war es das wert.

Als der Mullah endlich vor mir erschien, sah ich ihn zum ersten Mal an jenem Tag richtig an. Er war jünger als die meisten Geistlichen und seine Augen waren freundlich.

Als er mit mir sprach, war seine Stimme sanfter als während des Daras. »Ich bin so glücklich, dass du dein Leben geben willst. Aber du musst daran denken, dass dieser Kampf nicht für uns selbst ist, sondern für den Islam. Wir kämpfen, um den Islam zu retten, so wie Mohammed und die Kalifen es taten. Sie alle kämpften und gaben ihr Leben. Sie alle starben als Märtyrer. Ich will nicht, dass du über den Augenblick deines Todes nachdenkst. Es wird sehr schnell gehen. Ich will, dass du über den Lohn nachdenkst, der dich im Himmel erwartet. Du wirst den Klang von Wasserfällen hören und alles, was du willst, wird dir gehören, sobald du auch nur daran denkst. Jedes Kleidungsstück, jede Art von Speise – alles wird dir gehören. Dein nächstes Leben wird so viel besser sein als dieses. Klingt das nicht wunderbar?«

»Ja«, sagte ich. »Das tut es.«

»Mach dir also um nichts Sorgen. Wir werden dir alles beibringen, was du wissen musst – wie man ein Gewehr benutzt, wie man die Suizidweste trägt und wie man sie zündet. Du wirst darauf achten müssen, so viele Ungläubige wie möglich zu töten. Denk daran: Je mehr du tötest, desto größer wird dein Lohn sein. Wir werden dir daher helfen, zu lernen, wie man die größte Menschenmenge auswählt.«

»Aber was ist, wenn Muslime darunter sind?«, fragte ich, zum ersten Mal beunruhigt. »Was wird Allah dann mit mir tun?«

»Mach dir auch darüber keine Sorgen. Sie werden als Märtyrer sterben, genau wie du. Sie werden in den Himmel kommen, genauso wie du. Du wirst auf diese Weise viele Leben retten. Hast du noch mehr Fragen?«

Ich hatte Tausende, aber keine, die ich stellen konnte. Anwar hatte mir klargemacht, wie wichtig es war, nicht zu tief über den Koran nachzudenken. Vielleicht würde mir der Mullah jetzt das Gleiche sagen. Denken würde alles nur schlimmer machen.

Der Mullah machte sich zum Gehen bereit. »Wir werden dich in zwei Monaten anrufen, wenn wir für die nächste Welle von Rekruten bereit sind. Dann werden wir dich mit ins Lager nehmen und dich ausbilden. Du wirst deine Familie in diesem Leben nicht wiedersehen, wenn du einmal ausgezogen bist, also nutze diese Wochen gut.«

Wir verabschiedeten uns. Ich blieb im Versammlungsraum zurück und hörte, wie die Menschenmenge sich nach und nach vom Hof entfernte. Ich beobachtete, wie das Sonnenlicht durch den Raum wanderte und dabei immer schwächer wurde.

Es fühlte sich eigenartig an, sich etwas so Folgenreichem verpflichtet zu haben und an einem ganz gewöhnlichen Freitagnachmittag eine so bedeutende Entscheidung getroffen zu haben.

»Jeder muss einmal sterben«, sagte ich leise. Die Vertrautheit dieser Worte beruhigte mich. Ich glaubte sie und war bereit dafür, dass dieser Tag eher früher als später kam.

Nach dem Treffen wurde ich von jubelnden Frauen umringt. Sie ergriffen meine Hände und lobten mich lautstark. Als sie gingen, flüsterten sie mir ihre Segnungen zu. Es war eine Zeit, um zu feiern; das war klar. Doch ich fühlte mich nicht von Freude erfüllt. Ich fühlte mich so wie damals, als ich erkannt hatte, dass Allah mir ganz bestimmt keinen Ersatz für das Kleid geben würde, das ich verschenkt hatte. Ich war gedemütigt, ja. Aber es fiel auch eine Last von mir ab. Es war dumm von mir gewesen, zu glauben, dass ein neues Kleid in meinem Schrank auftauchen könnte. Ebenso dumm war es gewesen, zu glauben, dass ich großzügig oder hingebungsvoll genug sein könnte, um entweder die Zuneigung meines Vaters oder Allahs Lohn zu gewinnen.

Jeder muss einmal sterben. Wenigstens wusste ich auf diese Weise, dass mein Tod etwas wert sein würde.

TEIL 2

Du wirst von allen gehasst werden

Neun

Mein Vater war hocherfreut, dass seine Tochter in den Dschihad ziehen wollte – so erfreut, dass das Hochzeitsthema vom Tisch war. Nicht, dass er mir das jemals ins Gesicht gesagt hätte. Er und ich waren kaum je im selben Raum, geschweige denn in der Lage, ein richtiges Gespräch über Ehe, den Dschihad oder irgendetwas zu führen. Doch ich wusste, dass er sich freute. Meine Mutter sagte es mir.

Wenn meine Mutter etwas anderes als Freude empfand, verbarg sie es gut. Von dem Moment an, in dem ich mich für den Dschihad gemeldet hatte, hatte sich eine enge Bindung zwischen uns entwickelt, sogar noch enger als zuvor. Sie hatte ihre Hand auf meinen Rücken gelegt, sobald ich mich gemeldet hatte, und in vielerlei Hinsicht fühlte es sich an, als hätte sie sie nie zurückgezogen.

Sie und ich hatten immer schon viel Zeit miteinander verbracht, ob in der Nähwerkstatt oder beim gemeinsamen Kochen in der Küche. Meine Mutter bevorzugte keines ihrer Kinder, doch es ließ sich nicht leugnen, dass sie ein engeres Verhältnis zu mir hatte als zu meinen Geschwistern. Meine älteren Schwestern waren zu jenem Zeitpunkt bereits beide verheiratet, mein kleiner Bruder war 17 und immer schon der Augapfel meines Vaters gewesen und meine jüngere Schwester stand jedem in unserem Haus nahe – sowohl meinen Eltern als auch mir, meinem Bruder und den zwei Frauen, die jeden Tag unser Haus putzten. Aus Gründen, die ich nie verstehen konnte, war sie frei auf eine Art und Weise, von der ich nur träumen konnte.

»Ich will nicht, dass du dir Sorgen machst«, sagte meine Mutter eines Morgens lange nach dem Daras. »Du weißt ja, was ich dir immer sage, oder?«

»Jeder muss einmal sterben?«

»Ja. Vielleicht werde ich auch morgen sterben. Was würde dann mit mir geschehen? Ich würde ins Gericht kommen. Werden meine guten Taten die schlechten überwiegen? Was ist, wenn ich sterbe, während ich gerade unrein bin? Nichts könnte mich dann retten. Ist es nicht besser für dich, auf diese Weise zu sterben, ohne Ehemann und Kinder, in der Gewissheit, dass du Allahs Werk tust und direkt ins Paradies kommst? Wir werden alle im Islam geboren; wir müssen auch im Islam sterben. Wenn du dieses Leben für Allah gibst, ist es kein Verlust – es ist ein Gewinn.«

In den Wochen nach dem Daras hörte ich nichts von der militanten Gruppe. Mit der Zeit vergaß ich beinahe, wozu ich mich bereit erklärt hatte. Ich konzentrierte mich auf mein Studium, begann ein neues Nähprojekt und bemühte mich, einigen der Waisenkinder Analysis zu erklären. Ich fühlte mich gut, beinahe friedvoll.

Es war kein Hass in mir. Ich hatte mich nicht für den Dschihad gemeldet, weil ich Amerika verachtete oder Christen und Juden töten wollte. Soweit ich wusste, war ich noch nie einem Christen oder Juden begegnet. Ich bewunderte sie sogar ein wenig – oder zumindest die Werkzeuge und Maschinen und Medikamente, die sie der Welt gegeben hatten.

Natürlich hatte ich nicht vergessen, was ich an der Medrese über die Verfolgung von Muslimen durch Christen und Juden gelernt hatte. Meine Geschwister in Bosnien, Tschetschenien und Palästina waren auf brutale Weise getötet worden. Dennoch hatte ich meine Hand nicht aus Hass erhoben. Ich wählte den Dschihad wegen Allah. Ich wählte ihn aus Liebe. Ich wählte ihn, weil ich verzweifelt um die Anerkennung meines Vaters rang.

Meine Mutter stand im Hof, als ich eines Nachmittags von der Schule heimkam. Zwei Monate waren vergangen, und schon bevor sie zu sprechen begann, wusste ich, was sie sagen würde.

»Sie haben angerufen. Sie werden nächste Woche kommen, um dich zu holen.«

Einen winzigen Augenblick lang fühlte ich mich erleichtert. Es fühlte sich wie der Moment an, wenn ein Streichholz aufflackert und zu brennen beginnt – ein Ausbruch von Emotionen, eine Flut von gutem Gefühl. Endlich war das Warten vorbei. Das Ende würde bald beginnen.

Doch als ich früh am nächsten Morgen aufwachte und durchs Haus lief, um mit den ersten Gebeten des Tages zu beginnen, war jeglicher Friede, den ich am Vortag empfunden hatte, verflogen. Meine Glieder fühlten sich schwer an und mein Magen verkrampfte sich, als würde sich ein Schraubstock um ihn schließen.

Die Angstgefühle wurden im Laufe des Tages immer schlimmer. Irgendwie hatte ich in den zwei Monaten des Wartens vergessen, dass ich, wenn ich zur Dschihad-Ausbildung aufbrach, nie wieder nach Hause zurückkehrte. Jedes Mal, wenn ich die Dinge um mich herum betrachtete – von den Guavenbäumen im Hof bis hin zu den Rikschas, die die Straßen der Stadt füllten –, fragte ich mich, wie oft ich sie noch sehen würde, bevor ich starb.

Ich versuchte, mir diese Gedanken auszureden. Schließlich würde es mich nur schwach machen, wenn ich mich mit derartigen Dingen beschäftigte. Also vergrub ich meine Fingernägel den ganzen Tag lang in meinen Handflächen und zwang mich dazu, mir das nächste Leben vorzustellen und mir auszumalen, wie schön es sein würde. Es funktionierte fast. Doch sobald ich zurück nach Hause kam und meine Trophäen auf dem Regal oder die Familienfotos an der Wand sah, kehrten die Fragen lauter denn je zurück: *Werden sie sich an mich erinnern? Werden sie mich vermissen? Oder wird es sein, als hätte ich nie existiert?*

Das Einzige, was ich tun konnte, war beten. Ich betete nun schon seit über zwei Jahren achtmal am Tag. Es gab keine neuen Gebete mehr zu sprechen oder zusätzliche Rituale zu befolgen. Also verlängerte ich meine Gebete. Was normalerweise zehn Minuten dauerte, dehnte ich auf eine Stunde aus. Zuerst wusch ich mich und bereitete mich mit besonderer Sorgfalt vor. Dann wiederholte ich jedes Gebet, bis mein Mund sich zu trocken anfühlte, um weiterzusprechen. Ich klammerte mich an meinen Gebetsteppich, als wäre er ein Rettungsfloß, auf dem ich allein inmitten eines Ozeans trieb.

Auch die Beziehung zu meiner Mutter veränderte sich. Ihr Gesundheitszustand hatte sich verschlechtert. Sie hatte immer wieder Phasen, in denen sie erschöpft war und nach Atem rang. Doch das war noch nicht alles. Ihre Haltung mir gegenüber veränderte sich. Sie hielt meine Hand öfter als sonst und bot mir an, mich überall hinzubringen, wo ich hingehen wollte. Sie sagte sogar, dass sie mir alles kochen würde, was ich mir wünschte. Ich wusste, dass ich sterben würde. Würde es lange dauern, bis sie mir folgte?

»Ich brauche nichts«, sagte ich immer, wenn sie mir Essen anbot, und hielt ihre Hand fest. »Ich will nur hier bei dir bleiben.«

Ich dachte in jener Woche viel über Tante Selma nach. Hatte sie sich auch so bange gefühlt wie ich? Ich konnte es mir nicht vorstellen. Sie hatte so mutig und stark gewirkt, so glücklich, ihr Leben im Dschihad geben zu dürfen. Also tat ich, was sie meiner Meinung nach getan hätte: Ich betete noch etwas mehr. Es war besser, Zeit mit Allah zu verbringen, als meine letzten Tage zu Hause damit zu vergeuden, zu essen oder durch die Stadt zu laufen.

Dennoch hatte ich keinen Frieden. Trotz den Versprechen des Mullahs war ich überzeugt, dass Allah mich verstoßen würde. Selbst wenn es mir irgendwie gelang, hundert Ungläubigen das Leben zu nehmen, konnte ich mir nicht vorstellen, dass Allah mir die Art von Reichtümern schenkte, die der Mullah mir in Aussicht gestellt hatte.

Wenn ich betete, versuchte ich mir vorzustellen, dass ich vor Allah kniete, so wie ich einmal vor Anwar gekniet hatte. Nur saß Allah in meiner Vorstellung auf einem Thron, und statt ihn um die Chance zu bitten, zur Schule gehen zu dürfen, bat ich ihn um die Chance, im Himmel bleiben zu dürfen. Ich flehte ihn an, mir gnädig zu sein und mir zu erlauben, bei ihm zu bleiben. Ich brauchte keine Villa mit weichen, weißen Kissen und keinen Garten mit hohen Mauern. Wenn Allah mich nur bei ihm bleiben ließe, wäre es mir egal, wenn ich die bescheidenste Ecke des Himmels bekäme. Das wäre genug.

Ich wachte vom Klang des Azán auf, des Aufrufs an die Welt zum Gebet. Ich wusste, dass niemand sonst im Haus darauf reagieren würde. Meine Mutter war zu schwach, meine Geschwister lagen zu bequem in ihren Betten und mein Vater ... nun, ich konnte mich nicht erinnern, ihn je um 3:30 Uhr morgens beim Beten gesehen zu haben. Ich war auch froh darüber. Ich konnte mir nicht vorstellen, allein mit ihm im Gebetsraum zu sein.

Ich stand schon seit so langer Zeit mit den Hühnern auf, dass ich mich fast unbewusst durchs Haus bewegte. Ich schlüpfte aus meinem Zimmer, an meiner schlafenden kleinen Schwester vorbei und durch den Flur ins Bad. Wie oft würde ich noch für die Morgengebete aufstehen, bevor ich auszog? Und wohin würde ich gebracht werden? War das Lager weit weg von der Stadt? Und würde es wie ein Militärlager aussehen oder mehr wie ein Schulhof?

Ich redete mir ein, dass ich nicht ängstlich oder besorgt sei. Ich redete mir ein, dass ich bereit sei. *Ich könnte morgen bei einem Unfall sterben*, dachte ich. *Ich könnte auf der Straße niedergeschlagen werden. Und was hätte ich davon? Es ist besser, zu sterben und Allahs Lohn zu empfangen, als zu sterben und in sein Gericht zu kommen.*

Im Bad sah ich jedoch etwas, was meine Zuversicht schwinden ließ: Blut. Der Beginn meines Monatszyklus bedeutete, dass ich unrein war. Unreine Muslime dürfen nicht den Koran berühren, beten oder ihren Gebetsteppich auch nur anfassen. Ich nahm außerdem an, dass unreine Muslime nicht in den Himmel kommen würden. Und sie konnten bestimmt nicht die Ausbildung zum Dschihad beginnen.

Ich war besorgt – zu besorgt, um ins Bett zurückzukehren –, also ging ich weiter in den Gebetsraum. Während ich neben meinem aufgerollten Teppich am Boden saß, spürte ich, wie sich tiefe Trauer in mir ausbreitete. Ich kauerte mich auf dem Boden zusammen, zu traurig, um irgendetwas anderes zu tun.

Da meine Zunge noch rein war, fragte ich mich, ob Allah mich vielleicht hören würde, wenn ich in meiner eigenen Sprache Urdu zu ihm betete statt auf Arabisch. »Oh mein Schöpfer, in ein paar Tagen werde ich die Ausbildung zum Dschihad beginnen. Ich gebe dir mein Leben, weil du mich geschaffen hast. Ich flehe dich an, sende mich bitte nicht ins Höllenfeuer am Tag des Gerichts.«

Die Worte waren wie Schmutz in meinem Mund. Wie konnte ich zu Allah reden, als wäre er bloß eine andere Person hier bei mir im Raum? Wie konnte ich hoffen, so mit ihm verhandeln zu können? Während ich betete, schweiften meine Gedanken langsam ab. Ich grübelte über Himmel und Hölle nach und darüber, ob Allah mir wohl gnädig wäre, wenn ich, eine unreine Frau, in diesem Moment sterben würde. Wohin würde Allah mich schicken? Hatte ich genug getan?

Bald träumte ich. In meinem Traum war ich auf einem Friedhof. Ich wusste, dass ich gestorben war und dass mein Tod kein glorreicher Akt des Dschihad gewesen war. Schrecken breitete sich in mir aus – ich hatte Angst, auf die Gräber zu treten und die Menschen zu verletzen, die noch darin gefangen waren. Alles um mich herum war in Finsternis gehüllt – ich konnte sie förmlich schmecken. Ich wollte unbedingt dort weg und suchte vergeblich nach einem Ausweg.

»Allah!«, rief ich auf Urdu. »Bitte erbarm dich!«

Ich suchte weiter nach einem Ausgang, doch ich hielt inne, als ich in einiger Entfernung ein einzelnes Licht vor mir erscheinen sah. Je näher das Licht kam, desto klarer konnte ich es sehen. Es leuchtete heller als alles, was ich je gesehen hatte. Es war wie die Sonne in ihrer ganzen Kraft, aber irgendwie konnte ich es trotzdem ansehen. Als das Licht näher kam, erkannte ich, dass es ein Gesicht, Hände und Füße hatte. Es war nicht nur ein Licht; es war eine Person. Ein Mann. Und er sprach zu mir. »Komm und folge mir.«

»Nein!«, antwortete ich.

»Esther, komm und folge mir.«

Der Name, den dieser Mann nannte, verwirrte mich. »Tut mir leid«, sagte ich dem Mann aus Licht, »aber ich bin nicht Esther. Ich bin Zakhira Ahmad und ich will dir nicht folgen.«

Die Stimme war noch sanfter, als sie zum dritten Mal erklang. Die Wärme und Liebe, die seine Worte transportierten, gingen mir tief unter die Haut: »Meine Tochter, komm und folge mir.«

Ich konnte nicht ein drittes Mal Nein sagen. Ich *wollte* nicht noch einmal Nein sagen. Ich wollte in dieser Stimme leben, diese Worte einsaugen und mich für immer von ihnen treiben lassen. Als ich tief einatmete, dämmerte mir, dass diese Person in meinem Traum vielleicht wirklich in der Lage war, mir zu helfen, den Friedhof zu verlassen. Warum nannte er mich seine Tochter? Ich hatte keine Ahnung, aber ich beschloss, zu tun, was er sagte.

Sobald ich diese Entscheidung getroffen hatte, begann das Licht, sich über den Friedhof zu bewegen. Ich stand wie gelähmt da und starrte auf seine Füße, während er ging. Jeder Busch und jeder Stein auf dem Weg vor ihm wurde von unsichtbaren Händen weggefegt, sobald er sich näherte. Wo immer er hintrat, verschwand die Dunkelheit. Und er hinterließ eine Spur des Lichts – nicht nur des Lichts, sondern des Lebens.

»Oh!«, sagte ich zu mir selbst. *Dieses Licht zeigt mir wirklich den Weg nach draußen.* Ich begann, ihm nachzujagen. Ich rannte den Pfad entlang, der nun lichtdurchflutet war. Als er vor einem Grab stehen blieb, stellte ich mich neben ihn.

»Komm heraus«, sagte er, während er ins Grab hineinschaute. Ich sah erstaunt zu, wie ein toter Mann sich sofort aus der Erde erhob. Unter anderen Umständen hätte ich meine Augen nicht von dem auferstandenen Körper abwenden können. Doch im Traum interessierte ich mich nur für den Mann aus Licht.

»Wer bist du, dass du toten Menschen Leben schenkst?«, fragte ich.

Er wandte sich zu mir um. Ich konnte das Licht tief in meinen Lungen spüren. »Ich bin der Weg, die Wahrheit und das Leben«, sagte er.

»Bitte hilf mir!« Meine Stimme klang schwach. »Ich will aus diesem Friedhof hinaus.«

Er schloss seine Hand um meine. In dem Moment, in dem er mich berührte, verschwand der Friedhof. Stattdessen erschien ein Anblick, der schöner war als alles, was ich je gesehen hatte. Vor uns lag ein Meer aus strahlendem Licht – doch es war fest und wie aus Kristall. Neben und hinter uns befand sich ein Gebäude, dessen Wände aus Gold gemacht waren. Doch so eine Art von Gold hatte ich noch nie gesehen, nicht einmal im edelsten Schmuck. Das Gold, das ich kannte, war leblos und zerbrechlich, während diese Wände voller Leben und Kraft und Licht waren.

Als ich noch klein war, drehte ich manchmal den Wasserhahn im Badezimmer auf und lauschte fasziniert dem Geräusch, das das Wasser machte, wenn es das Becken füllte. In meinem Traum erklang in der Nähe dasselbe Geräusch, nur fühlte es sich diesmal an, als könnte ich es mit jeder Zelle meines Körpers hören.

Das Licht war ebenso allumfassend. Alles um mich herum war nicht nur in Licht gebadet; es *war* Licht. Das kristallene Meer, die goldenen Wände, sogar der Wasserfall, der meinem Blick verborgen war – sie alle schienen vor Licht zu pulsieren. Es war, als würden meine Augen zum allerersten Mal sehen. Der Anblick vor mir übertraf alles, was ich je gesehen hatte. Er überstieg meine Vorstellungskraft. Ich brauchte alle meine Sinne, um ihn in mir aufzunehmen. Ich versuchte verzweifelt, ihn im Gedächtnis zu behalten, tiefer einzutauchen, zu verstehen, was dieser Ort war.

Dann wachte ich auf.

Es herrschte Stille im Gebetsraum, auch die Luft stand still. Ich sah mich um und rief mir meine Umgebung in Erinnerung, indem ich die vertrauten Gegenstände betrachtete: den Stapel aus aufgerollten Gebetsteppichen, den Schrank voller Exemplare des Korans, das Fenster, das auf den Hof hinausging. Ich war zu Hause. Dort, wo ich hingehörte.

Und trotzdem hatte ich plötzlich das Gefühl, dass dies nicht mein Zuhause war – dass es etwas anderes gab, wonach ich mich in meinem tiefsten Innern sehnte. Ich hatte eine Kostprobe von etwas erhalten, was ich seit Jahren gesucht, aber nie gefunden hatte.

Zum ersten Mal in meinem Leben empfand ich Frieden.

Zehn

Als ich mich wieder orientieren konnte, nachdem ich im Gebetsraum aufgewacht war, bemerkte ich, dass meine Mutter betend neben mir kniete. Ich hörte zu, während sie die Worte aufsagte, die mir so vertraut waren wie die Fäden meines Gebetsteppichs. Sie beendete ihr Gebet, strich sanft über meinen Arm und verließ schweigend den Raum.

Im Licht des Morgens erschien mir der Traum noch genauso real wie einige Stunden zuvor. Ebenso verhielt es sich mit dem Gefühl des Friedens, das sich in mir eingenistet hatte, seit der Mann aus Licht auf dem Friedhof mit mir gesprochen hatte.

Ich mochte es nicht. Warum sollte ich Frieden empfinden, wenn ich von einem Friedhof geträumt hatte – einem Ort, von dem jeder weiß, dass er unrein ist? Es ist nie gut für einen Muslim, auf einem Friedhof zu sein. Warum war ich also dort gewesen?

Und warum sollte ich von Licht träumen? Sicherlich war das Licht ein gutes Zeichen. Aber konnte wirklich etwas Gutes an einem so unreinen Ort gefunden werden?

Ich erinnerte mich an die Furcht, die ich am Anfang des Traumes empfunden hatte. Es hatte sich angefühlt, als würde die Dunkelheit mich verzehren. Doch dann rief der Mann aus Licht jenen Toten aus dem Grab heraus. Wie war das überhaupt möglich? Warum nannte er mich *Tochter* und was war das für ein Ort, an den er mich gebracht hatte?

Was mich wohl am meisten beunruhigte, war der Traum selbst. Wenn er von Allah kam, warum hatte er ihn mir dann gesandt, als ich unrein war?

Es war alles zu viel. Die Fragen quälten mich wie lästige Insekten. Ich wollte, dass sie verschwanden. Sie schienen nicht die Art von Fragen zu sein, die eine gute Muslimin stellen sollte, erst recht nicht wenige Tage bevor sie in den Dschihad zog.

Und dennoch blieb der Friede. Trotz des Traums und der Tatsache, dass ich in nur vier Tagen meine Familie für immer verlassen würde, empfand ich Frieden.

Dank Anwars Unterstützung hatte mein Vater mir erlaubt, mich auf einer Hochschule einzuschreiben. Meine Noten waren nicht gut genug für Medizin, doch ich wurde an einer örtlichen Universität für ein Grundstudium der Ingenieurswissenschaften zugelassen. Ich mochte mein Studium. Doch an diesem Morgen war ich zu unruhig, um zu frühstücken, bevor ich mich auf den langen Fußmarsch durch die Stadt zu meiner Hochschule machte. All der Verkehr und die vielen Menschen waren eine willkommene Ablenkung von dem Chaos in meinem Kopf.

Anders als an den meisten Tagen starrte ich nicht traurig auf die vertrauten Bäume auf meinem Weg und fragte mich, wie lange es dauern würde, bis die anderen Studenten mich vergessen hätten. Ich ging zügig in meinen ersten Kurs und wartete darauf, dass das Physikpraktikum begann.

»Hallo Zakhira«, sagte Azia, als sie sich neben mich setzte. Ich kannte sie nicht sehr gut, aber ich freute mich immer darauf, die Zeit in müßigen Gesprächen mit ihr totzuschlagen, während wir auf den Dozenten warteten.

An jenem Tag war das Gespräch jedoch alles andere als müßig.

»Alles in Ordnung?«, fragte Azia.

»Ja. Warum?« Ich war offensichtlich durcheinander.

»Du siehst nicht so aus wie sonst. Du siehst anders aus.«

Ich versuchte, sie mit der Erklärung abzuwimmeln, dass ich nur müde vom frühen Aufstehen sei. Sie lächelte und schlug ihr Buch auf.

Als der Kurs begann und Azia und ich unsere gemeinsame Arbeit aufnahmen, wurde mein Kopf wieder mit Gedanken überschwemmt. Den ganzen Morgen hatte ich sie zurückhalten können, doch ein Kommentar von Azia genügte, um den Damm zu brechen.

Ich machte mir Sorgen. Wenn Azia erkannt hatte, dass etwas an mir anders war, würden es auch andere bemerken. Man würde mich aus dem Dschihad-Lager werfen. Dann wäre ich nicht nur unfähig, einen Platz im Paradies für mich und meine Familie zu sichern, sondern würde zudem Schande über meine Eltern bringen, weil ich es nicht geschafft hatte, uneingeschränkt für Allah zu kämpfen.

Vor allem konnte ich nicht aufhören, über das Licht nachzudenken. Was war es? Wer war es? Ich glaubte nicht, dass er ein Engel war, weil er keine Flügel am Rücken hatte. Und ich wusste, dass Allah sich keinem menschlichen Wesen zeigen würde, weil Menschen klein und unbedeutend sind. Was meinte er, als er sagte, dass er der Weg, die Wahrheit und das Leben sei? Dieser seltsame Satz ergab keinen Sinn für mich. Sicherlich hätte ein Bote von Allah einfach erklärt: »Ich bin von Allah.« Und warum sandte Allah mir überhaupt einen Boten, wenn ich sowieso bald sterben würde?

Das kraftvollste Bild des Traumes war der Ort, an den das Licht mich gebracht hatte. Sah so der Himmel aus? Es gab dort keine Gärten mit hohen Mauern oder weiche, elfenbeinfarbene Kissen. Doch es sah noch schöner aus, als ich es mir je vorgestellt hatte.

»Zakhira!« Azia stieß mir leicht in die Rippen, um mich zu warnen, meinen wackligen Turm aus Büchern festzuhalten, bevor er umstürzte und zu Boden fiel. Doch es war zu spät. Die ganze Klasse wandte sich zu mir um.

»Was ist heute nur los mit dir?«, flüsterte Azia, während ich meine Seite des Tischs wieder in Ordnung brachte.

»Nichts«, sagte ich automatisch. Doch dann besann ich mich eines Besseren. »Ich hatte letzte Nacht einen seltsamen Traum.« Ich hoffte, dass der Traum etwas von seiner Kraft verlieren würde, wenn ich ihn laut aussprach.

Azia war noch nicht zufrieden. »Wirklich? Worum ging es?«

Ich seufzte. »Es war wirklich nichts. Nur einer dieser merkwürdigen Träume.«

Azia beließ es eine Weile dabei, doch dann beugte sie sich nah an mich heran und sagte mit gesenkter Stimme: »Es scheint dich aber zu beunruhigen. Würdest du mich für dich beten lassen? Immer, wenn ich mir um etwas Sorgen mache, versuche ich zu beten. Das hilft.«

Ich kannte alle acht Gebete auswendig und keines davon passte auf ihre Beschreibung. Es ging in allen Gebeten um Allahs Macht und sein Gericht, nicht um unsere Sorgen und Schwächen. »Was für ein Gebet betest du?«

»Es ist ein christliches Gebet.«

Ich schreckte zurück. Ich hatte keine Ahnung gehabt, dass Azia Christin war – ihr Name war ein ganz gewöhnlicher muslimischer

Name und sie trug eine Dupatta wie wir anderen auch. Ich hatte noch nie einen Christen getroffen, aber ich wusste alles über sie. Meine Mutter hatte mir erzählt, dass sie die Bibel umgeschrieben hatten, um die ursprüngliche Fassung zu verändern. Man konnte ihnen nicht trauen. Sie praktizierten schwarze Magie. Ich für meinen Teil tat, was ich konnte, um ihnen aus dem Weg zu gehen.

»Ich will gar nicht, dass du für mich betest«, sagte ich. »Ich habe kein Interesse an deiner schwarzen Magie. Ich bin Muslimin, schon vergessen?«

»Ich weiß«, sagte sie mit zitternder Stimme. »Wir können auch für Muslime beten.«

»Nicht für mich. Ich will nichts dergleichen von dir – hast du verstanden?«

Als das Praktikum beendet war, ging ich, bevor Azia ein weiteres Wort sagen konnte. Der Rückweg von der Hochschule war viel schlimmer als der Hinweg. Statt mich abzulenken, waren die Rikschas und Menschenmengen ein unwillkommener Ausdruck der vielen Gedanken, die mich zu überrollen drohten.

Als ich zu Hause ankam, lehnte ich das Essen ab, das meine Mutter mir anbot. Ich traf meine Gruppe von Schülern für ihren gewöhnlichen Nachmittagsunterricht, doch meine Gedanken waren einen Ozean weit entfernt von den Seiten, die wir durchnahmen. Anschließend saß ich allein im Gebetsraum und ging dann hinauf aufs Dach, um die untergehende Sonne zu betrachten. Wo ich auch hinging und was ich auch tat, die Fragen wirbelten tief in mir herum, tiefer als der Atem in meinen Lungen.

Warum hatte ich diesen Traum gehabt? Was bedeutete er? Und warum empfand ich diesen eigenartigen Frieden?

Am nächsten Tag ging ich extra etwas früher zur Uni. Ich wollte Azia nicht sehen und riskieren, dass sie mir erneut anbot, für mich zu beten. Ich setzte mich in eine Ecke des Hörsaals und steckte meinen Kopf in ein Buch. Mir wurde bange ums Herz, als ich hörte, dass sich jemand näherte. Schon bevor ich aufsah, wusste ich, dass es Azia war.

»Kannst du mit nach draußen kommen? Ich möchte mit dir reden.«

»Nein.« Ich versuchte, meiner Stimme eine Festigkeit zu verleihen, die Azia gleich klarmachte, wie ernst ich es meinte, ohne die Aufmerksamkeit der anderen zu erregen. »Ich warte darauf, dass die Vorlesung beginnt.«

»Aber ich habe etwas, was ich dir geben will.«

Ich schüttelte vehement den Kopf, blitzte sie wütend an und wandte mich wieder meinem Buch zu.

Azia setzte sich neben mich. Waren alle Christen so schwer zu bremsen? Sie hielt eine Segeltuchtasche vor sich und hatte die Griffe mit beiden Händen fest umklammert, als wäre das, was sich darin befand, entweder zerbrechlich oder extrem gefährlich. »Ich habe das hier für dich mitgebracht«, flüsterte sie. »Es sind einige Bücher und eine Kassette. Ich denke, dass sie dir helfen können, deinen Traum zu verstehen.«

»Was für Bücher?«

Sie sah mich direkt an. Ihr Mund zuckte. Als sie endlich sprach, war ihre Stimme so leise, dass ich sie kaum hören konnte. »Eines davon ist ein Teil der Bibel.«

Eine Welle des Zorns stieg in mir auf. »Ich will sie nicht!« Ich spuckte die Worte aus wie Messer. »Habe ich dich darum gebeten, mir irgendwelche Bücher mitzubringen? Habe ich dich gefragt, ob du für mich beten kannst?«

»Nein«, sagte sie, »aber ich …«

»Hör mir zu! Ich habe kein Interesse an was auch immer du in dieser Tasche hast. Jeder weiß, dass die Bibel verändert wurde. Warum denkst du, dass ich Interesse daran haben könnte, sie zu lesen?«

Azia sah einen Moment lang weg. Der Hörsaal füllte sich langsam und die Studenten begannen, sich auf die Stühle in unserer Nähe zu setzen. Als sie mich wieder ansah, waren ihre Augen feucht und ihre Stimme zitterte vor Angst. »Bitte, Zakhira. Nimm sie einfach mir zuliebe. Wenn du sie nicht willst, kannst du sie morgen zurückbringen. Ich verspreche, dass ich sie zurücknehmen werde.«

Ihre Angst erinnerte mich an meine eigene.

»Okay«, sagte ich. »Pack sie in meine Tasche!«

Als ich später an jenem Tag in meinem Zimmer saß, nachdem ich die Bücher und die Kassette sorgfältig ganz hinten in meinem Kleiderschrank verstaut hatte, fiel mir plötzlich auf, dass Azia die erste Christin war, mit der ich mich je unterhalten hatte. Ein Teil von mir war neugierig. Es überraschte mich, dass ich nichts von ihrem Glauben gewusst hatte, und ich bewunderte ihren Mut.

Ein anderer Teil von mir fühlte sich von Azia abgestoßen. Die Dinge, die meine Mutter mir über Christen erzählt hatte, hatten einen tiefen Eindruck bei mir hinterlassen. Und ich konnte die Bilder nicht vergessen, die ich vor Jahren auf der Medrese gesehen hatte. Andererseits konnte ich mir auch nicht vorstellen, wie Azia meine muslimischen Brüder oder Schwestern verletzte. Sie war viel zu sanftmütig dafür.

Das Haus war leer. Einen Augenblick lang dachte ich darüber nach, den Schrank zu öffnen und eines der Bücher zu lesen, die Azia mir gegeben hatte. Was würde ich in der Bibel finden? Würde sie mir helfen, meinen Traum zu verstehen? Konnte sie mir die Antworten geben, die ich suchte?

Meine Gedanken blieben abrupt stehen.

Was dachte ich da überhaupt? Ich war nur drei Tage davon entfernt, in den Dschihad zu ziehen, und ich machte mir bereits genug Sorgen wegen meiner Unreinheit durch die Menstruation. Wie erbittert würde Allahs Zorn erst sein, wenn ich meine Gedanken von den Lügen einer Ungläubigen verführen ließ?

Ich griff nach den Büchern und der Kassette und rannte in die Küche. Meine Hände zerrissen die Seiten, ohne sie auch nur ein einziges Mal anzuschauen. Ich wollte mich nicht in irgendeiner Form infizieren. Ich arbeitete schnell, weil ich fürchtete, dass jeden Moment jemand nach Hause kommen könnte. Ich nahm Mörser und Stößel, die nach Knoblauch und Ingwer rochen, und wandte all meine Kraft auf, um die Kassette zu zerstoßen. Als nur noch ein Durcheinander aus Plastikscherben und zerknittertem schwarzen Tonband übrig war, kippte ich alles zusammen mit den zerrissenen Seiten der Bücher behutsam in den Müll. Ich achtete darauf, alles tief unter dem Küchenabfall zu vergraben.

Als ich die Küche verließ, sah ich ein Stück Papier auf dem Boden liegen. In dem Moment öffnete jemand die Vordertür. Ich verbarg die Seite unter meinem Kleid und kehrte in mein Zimmer zurück.

Später an jenem Abend nahm ich einige Streichhölzer mit ins Badezimmer und verbrannte die Seite der Bibel vor einem offenen Fenster. Meine Hand zitterte, während ich die Seite zwischen den Fingern hielt. Als die letzte Glut erlosch und die schmale rote Linie am Rand des Papierfetzens langsam schwarz wurde, dachte ich an Anwar. Was würde er sagen, wenn er mich jetzt sehen könnte? Würde er mir freundlich zulächeln und mich ermutigen? Wenn ja, warum fühlte es sich irgendwie falsch an, sogar gefährlich, diese Seite zu verbrennen?

Ich fegte die letzten Stücke zum Fenster hinaus und hoffte, dass meine Mutter recht damit hatte, dass die Bibel verfälscht war. Wenn nicht, fürchtete ich, dass noch mehr Probleme auf mich zukämen.

Elf

Am nächsten Morgen wurde ich von den Schreien meiner Mutter geweckt. Der Gebetsruf folgte kurz darauf, doch es waren die schmerzerfüllten Laute meiner Mutter, die mich zum Handeln bewegten. Ihr Herzleiden machte ihr schon seit Jahren zu schaffen, doch in letzter Zeit hatte sich ihr Zustand weiter verschlechtert. Ich fand sie oft vor Schmerzen gekrümmt auf ihrem Bett liegend. Manchmal hielt sie auch mitten während einer leichten Arbeit inne und rang nach Luft. Doch dass sie nun so laut schrie, dass das ganze Haus wach wurde, bedeutete, dass ihre Qual eine neue Stufe erreicht hatte.

Als die älteste Tochter zu Hause hielt ich es für meine Pflicht, an jenem Tag die Uni zu schwänzen und meine Mutter so schnell wie möglich ins Krankenhaus zu bringen. Es fiel ihr schwer, auf die Straße hinauszugehen, und sie fasste sich an die Seite und keuchte vor Schmerzen, als sie in die Rikscha stieg. Sie sprach nicht viel, während wir durch den Verkehr glitten, und ich schweifte in Gedanken zu dem Plan zurück, den ich den ganzen Morgen über geschmiedet hatte. Ich entschied, dass es keine Schande war, zuzugeben, dass mein Traum mich ins Schleudern gebracht hatte und dass es mir unmöglich war, die Fragen zu ignorieren, vor die er mich stellte. Es war somit nur logisch, dass ich mir selbst etwas Zeit gab, um ihn zu verstehen.

Die Dschihad-Ausbildung sollte bereits in 48 Stunden beginnen. Wenn ich meine Abreise ein wenig verzögern konnte, wäre ich in der Lage, den Traum nochmal zu überdenken und meine Zweifel ein für alle Mal auszuräumen. Ein Monat sollte mehr als genug sein.

Obwohl es keine weiblichen Chirurgen in unserer Gegend gab, hatte gerade eine Ärztin Dienst im Krankenhaus. Nachdem sie meine Mutter sorgfältig untersucht hatte, verschrieb sie ihr Schmerzmittel und trug ihr auf, ins Labor im zweiten Stock zu gehen, um sich Blut abnehmen zu lassen. Der Weg zum Labor war nicht weit und ich hatte meine Mutter schon mehr als einmal dorthin begleitet. Doch diesmal war es anders. Ihre Füße bewegten sich schleppend. Jeder Schritt war ein Kampf.

Ich trat ins Labor und führte meine Mutter zu einem Stuhl. Dann rief ich dem Mann, dessen Kopf hinter einem Stapel Papiere verborgen war, einen traditionellen islamischen Gruß zu: »As-salam alaikum!«

»Salam«, antwortete er.

Sein Gruß verärgerte mich. »Wie bitte?« Ich lief zum Schreibtisch hinüber, um ihn deutlicher sehen zu können. »Warum haben Sie mich nicht richtig gegrüßt? Wissen Sie nicht, dass Sie ›Wa-alaikum salam‹ antworten müssen? Haben Sie es vergessen oder sind Sie nicht wirklich ein Muslim?«

»Nein«, sagte er, während er die Hände vor seiner Brust faltete und mich anlächelte. »Gott sei Dank bin ich ein Christ.«

Ich konnte es nicht glauben – er war der zweite Christ, den ich innerhalb von zwei Tagen traf. Was war los? Ich beschloss, mich nicht davon beirren zu lassen, sondern es als das zu sehen, was es war: eine Chance, all das umzusetzen, was Anwar und die anderen Geistlichen mich im Laufe der Jahre gelehrt hatten.

Ich würde höflich sein und ihn dazu auffordern, sich dem Islam anzuschließen. Wenn ich mich einmal mit ihm angefreundet hätte, würde er sich entspannen und mir vertrauen. Anschließend würde ich einen Zweifel am Christentum in seine Gedanken säen und dann noch einen. Bald würde ich ihn überzeugt haben – da war ich mir sicher. Und wenn das geschah, hätte ich die Gewissheit, dass Allah bei mir war und ich mir keine Sorgen um meinen Lohn im Himmel machen musste.

Mein Schleier verdeckte alles außer meinen Augen. Ich hatte somit nur meine Stimme, um das warme Lächeln zu vermitteln, das ich beim Sprechen aufsetzte. »Nun, es wäre sehr gut, wenn Sie den Islam annehmen würden. Wussten Sie, dass der Islam die überlegenste Religion ist? Würden Sie nicht gerne der besten aller Religionen angehören?«

Der Mann hinter dem Tisch verzog das Gesicht, als wäre gerade ein übler Geruch ins Zimmer gezogen. »Was könnte dein Islam mir schon geben?«

Ich ignorierte seine Unhöflichkeit und lächelte unter meinem Schleier weiter. »Alles! Was immer Sie wollen, kann der Islam Ihnen geben!« Vielleicht würde er verstehen, wovon ich sprach, wenn ich ihn zu meinem Vater brächte. Wenn er den Reichtum meines Vaters sähe und einige der Mullahs träfe, würde er verstehen, was es bedeutete, ein gutes muslimisches Leben zu führen.

»Kann dein Islam mir das Heil geben?«

»Ja«, schoss ich sofort zurück, obwohl ich mir nicht ganz sicher war, was er genau mit diesem Wort meinte. War es so etwas wie Hoffnung? »Der Islam kann Ihnen alles geben, was Sie wollen.«

Er hielt meinem Blick einen Moment stand, dann schnaubte er, wies mich mit einer Handbewegung ab und wandte sich wieder seiner Arbeit zu. »Ich glaube, dass du deinen Koran nicht gelesen hast. Geh und lies ihn von nun an richtig.«

Es war unmöglich, angesichts einer solchen Frechheit höflich zu bleiben. Ich gab meiner Verärgerung Raum und schüttelte meine Finger in einer Abwehrhaltung.

»Das stimmt nicht! Ich habe von klein auf im Koran gelesen. Ich habe ihn schon oft gelesen.«

»Ach wirklich? Hast du die Sure *Al-Ahqaf* gelesen?«

»Natürlich habe ich das«, sagte ich mit einem spöttischen Lächeln. Jeder hatte diesen Abschnitt gelesen. Dieser Mann war offensichtlich dumm.

»Du hast also Nummer 46, Sure *Al-Ahqaf* gelesen?«

»Ja.«

»Und du bist sicher, dass du Vers 9 gelesen hast?«

»Natürlich!«

Eine Weile schwieg er, dann zuckte er mit den Achseln und kehrte zu seinen Papieren zurück.

»Was ist?«, sagte ich. »Glauben Sie mir nicht?«

»Nein. Ich glaube nicht, dass du deinen Koran überhaupt gelesen hast, vor allem nicht diesen Vers. Er beschreibt, dass Allah Mohammed anwies, zu sagen: ›Ich bin keine Ausnahme unter den Gesandten. Ich weiß nicht, was mir und was euch geschehen wird. Ich folge nur der Offenbarung, die mir eingegeben wurde, und bin nichts anderes als ein offenkundiger Warner.‹[1] Und du erzählst mir, dass der Islam mir das Heil geben kann? Wie könnte er, wenn sogar Mohammed zugab, dass er nicht wusste, was nach dem Tod geschehen wird?«

Ich gab es nur sehr ungern zu, aber seine Worte beunruhigten mich. Ich wusste, dass die Christen die Bibel verändert hatten, um Mohammed daraus zu streichen. Konnte es sein, dass dieser listige Mann auch den Koran veränderte, um einen Zweifel in meine Gedanken zu säen?

»Schreiben Sie die Sure und den Vers für mich auf«, sagte ich. »Ich werde nach Hause gehen und ihn in meinem Koran nachschlagen. Und geben Sie mir bitte Ihre Telefonnummer, damit ich Sie anrufen kann, wenn der Vers anders ist.«

Er tat, worum ich ihn gebeten hatte, und gab mir den Zettel.

»Wenn der Vers nicht gleich ist, werden Sie dann Muslim?«

»Ja«, sagte er. Dann schenkte er mir ein so warmes und zuversichtliches Lächeln, dass ich wegsehen musste. »Wenn die Worte gleich *sind*«, fuhr er fort, »wirst du dann Christin? Es wäre ein ziemlich kühner Schritt, aber ich verspreche dir, dass du ihn nicht bereuen wirst.«

»Nein.« Ich schüttelte den Kopf und dachte an den Traum, die verbrannten Bibelseiten und das Dschihad-Lager, das mich erwartete. Es war alles so verwirrend. Doch eines wusste ich sicher: Was er vorschlug, würde niemals geschehen. »Das wäre unmöglich. Ich könnte dem Islam niemals den Rücken kehren. Außerdem bin ich mir zu 110 Prozent sicher, dass Sie versuchen, mich zu täuschen. Es ist unmöglich, dass dieser Vers in meinem Koran gleich ist.«

Meine Blutung hatte an jenem Morgen aufgehört. Sobald meine Mutter und ich zu Hause angekommen waren, beeilte ich mich, meine Reinigungsrituale durchzuführen und in den Gebetsraum zu gehen. Wenige Minuten später saß ich im Schneidersitz auf dem Boden. Mein Koran auf Urdu lag offen in meinem Schoß. Der Vers war genau gleich, wie der Mann im Krankenhaus es gesagt hatte. Wort für Wort.

Ich fühlte mich, als wären meine Lungen aus meiner Brust gerissen worden. Mein Leben lang war mir beigebracht worden, dass Mohammed und Mohammed allein uns vor Allahs Zorn retten konnte. Dennoch war hier ein Beweis dafür, dass nicht einmal Mohammed sein eigenes Schicksal kannte, geschweige denn das Schicksal, das den Rest von uns erwartete. Wie konnte das sein? Und wenn Mohammed mich nicht retten konnte, wer konnte es dann?

Der Mann im Labor hatte etwas zu mir gesagt, bevor ich ging, und seine Worte kamen mir nun im Gebetsraum wieder in den Sinn: »Wenn ein Anführer nicht weiß, was vor ihm liegt, warum sollte man ihm dann folgen? Das ist, als würde man einem Blinden in einen Brunnenschacht hinab folgen.«

Ich ging nach unten, sagte meiner Mutter, dass ich im Krankenhaus anrufen wolle, um nach ihren Ergebnissen zu fragen, und holte den Zettel hervor, auf den er den Vers, seine Telefonnummer und seinen Namen geschrieben hatte.

»Ist da John?«, fragte ich leise, als er ans Telefon ging. »Ich möchte dich morgen gerne treffen.«

»Ah«, sagte er. »Du hast also den Vers gelesen.«

»Ja, ich habe ihn gelesen.«

»Und war er in deinem Koran gleich?«

»Ja, war er.«

»Du kannst morgen Nachmittag kommen. Dann wird es ruhig sein und wir können reden.«

Am nächsten Tag in der Uni mied ich sorgfältig jeden Kontakt mit Azia. Als die Vorlesungen begannen, war ich mit meinen Gedanken abwesend. Manchmal versuchte ich mir vorzustellen, was John mir wohl sagen würde. Doch zuweilen ergriff mich auch die Angst. Ich fragte mich, was Allah davon hielt, dass ich einen Christen traf. Irgendwie stolperte ich durch meine Vorlesungen, während meine Gedanken meilenweit entfernt waren. Erst, als ich meine Dozentin für Islamische Studien nach dem Unterricht im Hof sah, wachte ich auf.

Ich erwähnte ihr gegenüber, dass ich meine Urdu-Übersetzung von der Sure *Al-Ahqaf*, Nummer 46, gelesen hatte und von Vers 9 beunruhigt war. »Was hat es zu bedeuten, wenn Allah Mohammed aufträgt, anderen zu sagen, dass er nicht weiß, was mit ihm geschehen wird?«

Sie sah mich freundlich an. »Meine Tochter«, sagte sie, »lies keine Übersetzungen des Korans. Menschen, die diese Übersetzungen auf der Suche nach der wahren Bedeutung der Worte lesen, werden oft verwirrt. Manche kommen sogar vom richtigen Weg ab. Es ist besser, daran festzuhalten, ihn auf Arabisch zu lesen. Du weißt, dass das Lernen jedes einzelnen Wortes des Korans auf Arabisch dreißigmal mehr Lohn mit sich bringt als in jeder anderen Sprache, oder? Denk an den Tag des Gerichts! Bleib bei Arabisch und vervielfache deinen Lohn!«

Einen Monat oder auch nur eine Woche früher hätte ihr Rat mich noch dazu angespornt, so viele Abschnitte des Korans auf Arabisch zu lernen, wie ich nur konnte. Doch jetzt nicht mehr. Nun, da Johns Worte in meinem Kopf widerhallten, war ihr Rat nicht mehr zufriedenstellend für mich.

Sobald mein Unterricht beendet war, machte ich mich auf den zwanzigminütigen Fußweg zum Krankenhaus. Ich war froh, John allein im Labor anzutreffen. Ich bemühte mich heute nicht, mit ihm über Grußformeln zu streiten, sondern kam stattdessen sofort auf den Punkt: »Kann ich dein Buch haben? Ich möchte es lesen. Aber glaube ja nicht, dass ich Christin werde – ich will nur wissen, was darin steht.«

Er lehnte sich in seinem Stuhl zurück und breitete die Hände vor sich aus. »Nun, erstens darfst du es nicht ›dein Buch‹ nennen.

Es ist die heilige Bibel. Zweitens tut es mir leid, aber ich kann dir meine Bibel nicht geben. Du hast klargemacht, dass du keinerlei Absichten hast, dich dem Christentum anzuschließen. Geh also zurück nach Hause und lies erst einmal deinen Koran richtig. Lerne, Fragen darüber zu stellen. Komm zurück, wenn du das getan hast. Vielleicht kann ich dir dann eine Bibel geben.«

Ich dachte kurz darüber nach, mit ihm zu diskutieren, doch als ich sprach, lag kein Streit in meiner Stimme. »Was für Fragen soll ich denn stellen?«

»Denk über alles nach, was du bisher in deinem Koran gelesen und gelernt hast, und frag dich selbst: *Bin ich auf dem richtigen Weg?* Niemand sonst ist am Tag des Gerichts für dich vor Gott verantwortlich.«

In jenem Moment schien die Luft dick zu werden und ich spürte, wie meine Brust sich zusammenzog. Sprach er von mir und dem Dschihad? War es möglich, dass er davon wusste?

»Du bist offensichtlich eine gebildete Person«, fuhr er fort. »Gebildete Menschen haben Gehirne, um nachzudenken, Ohren, um zu hören, und Gefühle, die ihnen helfen, Entscheidungen zu treffen. Gebildete Menschen können die Dinge besser verstehen und zwischen Richtig und Falsch unterscheiden. Eine Person, die Fragen stellt und nicht damit aufhört, bis sie Antworten gefunden hat, wird ganz sicher den richtigen Weg finden.«

Etwas in mir erwärmte sich, als ich John zuhörte. Mit Ausnahme einiger Lehrer hatte noch nie jemand so offen und vertrauensvoll mit mir geredet. Einen gebildeten, sachkundigen Mann in dieser Weise mit mir reden zu hören, war etwas ganz Neues für mich.

»Du weißt, dass du Schwarz nicht Weiß und die Nacht nicht Tag nennen kannst. Du weißt, dass du nie einem Blinden folgen kannst, weil er dir den Weg nicht zeigen kann. Wie alle gebildeten Menschen bemühst du dich, zu erkennen, was wahr und echt ist.

Ich bin mir sicher, dass du dies auch tun wirst, wenn du den Koran prüfst. Nimmst du diese Herausforderung an?«

»Ja«, sagte ich. Es gefiel mir, dass er mich als gebildet betrachtete, und er sollte wissen, dass ich keine Angst hatte, meinen Glauben zu prüfen. Wenn er sah, wie ich den Koran untersuchte, würde dies vielleicht sogar den einen oder anderen Zweifel an seiner heiligen Schrift in ihm wecken.

Ich machte mich gerade zum Aufbruch bereit, als er eine letzte Bemerkung in den Raum warf: »Ich bin nicht gegen Muslime, und ich bin auch nicht gegen deinen Glauben und deine Überzeugungen. Wir sind Cousins, vergiss das nicht! Der Prophet Abraham hatte zwei Söhne von zwei unterschiedlichen Frauen: Ismael und Isaak. Wir stammen beide von ihnen ab.«

Als ich an jenem Nachmittag nach Hause ging, wurde das Gefühl des Friedens, das ich die ganze Zeit empfunden hatte, noch stärker. Ich war so überzeugt gewesen, dass John Ja sagen würde, wenn ich ihn um eine Bibel bat. Schließlich hatte ich Azia auch nicht um christliche Bücher oder Kassetten gebeten und dennoch hatte sie mir eine ganze Tasche voller Materialien gegeben.

Aber John war anders. Er war überhaupt nicht wie die Christen, die mir in der Medrese beschrieben worden waren, und er passte auch nicht auf die Beschreibung meiner Mutter. Er war weder grausam noch hasserfüllt; er war freundlich und zuvorkommend. Je mehr ich ihm zuhörte, desto mehr spürte ich, dass ich ihm vertrauen wollte. Sein Anliegen schien zu sein, dass ich nicht dem falschen Weg folgte. Er hoffte, dass ich den richtigen Weg fand. *Wenn ich das tue, was er mir aufgetragen hat*, sagte ich mir, *wird sich all meine Verwirrung sicherlich in Luft auflösen.*

Zwölf

Azia und John waren die ersten Christen, mit denen ich je gesprochen hatte, aber nicht die ersten, die ich gesehen hatte. Eines Nachmittags, bevor mein Vater sich den Radikalen anschloss, empfing er einen Gast. Meine Mutter war unterwegs. Mein Vater forderte meine älteren Schwestern auf, Tee und Snacks vorzubereiten und an die Tür zu klopfen, wenn sie fertig waren.

Wir sahen vom Fenster aus zu. Ich presste mein Gesicht neben meinen Schwestern an die Scheibe, während er im Hof einen Fremden begrüßte. Der Mann war genauso gekleidet wie mein Vater, doch als er ins Haus kam, wurde der Unterschied zwischen den beiden deutlich. Der Fremde hatte das exotischste Rasierwasser, das ich je gerochen hatte, und es kam mir vor, als wäre die Luft von etwas Geheimnisvollem erfüllt.

Ich war zu jung, um zu wissen, was dieser Mann mit meinem Vater zu tun hatte, und es kam mir nicht in den Sinn, meine Schwestern zu fragen. Ich folgte ihnen einfach hinunter in die Küche und ließ meine Nase die fremden, süßen Düfte einsaugen, die er verbreitete.

Kurz nachdem meine Schwestern ihre Pflichten erfüllt hatten, kehrte meine Mutter nach Hause zurück. »Wer ist da?«, fragte sie.

Wir Mädchen zuckten alle mit den Achseln und erzählten ihr, dass wir den Besucher nicht kannten. Sie ließ uns in der Küche zurück. Von dort aus konnten wir hören, wie sie die Tür zum Wohnzimmer öffnete. Dann hörten wir laute Stimmen. Kurz darauf öffnete sich die Haustür und schloss sich schnell wieder.

»Warum hast du das getan?«, fragte mein Vater meine Mutter.

»Weil ich weiß, wer dieser Mann ist.«

»Er ist ein Geschäftskontakt. Immer, wenn er in der Stadt ist, treffe ich mich mit ihm.«

»Ja«, sagte meine Mutter, »und er ist ein Christ, nicht wahr?«

Mein Vater sagte nichts.

»Ich habe recht, oder?«

»Ja«, sagte er leise.

Meine Schwestern und ich schlichen in Richtung Wohnzimmertür, gerade rechtzeitig, um meine Mutter zum Tablett hinüberlaufen zu sehen, auf dem die Getränke und Snacks standen, um die mein Vater gebeten hatte. Sie nahm die Tassen und Untertassen in die Hand – unser bestes Geschirr, das für Ehrengäste reserviert war – und wandte sich zu meinem Vater um. Dann schleuderte sie sie zu Boden, wo sie in tausend Stücke zerbrachen.

»Warum?« Mein Vater starrte auf den Boden.

»Weil ein Christ sie berührt hat. Sie waren unrein.«

»Warum?« Immer, wenn meine Mutter mich mit diesem aufmerksamen Blick betrachtete, machte es mich nervös. Ich hatte meine

Antwort ein Dutzend Mal geprobt, doch die Worte kamen trotzdem nur zögerlich.

»Warum?«, fragte sie erneut, diesmal ein wenig sanfter. Versuchte sie, ihre Gefühle unter Kontrolle zu halten?

»Ich möchte einfach nur mehr Zeit mit Allah verbringen«, sagte ich. »Ich muss mehr beten.«

Sie sah mich aufmerksam an und lächelte dann. »Okay, ich werde sie anrufen.«

Ich wartete auf der Treppe und hörte ihre Hälfte des Gesprächs mit an.

»Nein, es gibt kein Problem. Sie sagt nur, dass sie mehr Zeit braucht… Ja, sie betet sogar noch mehr als sonst, achtmal am Tag… Sie liest auch ihren Koran… Nein, sie hat keine Angst – und sie hat ihre Meinung nicht geändert. Sie braucht nur Zeit, um bereit zu sein… Ja, das werde ich. Sobald sie bereit ist.«

Meine Mutter beendete das Telefonat und kam zu mir auf die Treppe. Sie zuckte vor Schmerzen zusammen, als sie sich herabbeugte. Doch obwohl ich protestierte und schnell aufstehen wollte, war sie fest entschlossen, sich neben mich zu setzen.

»Sie sagen, sie sind zuversichtlich, dass du bald bereit sein wirst«, sagte sie, als sie endlich saß. Ich konnte den Seidenstoff ihres Kleides an meinem Arm spüren. »Ich denke, es ist normal, ein wenig warten zu wollen, um sicherzugehen, dass du bereit bist. Ich bin so froh, dass du Zeit mit Allah verbringst. Weißt du, die Leute nehmen wahr, wie hingebungsvoll du bist, und sie sind beeindruckt davon. Ich erzähle ihnen, dass du und Allah euch sehr nah seid.«

Ich konnte nichts erwidern. Ein Teil von mir fühlte sich erleichtert, dass ich mir etwas Zeit verschafft hatte; doch ein anderer Teil von mir war immer noch zutiefst beunruhigt. Alles fühlte sich zerbrechlich an, als würde ein heftiger Sturm aufziehen, und ich hätte plötzlich bemerkt, dass mein Haus nur von dünnen Stäben aufrechterhalten wird. Es war nur eine Frage der Zeit, bis alles zusammenbrach.

Ich stellte mir selbst eine Aufgabe: Ich würde den Koran durch die Augen einer Wissenschaftlerin betrachten. Doch ich wollte mich nicht auf den Koran beschränken, sondern auch den Hadith studieren, die historischen Berichte über Mohammeds Leben prüfen und Fragen stellen, so wie John es vorgeschlagen hatte.

Wie jeder gute Wissenschaftler wollte ich meine Hypothese testen – dass der Koran wahr und vertrauenswürdig war und dass der Vers, den John mir gezeigt hatte, irgendwie verdreht und falsch angewendet worden war. Ich glaubte immer noch an Mohammed und Allah. Wenn ich einmal Beweise gefunden hatte, um meinen Standpunkt zu stützen, konnte ich zu John zurückkehren und seine hinterhältigen christlichen Lügen aufdecken.

Doch die Schwierigkeiten begannen von Anfang an. Ich las im Koran eine Geschichte über einen Mann namens Dhul-Qarnayn.[2] Er reiste und kam an einen Ort, wo die Sonne in einer schlammigen Quelle unterging. Im Text stand nicht, dass sie *hinter* einer schlammigen Quelle unterging oder in einer schlammigen Quelle unterzugehen *schien*. Laut dem Hadith hatte die Sonne sich selbst auf einen winzigen Bruchteil ihrer eigentlichen Größe und Hitze reduziert, war in die Erdatmosphäre eingedrungen und in einer Pfütze gelandet. Das kam mir lächerlich vor. Wie konnte Allahs Buch etwas aus wissenschaftlicher Sicht so Falsches enthalten?

Ich setzte meine Suche im Koran fort, in der Hoffnung, mich daran zu erinnern, was er über die Geschichte von Allahs Menschen lehrte. Wie die meisten Muslime war ich dazu ermutigt worden, hier und da ein paar Verse zu lesen und von einer Stelle zur anderen zu springen, ohne je am Anfang zu beginnen und alles komplett durchzulesen. Wir verließen uns darauf, dass der Mullah uns die Worte erklärte, und wurden nicht ermutigt, mehr als nur einige wenige Verse selbst zu lesen.

Ich beschloss, nachzulesen, was der Koran über Abraham und Josef sagte: die zwei Männer, deren Geschichten ich als Kind so gerne von den Mullahs gehört hatte. Ich entdeckte, dass Abrahams Geschichte nur teilweise erzählt wurde; die Verse dazu waren zerstreut wie Blütenblätter in einem Wirbelsturm. Es gab keine Logik, keine zusammenhängende Struktur, der ich folgen konnte.

Wenigstens stand Josefs Geschichte an einer einzigen Stelle. Das Problem war, dass nur so wenig von ihm erzählt wurde. Der Koran beginnt damit, dass Josef so schön war, dass einige Frauen, die gerade Kartoffeln schälten, ihm nachsahen, als er vorüberging, und sich aus Versehen in die Finger schnitten. Dann las ich, dass Potifars Frau Josef heiraten wollte. Doch er weigerte sich, weil er Allahs treuer Diener war. Ich war neugierig, herauszufinden, was als Nächstes mit ihm geschah, doch die Geschichte endet hier abrupt.[3]

Jonas Geschichte war genauso im Koran verstreut wie die Abrahams. Der Koran sagte, dass Jona ein Bote war, und berichtete vom Wal und Jonas Botschaft an die Menschen von Ninive. Doch an den unterschiedlichsten Stellen wird berichtet, dass Jona einen, drei, sieben oder vierzig Tage im Bauch des Wales war.

Ich begann, mich zu fragen, wer den Koran geschrieben hatte. Ich wusste, dass es nicht Hazrat Mohammed sein konnte, weil er Analphabet gewesen war. Meinen Erkenntnissen zufolge waren die Menschen nach Mohammeds Tod, als seine Nachfolger um die Vorherrschaft kämpften, dazu aufgefordert worden, alle Geschichten vorzubringen, die sie über den Propheten kannten. Manche schrieben auf Ziegenhäute, andere auf Steine. Insgesamt entstanden sieben Versionen des Korans. Dann wurden zu irgendeinem Zeitpunkt sechs Versionen verbrannt, sodass nur eine übrig blieb. Ich fragte mich, warum.

Die Überprüfung der Glaubwürdigkeit des Korans war ein langwieriger Prozess. Es ist nicht leicht, dieses Buch zu lesen, auch nicht die Übersetzung. Wochenlang versuchte ich, die Seiten zu entziffern und der Erzählung zu folgen, die hin und her sprang. Nach und nach sah ich den Text immer klarer. Gleichzeitig begann ich, Mohammed in einem neuen Licht zu sehen.

Ich hatte ihn nie zuvor hinterfragt. Ich hatte nie an ihm gezweifelt. Ich hatte nie irgendeine Ursache gehabt, ihn als irgendetwas anderes als den letzten und größten Propheten zu sehen. Nie in meinem Leben hatte ich seinen Namen ausgesprochen, ohne die Worte »Friede sei mit ihm« anzuhängen.

Doch nun begann ich, Fragen über Mohammed selbst zu stellen. Die Geschichten, die mich als Kind so begeistert hatten, hinterließen plötzlich einen unangenehmen Nachgeschmack. Wenn ich davon las, wie Mohammed kämpfte und Gefangene nahm, freute ich mich nicht mehr über seine Macht, sondern schreckte vor seiner Grausamkeit zurück. Ich fühlte mich noch schlechter, als ich las, dass eine dieser Gefangenen ein hübsches Mädchen war. Sie wurde zu Mohammed gebracht. Er sagte, dass er sie freilassen würde, wenn sie ihn heiratete. »Ich möchte lieber im Gefängnis sterben, als deine Frau zu sein«, sagte sie. Sie wurde ins Gefängnis zurückgeschickt, wo sie auch starb.

Es gibt auch eine Geschichte von einer alten Witwe, die zu Mohammed kam und fragte, ob er sie heiraten würde. Im Hadith beschreibt der Erzähler, wie Mohammed sie von Kopf bis Fuß musterte, sah, dass sie alt und nicht hübsch war, und zu seinen Anhängern sagte: »Wer immer diese Person heiratet, wird in den Himmel kommen.« Ein Mann willigte ein, doch er erklärte, dass er kein Geld habe, um es ihr als Brautpreis zu geben. »Hast du einen Schal?«, fragte Mohammed. »Gib ihr den!« Der Mann tat es und die beiden heirateten.

Es kam mir falsch vor, dass der Prophet sich so von äußerlicher Schönheit beeinflussen ließ. Einem Propheten Allahs sollte es doch eigentlich egal sein, ob jemand alt oder jung, hübsch oder hässlich ist. Sollten Allahs Gesandte seine Gnade nicht freigiebig teilen?

Aber mich stieß auch nicht alles ab, was ich über Mohammed las. Ich schätzte immer noch einige der Geschichten – zum Beispiel die, in der eine nicht muslimische Frau ihn jeden Tag mit ihrem Abfall bewarf. Eines Tages wurde sie krank und konnte das Haus nicht verlassen, also besuchte Mohammed sie. Statt Rache zu üben, gab er ihr Wasser und Medizin. Kurz darauf wurde sie Muslimin.

Dies war der Mohammed, zu dessen Nachfolge ich erzogen worden war. Aber wie konnte ich noch dieselbe Loyalität empfinden, wenn ich von der Begebenheit las, bei der er einen Blinden sah und sein Gesicht von ihm abwandte?[4] Warum sollte er einem Mann, der nichts für sein Leiden konnte, kein Erbarmen erweisen?

Der Kampf in mir wurde immer stärker. Manchmal fühlte ich mich, als würde ich verrückt werden. Nichts ergab mehr Sinn.

Meinen Eltern vermittelte ich den Eindruck, fleißig und hingebungsvoll zu sein, die perfekte Tochter, die sich darauf vorbereitete, das perfekte Opfer zu bringen. Wenn ich nicht in der Uni war, verbrachte ich fast die ganze Zeit im Gebetsraum oder auf dem Dach mit dem Koran im Schoß.

Doch der Schein trog. Innerlich begann ich zu fürchten, dass mein ehemals starker Glaube an den Islam vielleicht nicht mehr lange standhalten würde. Nach außen hin wirkte es, als würde ich meine Seele mit den Worten des Korans füllen. Innerlich begann ich mich zu fragen, ob irgendeines der Worte, die ich las, glaubwürdig war.

Jede Woche rief ich im Krankenhaus an. Wenn irgendjemand es herausfände, würde er vermutlich annehmen, dass ich wegen der Behandlung meiner Mutter dort anrief. In Wahrheit sprach ich mit John. Jedes Mal, wenn wir uns unterhielten, fragte er mich, was ich gelesen hatte. »Was denkst du? Ist es wahr? Findest du schon die Antworten auf deine Fragen?«

»Nein«, sagte ich mehr als einmal. »Nur noch mehr Fragen.«

Meine Mutter hatte mir viel beigebracht. Von meinen frühesten Tagen an, lange bevor ich auf die Medrese kam, konnte ich bereits meine fünf täglichen Gebete aufsagen. Ich kannte auch alle zentralen Schriftstellen, die halfen, genau zu erklären, was es bedeutet, ein Muslim zu sein. Ich kannte die Sure:

> O ihr, die ihr gläubig geworden seid, glaubt an Allah und Seinen Gesandten und an das Buch, das Er auf Seinen Gesandten herabgesandt hat, und an die Schrift, die Er zuvor herabsandte. Und wer nicht an Allah und Seine Engel und Seine Bücher und Seine Gesandten und an den Jüngsten Tag glaubt, der ist wahrlich weit irregegangen.[5]

Ich kannte auch noch zwei andere Stellen in den Hadithen, in denen Mohammed die Bedeutung der heiligen Schriften herausstellte.[6] In jedem dieser Abschnitte ist von mehreren Büchern die Rede. Keiner bezieht sich auf ein einziges Buch, als müsse man nur den Koran befolgen. Das Wort »Bücher« weist auch nicht nur auf den Hadith hin, sondern es bezieht sich auf vier unterschiedliche Schriften: die Thora (die ersten fünf Bücher des Alten Testaments, wie sie Mose offenbart wurden), den Zabur (die Psalmen, wie sie David offenbart wurden), das Indschil (das Evangelium, wie es Jesus offenbart wurde) und den Koran (wie er Mohammed offenbart wurde). Mit anderen Worten: Um ein guter Muslim zu sein, muss man an die Bibel glauben.

Nachdem ich vergeblich versucht hatte, im Koran die Wahrheit zu finden, war es nur eine Frage der Zeit, bis ich meiner Mutter erzählte, dass ich mich krank fühlte und einen Termin im Krankenhaus vereinbaren wollte, um selbst einige Bluttests durchführen zu lassen.

Am nächsten Tag stand ich vor Johns Schreibtisch. »Bitte«, flehte ich, »gib mir eine Bibel. Ich weiß, dass sie drei der Bücher enthält, die alle Muslime lesen sollten.«

»Es tut mir sehr leid, aber ich kann sie dir nicht geben. Weißt du, was in dieser Gegend mit Christen geschieht, wenn sie dabei erwischt werden, dass sie Bibeln an Muslime verteilen?«

Ich sagte ihm, dass ich es nicht wisse. Daraufhin erzählte er mir Geschichten von Kirchen, die abgebrannt wurden; Christen, die der Gotteslästerung beschuldigt und zu Tode verurteilt wurden, und Geistlichen, die riesige Belohnungen für die Jagd von Christen aussetzten. »Wenn ich dir eine Bibel gebe, würden sie es als Vorwand nehmen, um noch mehr Christen in dieser Stadt zu verfolgen.«

Ich hörte schweigend zu. Es fiel mir schwer, das alles zu verarbeiten. Ich wollte jedes Wort, das er sagte, anzweifeln, es als Lügen und Propaganda abtun. Doch ich wusste, dass ich es nicht konnte. Aufgrund meiner Exkursionen mit der Medrese und der Art, wie meine Mutter reagierte, als mein Vater Geschäfte mit einem Christen machte, wusste ich, dass er die Wahrheit sagte. Pakistan war ein gefährlicher Ort für Christen.

Auf einmal wurde mir das Risiko bewusst, das John allein schon dadurch auf sich nahm, dass er mit mir sprach. Er würde mehr als nur seinen Job verlieren, wenn er erwischt wurde. Er würde es sehr wahrscheinlich mit seinem Leben bezahlen. Und wenn er eine Familie hatte, konnte diese sich glücklich schätzen, wenn sie unversehrt davonkäme. Im besten Fall würde man sie aus ihrem Haus werfen und sie zwingen, die Stadt zu verlassen. Im schlimmsten Fall würde irgendjemand sie töten, um sich im Dschihad hervorzutun.

Was würde John sagen, wenn er von meinen Plänen für den Dschihad wüsste? Wie würde er mich behandeln, wenn er erkannte, dass ich eine jener Muslime war, die das Töten von Christen als Pflichtakt ansahen? Ich konnte mir nicht vorstellen, dass er dann noch bereit wäre, mit mir in einem Raum zu sein, geschweige denn, mich mit einer solchen Wärme und Freundlichkeit zu behandeln.

Stille breitete sich zwischen uns aus. Normalerweise hätte ich dies als ein Zeichen dafür gedeutet, dass die Unterhaltung beendet und ich entlassen war. Ich hätte meine Augen gesenkt und wäre gegangen. Doch John war anders als alle Männer, denen ich bis dahin begegnet war. Obwohl wir einander kaum kannten, sah ich nichts als Vertrauen und Annahme in seinen Augen.

»Wann immer du in der Bibel lesen möchtest«, sagte er sanft, »kannst du herkommen und lesen. Nachmittags ist es immer ruhig und ich lasse dich sehr gerne darin lesen.«

Ich wollte ihm so sehr die Wahrheit über mich erzählen, doch ebenso sehr wollte ich meine Vergangenheit verbergen. Als ich als

Nächstes sprach, war meine Stimme leise: »Hast du keine Angst, dass ich den Leuten von dir erzählen könnte?«

Er sah mich direkt an. Solch ein Vertrauen, solch eine Akzeptanz. »Nein.« Da war kein Zögern in seiner Stimme, kein Zweifel in seinen Augen. Er hielt meinem Blick eine Weile stand, dann wandte er seine Augen ab, weil jemand an der Tür erschien und ihm eine Frage über einige Ergebnisse stellte, die erwartet wurden.

Ich trat zurück und wartete darauf, dass die Tür sich wieder schloss.

Als wir wieder allein waren, sagte ich ihm, dass ich nach Hause musste und in einigen Tagen wiederkehren würde. Ich wandte mich zum Gehen, doch etwas hielt mich zurück. Ich sah ihn an und sprach die Worte aus, die ich seit Monaten gefürchtet hatte: »Ich glaube nicht, dass ich noch Muslimin bin.«

»Wow«, sagte er mit dem breitesten Lächeln, das ich je gesehen hatte. »Das ist wirklich gut.«

»Ist es das?«, sagte ich. Ich war mir da nicht so sicher. Doch ich hoffte, dass er recht hatte.

Dreizehn

Meine Mutter glaubte mir, als ich ihr erzählte, dass ich ein neues Praktikum begann und deshalb jeden Tag nach den Vorlesungen ein paar Stunden länger an der Uni bleiben musste. Wenn ich richtig gerechnet hatte, würde ich so genug Zeit haben, um zum Krankenhaus zu laufen, eine Stunde lang mit John in der Bibel zu lesen und zurück an der Hochschule zu sein, wenn mein Bruder kam, um mich abzuholen.

Als ich in der nächsten Woche zur vereinbarten Zeit in Johns Labor erschien, führte er mich zu einem überfüllten Schreibtisch in einer Ecke. Ich saß mit dem Rücken zur Wand und die Tischplatte wurde von einem alten Computerbildschirm verdeckt. Ich sah zu, wie John ein Buch aus seiner Tasche holte und vor mich legte.

»Das ist sie?«

»Die Heilige Schrift«, sagte er.

Ich starrte sie an. Sie hatte einen schwarzen Einband, genau wie Anwar es mir erzählt hatte, doch sie war nur halb so groß wie der Koran. Es überraschte mich, wie nervös ich mich fühlte.

»Es ist okay – du kannst sie aufschlagen«, sagte John, während er zu seinem Schreibtisch auf der anderen Seite des Raums zurückkehrte.

Ich starrte das Buch weiter an. In den Jahren, in denen ich gelernt hatte, den Koran zu lesen, hatte ich stets einen Geistlichen an meiner Seite gehabt. Der Mullah wählte die Abschnitte aus, die ich lesen sollte, blätterte die Seiten um und leitete mein Studium an. Erst, als ich auf die Medrese kam, begann ich, selbstständig den Koran zu lesen.

»Aber wo fange ich an?«, rief ich aus.

John kam zurück und zeigte mir das erste Buch Mose. »Du fängst am Anfang an.«

Ich sah auf und bemerkte, dass John dirket neben mir stand. »Solltest du jetzt nicht gehen?«, fragte er mit einem Blick auf die Uhr. Beinahe eine Stunde war vergangen, doch es hatte sich für mich wie wenige Augenblicke angefühlt. Ich verabschiedete mich und sagte, dass ich am nächsten Tag sicherlich wiederkäme. Dann stolperte ich hinaus ins abendliche Gedränge und eilte zurück zur Uni.

Mein Kopf war hellwach. Alles, was ich in jener Stunde gelesen hatte, wühlte mich auf und sprühte Funken in mir. Zu meiner Überraschung verstand ich alles. Die Geschichten in 1. Mose beantworteten Fragen, von denen ich nicht einmal gewusst hatte, dass ich sie mir stellte. Das Buch zeigte, warum die Woche sieben Tage hat und warum sich Menschen auf der ganzen Welt mindestens einen Tag in der Woche freinehmen, um zu ruhen. Es berichtete von der Sünde, die Adam und Eva begingen, und erklärte den Grund dafür, dass Abrahams Söhne sich stritten und trennten.

Am nächsten Tag eilte ich gleich zum Schreibtisch, ohne viel mit John zu reden. Ich war wie eine befreite Gefangene. Je mehr ich von dieser Freiheit schmeckte, desto mehr wollte ich.

Als ich die Geschichte von Josef las, schloss ich das Buch und lehnte mich gedankenverloren zurück.

»Was ist los?«, fragte John.

»Der Traum, den Josef hatte – er erinnert mich an einen Traum, den ich hatte.« Ich schweifte in Gedanken zurück zu dem Friedhof und dem Licht, den goldenen Wänden und dem ozeangleichen Kristallboden. »Wenn ich ihn dir erzähle, kannst du ihn dann für mich deuten?«

»Ich bin mir nicht sicher, aber ich werde mein Bestes geben.«

Als ich fertig war, hatte John Tränen in den Augen und das gleiche breite Lächeln im Gesicht, das ich schon vorige Woche gesehen hatte.

»Was ist?«

»Gepriesen sei Gott«, flüsterte er. »Er hat dich erwählt.«

»Was meinst du?«

Er nahm die Bibel, schlug eine neue Seite auf und gab sie mir zurück. »Lies das«, sagte er und zeigte mit dem Finger auf einen Vers.

Ich tat, was er gesagt hatte. Meine Stimme erfüllte den Raum, als ich las: »Jesus sagte zu ihm: ›Ich bin der Weg, die Wahrheit und das Leben. Niemand kommt zum Vater außer durch mich.‹«[7]

Ich sah mir die Seite noch einmal an. Dann las ich den Vers ein weiteres Mal laut vor. Ich sah zurück auf John, dem die Tränen nun ungehindert über die Wangen flossen.

»Es ist eine große Ehre, dass Jesus Christus, der Herr der Herren und König der Könige, dir selbst erschienen ist.«

Nun war ich an der Reihe zu weinen. Meine Tränen fühlten sich warm an, als sie mir über die Wangen liefen. Ich versuchte, sie wegzuwischen, aber es war nutzlos. Es waren zu viele, um sie zurückzuhalten.

»Warum?«, fragte ich. »Warum ausgerechnet diese Worte, wenn es so viele andere in der Bibel gibt?«

»Weißt du noch, was du zu mir gesagt hast, als wir uns das erste Mal getroffen haben?«

Ich zuckte mit den Achseln. Ich erinnerte mich ganz genau an jenen Tag, aber es fiel mir schwer, die Worte zu finden.

»Du hast zu mir gesagt, dass der Islam der einzig wahre Weg ist. Ich wusste sofort, dass du eine treue Muslimin bist, eine fleißige und aufrichtige Nachfolgerin. Du wusstest nicht, dass der Islam nicht der Weg des ewigen Lebens ist, dass er geistlich tot und von Dunkelheit bedeckt ist. In deinem Traum warst du unter den Toten – gefangen auf dem Friedhof. Doch du hast nach einem Ausweg gesucht. Du wolltest den Friedhof verlassen. Mein Herr Jesus Christus kennt all unsere Bedürfnisse gut. Er kennt auch deine. Du hattest das Bedürfnis, die Wahrheit zu erkennen und den Weg nach draußen zu finden. Deshalb sagte er: ›Ich bin der Weg, die Wahrheit und das Leben‹. Denn es waren die Worte, die du am dringendsten brauchtest.«

»Aber warum nannte er mich Esther? Er kannte doch sicher meinen Namen.«

John nahm erneut die Bibel, fand, was er gesucht hatte, und reichte sie mir zurück. Als ich fertig gelesen hatte, wusste ich nicht, was ich sagen sollte. Ich konnte kaum den Kopf heben, als John sprach.

»Er nannte dich Esther, damit du weißt, dass er dich erwählt hat. Er hat dich hier gefunden, inmitten von Millionen von Muslimen. Er kennt dich. Er hat einen Plan für dich. Er hat dich wegen einer Zeit wie dieser berufen.«

Seit ich am Vortag im Labor gewesen war, hatte sich ein seltsames Gefühl in mir ausgebreitet. Zuerst dachte ich, dass ich einfach müde wäre, doch als es stärker wurde, erkannte ich, dass es nicht Erschöpfung, sondern Schwere war. Da war ein Gewicht in mir. Es war, als hätte die Schwerkraft sich verändert, als hätte irgendein neuer Planet mich in seine Anziehungskraft gezogen. Als ich John reden hörte, ergab das Gefühl plötzlich Sinn: Ich gehörte nicht mehr zu der Welt, die ich kannte. Ich gehörte an einen anderen Ort.

»Bitte sag mir, was ich tun muss, um Christin zu werden!«, sagte ich.

»Willst du das wirklich?«

»Ja!«

Er atmete aus und warf erneut einen prüfenden Blick in den Raum, obwohl wir seit meiner Ankunft die ganze Zeit allein gewesen waren. »Zuerst musst du ein Übergabegebet sprechen. Später solltest du dich taufen lassen, aber das werde ich dir noch erklären. Jeden Tag betest du und liest in der Bibel. Wenn du das alles tust, bist du eine Christin.«

»Ich will sofort anfangen. Bring mir das Gebet bei.«

Ich hörte aufmerksam zu, was er sagte, und wiederholte jeden Satz ganz genau. Manche Ausdrücke waren mir neu, aber das dämpfte kein bisschen das neue Pulsieren in meinen Adern. Ich war lebendig.

Von jenem Tag an nannte John mich nicht mehr Zakhira, sondern Esther. Ich wollte, dass er mich so nannte. Es war der Name, den Jesus mir gegeben hatte. Jeden Tag nach den Vorlesungen ging ich in sein Labor. Ich hungerte danach, mehr von der Heiligen Schrift zu verschlingen. Mein Kopf war voller Fragen zu den Worten, die ich las. Ich blieb häufig hängen, doch John war immer da, um mir zu helfen.

»Wie kann die Bibel sagen, dass es nur einen Gott gibt, wenn es ganz offensichtlich drei gibt?«

»Stell dir ein Ei vor«, sagte John. »Es besteht aus Eiweiß, Eigelb und der Schale. Sie sind alle unterschiedlich, aber zusammen bilden sie eine einzige Sache. Genauso ist auch Gott eine Einheit. Oder denk an Folgendes: Was ist die chemische Formel für Eis?«

»H_2O.«

»Okay. Und was ist die chemische Formel für Wasser?«

»H_2O«, wiederholte ich.

»Gut. Und was ist mit Dampf?«

»Dieselbe Formel.«

»Genau. Es sind alle unterschiedliche Ausdrücke derselben Sache. So ist es auch mit der Dreieinigkeit. Gott entschied, sich selbst auf drei unterschiedliche Arten zu zeigen – Vater, Sohn und Heiliger Geist –, doch alle drei sind ein und derselbe Gott.«

John brachte mir auch bei, wie Christen mit Gott reden und ihn anbeten. Er erklärte, was sie tun, wenn sie sich in der Kirche versammeln. Er erzählte auch, dass die Taufe den Zeitpunkt markiert, an dem ein Christ offiziell in die Gemeinde aufgenommen wird.

Sobald er mir die Taufe erklärt hatte, fasste ich einen Entschluss. »Ich will mit dir in die Kirche gehen und die Taufe haben«, sagte ich.

»Du meinst, du willst getauft werden«, korrigierte John sanft. »Das wirst du auch. Irgendwann werde ich dich mitnehmen in die Kirche, du wirst meinen Pastor treffen und er wird dich taufen. Doch es wäre nicht sicher, es jetzt zu tun – weder für dich noch für die Gemeinde. Also musst du warten, die Bibel studieren und beten.«

Ich gebe zu, dass ich das Ganze etwas frustrierend fand. Nun, da ich dem Islam den Rücken gekehrt hatte, wollte ich zur christlichen Gemeinde gehören. Obwohl ich in meinem Herzen beschlossen hatte, Jesus nachzufolgen, fühlte ich mich heimatlos. Ich wollte unbedingt irgendetwas, was mir helfen würde, neue Wurzeln zu schlagen.

Als ich John zum zwanzigsten Mal um eine eigene Bibel bat, antwortete er mit dem gleichen Lächeln und der gleichen höflichen Absage, die er mir bereits so viele Male zuvor erteilt hatte. Als ich das Labor verließ und mich auf den vertrauten Heimweg machte, spürte ich, wie sich Enttäuschung in mir breitmachte. Wann würde ich endlich offiziell Teil von Gottes Familie sein können?

Niemand außer John wusste von meiner Bekehrung zum Christentum, doch er und ich hatten keinen Kontakt außerhalb seines Labors. Mit Ausnahme von einer Stunde an jedem Werktag war ich also allein und lebte das Leben einer heimlichen Gläubigen.

Dies war ein Zustand, der mir vollkommen neu war. Obwohl ich es gewohnt war, praktisch nichts aus meinem Leben mit meinem Vater zu teilen, war ich meiner Mutter immer sehr nah gewesen. Bis ich Christin wurde, hatte ich absolut keine Geheimnisse vor ihr gehabt. Nun, da mein Herz für den Islam verschlossen und meine Gedanken auf Jesus gerichtet waren, hatte sich alles in mir dramatisch verändert. Doch ich musste so gut wie möglich den Anschein erwecken, weiterhin eine gute Muslimin zu sein. Wenn irgendjemand die Wahrheit über meinen neu gefundenen Glauben herausfände, wäre ich so gut wie tot.

In der Öffentlichkeit verhüllte ich mich weiterhin mit dem islamischen Schleier, den ich trug, seit ich auf der Medrese gewesen war. Zu Hause versammelte ich mich nach wie vor mit meiner Familie im Gebetsraum und rollte den Gebetsteppich aus. Doch während sie sich die Hände an die Ohren hielten und mit lauter Stimme »Allahu Akbar!« riefen, sagte ich leise: »Halleluja!« Wenn sie die Arme vor der Brust verschränkten, sich hinknieten und ihre Hände auf ihre Knie legten, bevor sie mit ihrer Stirn den Boden berührten, tat ich das Gleiche, doch mein Herz und meine Gedanken waren auf Jesus ausgerichtet.

Ich hatte einige Psalmen auswendig gelernt. Dies half mir sehr. Ich sagte sie so oft auf, dass ihre Worte wie ein stiller Strom in mir flossen. »Du wirst mir den Weg zum Leben zeigen …« Mit diesen Worten konnte ich jederzeit entfliehen aus meinem Leben in einem muslimischen Haushalt mit seinen Regeln und Urteilen darüber, was einen guten Diener des Islam ausmacht, und mich in meine Gedanken zurückziehen. »Der Herr ist mein Hirte …« In diesen Worten fand ich Liebe, Gnade, aufrichtige Buße und die Gewissheit der Vergebung. Der Islam hatte mich gelehrt, Allah zu fürchten und niemals die Aussicht auf das ewige Gericht und die grausamen Qualen der Hölle zu vergessen. Die Psalmen erinnerten mich an die Liebe Gottes – eine Liebe, die so groß ist, dass sie jede Angst und sogar den Tod überwindet. Eine Liebe, die mir gehörte, auch wenn ich niemals genug tun könnte, um sie zu verdienen.

Eine winzig kleine Veränderung an meinem äußerlichen Verhalten erlaubte ich mir jedoch, seit ich Christin geworden war. Mein ganzes Leben lang hatte ich immer, wenn ich den Namen Mohammed sagte oder schrieb, die Worte »Friede sei mit ihm« angehängt, wie es mir beigebracht worden war. Irgendwie fühlte sich das jetzt falsch an. Also begann ich, das Wort *Hazrat* hinzuzufügen, wenn ich Mohammeds Namen sagte. Dieses Wort ist ein Ehrentitel, der Anführern und hohen Beamten vorbehalten war. Jeder, der es hörte, nahm an, dass ich das Wort als Zeichen des Respekts verwendete. Doch ich sagte es wegen der anderen Bedeutung des Wortes: hinterhältig.

John wusste, dass er für den Versuch getötet werden konnte, einen Muslim zum Christentum zu bekehren, also lehnte er meine Bitten um eine Bibel weiterhin ab. Aus diesem Grund war ich überrascht, als er mir eines Tages eine Audiokassette von einigen Christen gab, die auf Punjabi Loblieder für Gott sangen. Ich nahm sie mit nach Hause, ging in mein Schlafzimmer und spielte Psalm 103 ab. »Lobe den Herrn, meine Seele«, verkündete das Lied. Ich schloss die Augen und ließ mich von der Musik beruhigen.

»Zakhira, was ist das für eine Musik?« Meine Mutter stand mit verwirrtem Gesichtsausdruck in der Tür.

»Es ist ein Lied, das Allah lobt«, stotterte ich. Mein Herz raste.

»Ich habe es noch nie gehört. Ist es ein Naat?«, fragte sie. Die einzigen Lieder, die meine Mutter je im Haus sang oder anhörte, waren traditionelle Loblieder für Mohammed.

»Nein, es ist kein Naat. Diese Lieder handeln nur von Allah.«

Sie blieb eine Zeit lang stehen und lauschte. Ich hoffte verzweifelt, dass sie bald gehen würde, und bat Gott, mir die richtigen Worte in den Mund zu legen, wenn sie es nicht tat.

»Wo hast du sie her?«

»Eine Freundin von der Uni hat sie mir gegeben. Sie hat gesagt, dass sie sie von einem der Mullahs bekommen hat. Sie wollen, dass die Menschen lernen, wie man Allah preist, der unser Schöpfer ist, nicht nur Hazrat Mohammed. Sie sagen, dass dein Haus gedeihen wird, wenn du es tust.« Ich fühlte mich schlecht, weil ich sie anlog, aber ich konnte nicht riskieren, ihr die Wahrheit zu sagen.

Sie stand eine Weile schweigend da, während das Lied weiterhin die Güte Gottes verkündete. »Ich mag es«, konstatierte sie, bevor sie sich zum Gehen wandte.

Sie mochte es sogar so sehr, dass sie mich später bat, ihr die Kassette zu geben. Jeden Morgen spielte sie die Lieder und sang mit. Sie gab die Kassette sogar ihren Freundinnen und sagte ihnen, dass sie sich eigene Kopien davon machen sollten.

Ich liebte es, zu hören, wie das Haus von der Stimme meiner Mutter erfüllt wurde, die sang: »Die treue Liebe des Herrn ist von Ewigkeit zu Ewigkeit auf denen, die ihn fürchten.« Ich musste lächeln, wenn ich es hörte. Denn ich wusste, dass die Worte wahr waren. Gottes Liebe war wirklich genug; sie war wirklich unumstößlich, ewig, immerwährend. Ich war so glücklich, dass ich es fast aufgab, John zu bedrängen, mir eine Bibel zu geben. Aber nur fast.

Vierzehn

»Esther, du weißt, dass ich dir gerne eine Bibel geben würde, aber ich kann nicht«, sagte John, als ich ihn zum letzten Mal fragte. »Wenn irgendjemand es herausfinden würde ... Aber denk daran: Gott kennt alle unsere Bedürfnisse. Er erhört jedes Gebet zur richtigen Zeit und auf seine perfekte Weise.«

Einige Monate waren seit meinem Traum vergangen. Da ich keine Bibel zu Hause hatte, las ich weiterhin im Koran. Was ich las, trug nicht dazu bei, meine Meinung über den Islam zu ändern; ganz im Gegenteil, es lieferte mir nur mehr Beweise gegen den Glauben. Außerdem erweckte es bei meiner Mutter den Eindruck, dass ich immer noch eine hingebungsvolle Muslimin war. Vielleicht ist das der Grund, warum sie nie das Thema meiner Dschihad-Ausbildung zur Sprache brachte. Und da niemand vom Ausbildungslager anrief, um nach mir zu fragen, schien das Thema immer mehr in den Hintergrund zu rücken.

Eines Nachmittags, als mein Bruder das Auto auf den Hof fuhr, nachdem er mich von der Uni abgeholt hatte, bemerkte ich, dass ein Stück die Straße herunter etwas Ungewöhnliches geschah. Eine Gruppe von Frauen stand vor einem der Nachbarhäuser und wurde von Leuten auf der anderen Straßenseite angeschrien. Von den sechs Frauen waren drei eindeutig aus dem Westen, die anderen sahen aus, als kämen sie aus Südostasien.

Mein Bruder bemerkte, dass ich sie beobachtete. »Christen«, sagte er. »Sie sind schon den ganzen Tag in der Gegend. Es wundert mich, dass sie noch hier sind.«

Wir eilten ins Haus. Ich hatte Gott schon oft gesagt, dass ich überzeugt sei, dass es kein Problem für ihn wäre, mir eine Bibel zu geben. Ich wusste daher ohne einen Zweifel, dass diese Frauen seine Art waren, mir zu zeigen, dass er meine Bitten gehört hatte.

Meine Mutter und meine Schwester sahen vom Haus aus zu. Sie betrachteten die Frauen mit einer Mischung aus Faszination und Abscheu.

»Sind sie schon hier gewesen?«, fragte ich.

»Nein. Aber wenn sie kommen, werde ich sie fortschicken, ohne auch nur die Tür zu öffnen.«

»Aber warum?«, fragte ich. »Wenn sie Christen sind, wäre es nicht besser für uns, sie hereinzulassen? Ist das nicht, was Hazrat Mohammed tun würde? Denk doch an die Geschichte von der alten Frau, die ihn jeden Tag mit Abfall bewarf. Statt diese Christen hinauszustoßen, sollten wir etwas Nettes tun. Vielleicht werden sie sich dann zum Islam bekehren.«

Als die Frauen kurz darauf an unsere Tür klopften, hätte meine Mutter nicht höflicher sein können. Sie lächelte freundlich, führte sie ins Wohnzimmer, sorgte dafür, dass sie es bequem hatten, und bot ihnen Essen und Trinken an. Die Urdu-Kenntnisse der Frauen waren begrenzt und meine Mutter sprach quasi kein Englisch, aber ich verhielt mich still. Ich wollte sie erst eine Weile beobachten. Sie erklärten mit Händen und Füßen, dass sie nicht hungrig waren. Doch meine Mutter ließ meine Schwester trotzdem eine Schüssel

Orangen hereinbringen, die so frisch waren, dass bald das ganze Zimmer von ihrem Duft erfüllt war.

»Nun«, sagte meine Mutter, als alle saßen, »würden Sie gerne Muslime werden? Es dauert nicht lang – nur ein kurzer Ausflug zur Moschee, wo Sie ein Kalima sprechen können, um Ihren Glauben an Allah zu bezeugen, und das war's. Was denken Sie?«

Die sechs Frauen rutschten unbehaglich hin und her, doch sie antworteten nicht. Während meine Mutter, meine Schwester und mein Bruder untereinander diskutierten, ob die Frauen es verstanden hatten oder nicht, beugte ich mich zu ihnen herüber und sprach leise mit einer der westlichen Frauen.

»Niemand in meiner Familie versteht Englisch, aber ich schon. Und niemand weiß, dass ich Christin bin.«

Ihre Augen weiteten sich vor Erstaunen. Sie sah mir einen Moment lang tief in die Augen und eine Spur von Besorgnis huschte über ihr Gesicht, bevor sie breit lächelte. »Wow, ich freue mich so!«

»Niemand weiß es. Bitte verraten Sie es nicht«, sagte ich. »Aber ich war sehr gerührt, als ich sah, wie Sie draußen auf der Straße standen und so schlecht behandelt wurden. Das hat mich wirklich ermutigt. Es erinnerte mich daran, wie es den ersten Aposteln erging.«

Ich sah zu meiner Mutter, die versuchte, die anderen fünf Frauen in eine Diskussion über Mohammed zu verwickeln. Auf beiden Seiten schien niemand zu verstehen, was gesagt wurde.

»Ich brauche eine Bibel«, sagte ich leise. »Ich versuche schon seit Monaten, eine zu bekommen, aber es hat nicht geklappt. Können Sie mir helfen?«

Sie schüttelte den Kopf. »Ich kann es nicht, aber ich weiß, wem Sie schreiben können. Vielleicht können die Ihnen helfen.« Sie vergewisserte sich, dass niemand zusah, griff in ihre Tasche, holte eine Visitenkarte heraus und reichte sie mir.

Meine Mutter geleitete unsere Gäste aus dem Haus, frustriert über ihren Misserfolg, sie zu bekehren. Ich blieb im Zimmer zurück und inspizierte die Karte: *Die Pakistanische Bibelgesellschaft*. Wenn die mir nicht helfen konnten, konnte es vermutlich niemand.

Am nächsten Tag fielen alle Vorlesungen auf dem Campus aus. Ich hatte absichtlich niemandem davon erzählt. Nachdem mein Bruder mich an der Uni abgesetzt hatte, rief ich John von einer Telefonzelle aus an. Im Labor ging niemand ans Telefon, also versuchte ich es bei ihm zu Hause. Ich hatte ihn offensichtlich geweckt. Er schien nicht so erfreut zu sein, von mir zu hören, wie ich gehofft hatte.

»Ich habe den ganzen Tag frei. Kann ich ins Labor kommen und lesen?«

»Tut mir leid«, sagte er. »Heute ist mein freier Tag und ich habe vor, mich auszuruhen.«

»Na gut!«, fauchte ich und legte unsanft den Hörer auf. Ich brauchte ihn sowieso nicht. Ich konnte mir meine eigene Bibel besorgen.

Ich holte die Karte hervor und sah auf die Adresse, die ich bereits auswendig kannte. Es war eine Adresse in der Stadt, doch das Postfach gab mir keinen Anhaltspunkt auf den genauen Ort. Ich dachte darüber nach, zur Post zu gehen, um Straße und Hausnummer herauszufinden. Doch diese Idee war nicht sehr erfolgversprechend und ziemlich riskant. Stattdessen entschied ich mich für Plan C. Ich ging zur Post, kaufte einen Bogen Papier und setzte mich in eine ruhige Seitenstraße, um einen Brief zu schreiben.

Ich glaube an Jesus Christus, aber ich brauche eine Bibel, um darin zu lesen. Bitte senden Sie mir eine!

Ich entschied, meine Anschrift anzugeben, aber nicht meinen Namen. Dann dachte ich über mein nächstes Problem nach. Wenn man in Pakistan einen Brief versenden möchte, muss man das Porto auf der Post bezahlen. Dort wird dann die Adresse auf den Umschlag geschrieben. Wenn ich einem Angestellten erzählte, dass ich der *Pakistanischen Bibelgesellschaft* schreiben wollte, würde dies Verdacht erregen. Also faltete ich den Brief so zusammen, dass er wie ein Umschlag aussah, adressierte ihn selbst, fügte auf der Rückseite meine Absenderadresse hinzu und warf ihn in den Briefkasten draußen vor der Post. Ich hoffte, dass der Brief auch ohne Porto ankäme und dass ich die Bibel abfangen könnte, bevor irgendjemand anderes zu Hause sie fand.

Was ich nicht berücksichtigte, war, dass mein selbst gemachter Umschlag, die fehlende Briefmarke und der Empfänger meinen Brief sehr auffällig machten. Er kam nie bei der Bibelgesellschaft an. Stattdessen wurde er von einem neugierigen Postangestellten geöffnet, der ihn an den Postboten unseres Stadtteils weitergab. Dieser stattete meinem Onkel einen Besuch ab und fragte ihn, welche Verbindung er zu Christen habe.

»Ich kenne keine Christen«, sagte mein Onkel.

»Aber jemand im Haus deiner Schwester schon.«

Mein Onkel öffnete den Brief und las ihn. Zu dem Zeitpunkt, als er unser Haus erreichte, war er sicher, dass er wusste, wer ihn geschrieben hatte.

»Ich erkenne deine Handschrift«, sagte er zu mir, als er im Eingang stand.

»Ja«, sagte ich. »Das ist meine Schrift.«

»Wo ist dein Vater?«

»Er ist unterwegs. Es ist niemand sonst zu Hause, nur ich.«

Er ging wieder – ohne ein weiteres Wort. Ich wusste nicht, was ich tun sollte, und verbrachte die nächste Stunde damit, abwechselnd Hausarbeit zu machen und aus dem Fenster zu schauen. Ich fragte mich, wie lange es dauerte, bis mein Onkel zurückkehrte. Ich konnte einfach nicht still sitzen. Meine Muskeln und mein Gehirn waren zu angespannt, um länger als fünf Minuten irgendeiner Tätigkeit nachzugehen.

Als meine Eltern zurückkehrten, wartete ich ängstlich darauf, dass sie nach dem Brief fragte. Ich blieb eine Zeit lang in der Küche, aber es fand keine derartige Unterhaltung statt. Meine Eltern verhielten sich ganz normal. Ich ging nach oben und tat, was ich eigentlich sofort hätte tun sollen, als mein Onkel gegangen war. Ich kniete mich hin und betete: »Herr, du bist mein guter Hirte …« Sobald ich diese Worte gesagt hatte, wusste ich, dass ich nicht allein war.

Mein Gefühl des Friedens wurde später an jenem Abend erschüttert. Es war dunkel draußen, als ich hörte, wie sich eine Menschenmenge auf der Straße versammelte. Ein paar von ihnen erkannte ich – überwiegend Familienmitglieder und Besucher des Daras –, doch viele der rund hundert Personen waren mir fremd. Und fast alle von ihnen hielten ein Blatt Papier in der Hand.

Meine Mutter platzte in mein Zimmer. Ihre Hand umklammerte die gleiche Kopie, die auch die Leute auf der Straße hatten. Ich musste die Kopie nicht sehen, um zu wissen, was es war.

»Was hat es mit diesem Brief auf sich?«

In jenem Moment stockte mir der Atem. Ich fühlte mich vollkommen isoliert. Kalt. Allein. Mein Geheimnis war gelüftet.

Ich versuchte, Worte zu finden, um zu beten. *Halleluja*, sagte ich innerlich. *Nur du kannst mich retten*. Doch es war kein Siegesgebet, kein Ausdruck des Vertrauens. Es war ein ängstliches, verzweifeltes Flehen. Ich hatte nicht nur um mich selbst Angst, sondern auch um meine Eltern. Ich fürchtete, dass sie in Schwierigkeiten geraten oder von unserer Gemeinschaft zurechtgewiesen würden.

»Warum hast du diesen Brief geschrieben?«

Meine Mutter war zornig. Als ich sie ansah, geschah eine minimale Veränderung in meinem Innern. Ich fand ein Körnchen Mut in mir – so klein, dass es kaum wahrnehmbar war. Doch als ich mich selbst antworten hörte, war ich überrascht darüber, was ich sagte und wie ruhig meine Stimme klang: »Ich will nur sehen, was im Buch der Christen steht. Sagen wir nicht immer: ›Ich glaube an Allah. Ich glaube, dass die Engel existieren. Ich glaube an die vier Bücher von Allah, seine Propheten und den Tag des Gerichts‹? Wir sagen das jeden Tag, warum sollten wir also nicht das Buch lesen, das die Thora, den Zabur und das Indschil enthält?«

Meine Mutter starrte mich schweigend an.

»Geh nach draußen!«, sagte sie schlussendlich.

Ich musste mich inmitten der Menschenmenge auf den Boden setzen, gegenüber von einem Mullah, der ebenfalls auf dem Boden saß. Ein Pulk von Männern und Frauen türmte sich über mir auf. Ihr Hass schlug mir entgegen. Der Mullah stellte mir die gleiche Frage wie meine Mutter, und ich gab die gleiche Antwort: »Wir sagen doch, dass wir an die vier Bücher Allahs glauben. Warum sollte die Bibel dann so schlecht sein?«

»Wir brauchen die Bibel nicht!«, schrie jemand.

»Ich will sie nur lesen«, sagte ich zum Mullah.

»Ja«, sagte er, »aber du hast behauptet, dass du an Jesus glaubst. Bist du jetzt eine Christin?«

Bevor ich antworten konnte, preschte die Menge vor.

»Das ist Blasphemie! Sie muss sterben!«

»Verbrennt sie!«

»Erschießt sie!«

Der Mullah wies sie ab. »Es muss einen Grund geben, warum du es getan hast.«

»Ich habe das nur geschrieben, weil ich sehen will …«

»Nein!«, sagte mein Onkel zur Menge. »Es waren die Frauen, die in ihrem Haus zu Besuch waren. Es waren einige weiße Frauen dabei. Sie haben sie dazu gebracht! Es ist ihre Schuld.«

»Kafir! Ungläubige!«

Der Mullah starrte mich an. Das Geschrei ging weiter und wurde mit jeder Frage, die ich beantwortete, lauter. Selbst wenn ich in jenem Moment etwas zu sagen gehabt hätte, bezweifle ich, dass ich gehört worden wäre.

Ich ließ meine Gedanken schweifen. Würden sie mir ein Seil um den Hals binden und mich an einer Straßenlaterne erhängen? Jeder muss einmal sterben. Was konnte ich tun?

Es schien eine Ewigkeit zu dauern, bis der Mullah wieder sprach. »Lasst uns sehr gut darüber nachdenken«, sagte er. »Wir wissen alle, dass dieses Mädchen eine starke Gläubige des Islam ist. Wir haben alle die guten Werke gesehen, die sie unter den Armen tut. Wir sollten sie zum Mufti bringen und sehen, was er dazu sagt.«

Wir liefen in einer riesigen Menschenmenge zur Moschee. Ich war mir nicht sicher, wie viele Menschen dem Mullah, meinem Vater, seinen Freunden und mir folgten, aber es fühlte sich an, als würden wir mit unserem Zug die ganze Straße füllen. Ich lief vorne, gefolgt von meinem Vater, der seine starken Hände fest um meine Arme geschlossen hatte.

Während wir an Läden mit hell erleuchteten Schildern und neugierigen Männern vorbeizogen, die von ihren Tischen und Stühlen aus zu uns herüberschauten, betete ich im Stillen: *O Herr Jesus, du bist meine Zuflucht und Stärke. Du bist meine allgegenwärtige Hilfe in Zeiten der Not. Ich übergebe den Richter, zu dem sie mich bringen, in deine mächtigen und wundertätigen Hände. Herr Jesus, bitte wirke auf seine Gedanken ein. Ich übergieße ihn von Kopf bis Fuß mit deinem kostbaren und heiligen Blut. Du hast dein Blut für Sünder wie mich vergossen. Dein Wille geschehe, was auch immer der Richter entscheiden mag. Ich will nur, dass du erhöht und verherrlicht wirst. Wenn du willst, dass ich heute zu dir komme, dann bin ich bereit. Was immer dein Wille für mich ist, lass ihn heute Abend geschehen!*

Als wir die Moschee erreichten, sagte ich im Kopf Psalmen auf. Trotzdem spielte sich ein innerer Kampf in mir ab. Ich vertraute Gott und der Gedanke an den Tod an sich machte mir keine Angst. Doch ich machte mir Sorgen, dass mein Tod meinen Eltern Leid und Probleme bereiten könnte.

Dann hörte ich zum ersten Mal in meinem Leben das sanfte Flüstern Gottes in meinem Ohr: *Ich habe dich beim Namen gerufen. Ich werde vor dir hergehen und die Berge ebnen. Alle, die gegen dich toben, werden beschämt und blamiert werden. Du wirst wissen, dass ich der Herr, dein Gott, bin.*

»Amen«, sagte ich laut. Zuversicht stieg in mir auf, während wir die Moschee betraten. »Amen.«

Der Raum, in den ich gebracht wurde, befand sich tief im Innern der Moschee. Es gab keine Fenster, nur drei Türen und ein paar dünne Sitzmatten, die an der Wand lagen. Ich wurde angewiesen, mich allein auf eine der Matten zu setzen, während die anderen auf den restlichen Matten Platz nahmen. Ich hielt meine Augen auf den roten Teppich zu meinen Füßen gerichtet. Mir war bewusst, dass ich sehen würde, wie alle mich anstarrten, wenn ich den Blick hob. Ich spürte keine Furcht in mir, keine Panik. Die Worte meines Herrn waren alles, was ich brauchte. Ich vertraute meinem treuen Gott – dem, der all seine Versprechen hält.

Sobald ich mich gesetzt hatte, verschwanden der Mullah und einige andere ältere Männer aus der Menge. Als ich aufblickte, sah ich, dass sie mit zwei weiteren Männern zurückgekehrt waren. Ich nahm an, dass der erste der Mufti, der Richter, war. Er war ein großer Mann, älter als mein Vater. Sein weißes Haar und sein Vollbart umgaben seinen Kopf wie eine Wolke.

Der zweite war Anwar. Ich hatte ihn seit über einem Jahr nicht gesehen. Seit ich mein Studium begonnen hatte, traf ich mich nicht mehr mit ihm zur Nachhilfe und – obwohl er immer noch der Kopf der militanten Gruppe in der Stadt war – hatten er und ich nie über meine Entscheidung gesprochen, mich für den Dschihad zu melden.

In vielerlei Hinsicht hatte ich ihn vermisst. Er war es, der meinen Vater davon überzeugt hatte, mich zur Schule gehen zu lassen. Er war es, der meine Liebe zur Wissenschaft genährt hatte. Und er war es, der angedeutet hatte, dass die Bibel einige meiner Fragen über den Islam beantworten könnte. Doch ich fürchtete ihn auch.

Während ich dort auf der Matte saß und ihn ansah, warf er mir den gleichen Blick zu wie damals, als ich ihm Fragen über Zeitreisen oder das Schicksal der Dinosaurier gestellt hatte. Unsere Blicke kreuzten sich und er musterte mich prüfend.

Der Mufti hielt eine Kopie meines Briefes sowie einige Bücher des Hadith in der Hand. Er räusperte sich. »Ich habe nichts gefunden, was zeigt, dass sie abtrünnig, eine Christin oder blasphemisch ist. Sie hat in diesem Brief nichts gegen den Koran, unseren Propheten Mohammed, Friede sei mit ihm, oder den Islam geschrieben. Sie hat nur geschrieben, dass sie an den Propheten Jesus glaubt, und um eine Bibel gebeten. Das ist eine der fünf Grundüberzeugungen des Islam: der Glaube an den einen Allah, der Glaube an die Engel Allahs, der Glaube an die vier Bücher (Thora, Zabur, Indschil und Koran), der Glaube an die Propheten Allahs und der Glaube an den Tag des Gerichts. Als Muslime können wir den Propheten Jesus nicht leugnen, weil er ein großer Prophet unter allen Propheten Allahs ist. Wir müssen an ihn glauben. Wenn wir irgendeine dieser Glaubensbedingungen ablehnen, sind wir keine Muslime.«

Er wandte sich mir zu und fuhr fort: »Du hast um eine Bibel gebeten. Warum? Weißt du, dass dieses Buch verändert worden ist?«

»Anwar hat es mir aufgetragen«, sagte ich. Dabei legte ich so viel Volumen und Sicherheit in meine Stimme, wie ich aufbringen konnte. Es wurde still im Raum. Ich konnte Anwars Augen auf mir spüren. Ich hielt meinen Blick auf den Mufti gerichtet. »Ich erzählte ihm einmal, dass ich alles ganz genau über die Propheten und ihre Lehren wissen wollte, und fragte, welches Buch ich lesen solle, um mehr herauszufinden. Er sagte mir, dass es nur ein Buch gibt, das diese Art von Informationen enthält – die Bibel. Ich fragte ihn, wo ich dieses Buch bekommen kann, und er erzählte mir, dass nur Christen es mir geben könnten. Er sagte, es sei besser, wenn ich mich von Christen fernhielte. Doch er wollte ein Exemplar für mich finden und es mir geben. Ich wartete einige Zeit, doch da er mir keine Bibel gab, schrieb ich diesen Brief.«

Der Richter hielt inne und wandte sich zu Anwar um.

»Ja«, sagte Anwar. »Sie hat mich dies einmal gefragt und ich habe so geantwortet, wie sie sagt.«

Stille füllte erneut den Raum. Ich sah mich um. Niemand sah mir in die Augen außer Anwar. Sein Blick war derselbe wie zuvor.

»Anwar hat recht«, sagte der Richter schlussendlich. »Es ist gut, dass du mehr über die Propheten wissen willst und dein Wissen erweitern möchtest. Doch du musst zuerst reif und stark im Koran und im Islam sein. Nur dann kannst du dieses Buch lesen.«

»Na gut«, sagte ich. Ich fühlte mich mutiger als je zuvor in meinem Leben. »Ich werde warten, bis ich bereit bin.«

Der Richter wandte sich an die anderen im Raum und fuhr fort: »Es gibt keinen Grund, sie zu töten, denn sie begeht keine Blasphemie. Wenn sie gesagt hätte, dass sie Christin ist, müsste sie getötet werden. Doch sie hat es nicht gesagt und ich glaube, dass sie ein gutes Herz hat. Sie ist lernbegierig. Ihr Mullah und Anwar haben mir erzählt, dass sie alle ihre Gebete regelmäßig und gewissenhaft spricht. Ich möchte sogar sagen, dass sie besser ist als ihr alle.«

Zu meinem Vater sagte er: »Sei jedoch vorsichtig! Sie ist ein bisschen zu interessiert an diesen Dingen. Behalte sie im Auge und lass es nicht noch weitergehen! Gib ihr mehr islamische Bücher zu lesen und behandle sie freundlich!«

Wenn der Gang zur Moschee sich wie ein Trauermarsch angefühlt hatte, war der Heimweg eine Hochzeitsfeier. Die Menschen jubelten und lachten, entschuldigten sich bei mir und lobten mich dafür, wie ich den Mufti beeindruckt hatte. Sie kauften mir Süßigkeiten und Limonade, versammelten sich vor unserem Haus und feierten so laut, dass sie die ganze Stadt zu wecken drohten. Alle schienen genauso erleichtert zu sein wie ich.

Alle außer meinem Vater. Von dem Moment an, in dem der Mufti seine letzte Warnung ausgesprochen hatte, hatte mein Vater die Zähne zusammengebissen und seine Augen abgewandt. Auf dem Heimweg hielt er Abstand zu mir, aber ich wusste nicht genau, warum. War er erleichtert und reumütig oder zweifelte er noch an meiner Geschichte?

Es war alles zu viel. Sobald ich konnte, ließ ich die jubelnde Menge draußen auf der Straße zurück, rannte geradewegs in mein Zimmer und brach auf meinem Bett zusammen.

Fünfzehn

Obwohl ich von der Kraft der mächtigen Hand Gottes überzeugt war, entschied ich, dass ich vorsichtiger sein musste. Keine weiteren Versuche, eine Bibel von Fremden zu bekommen, keine weiteren Risiken, die andere Christen in Gefahr bringen konnten, und keinen Kontakt mehr zu John.

John nicht mehr zu sehen war die schwerste Entscheidung von allen. Die Nachmittage in seinem Labor, an denen wir in der Bibel lasen und darüber sprachen, waren immer der Höhepunkt meines Tages gewesen. Ich fürchtete das Loch, das zurückbleiben würde, wenn ich ihn nicht mehr sehen konnte. Monatelang war er mein Wegweiser, mein Lehrer und mein Freund gewesen. Er hatte mich herausgefordert, überrascht und mehr als einmal fast in den Wahnsinn getrieben. Er war geduldig, freundlich und mutig. Vor allem hatte er mir gezeigt, was es bedeutet, Gott und andere wirklich zu lieben.

Ich vereinbarte ein letztes Treffen mit ihm im Labor. Als ich ankam, erzählte ich John sofort, was geschehen war, und zeigte ihm die Fatwa, die der Mufti meinen Eltern nach meiner Anhörung gegeben hatte. Der Erlass erklärte meine Unschuld in Bezug auf die Anklage der Blasphemie. Doch Johns Augen kehrten immer wieder zu einer bestimmten Zeile am Ende zurück: *Sie schrieb nicht, dass sie eine Christin ist. Wenn sie das geschrieben hätte, wäre es richtig, sie zu töten.*

John schaute mich an. Ich schenkte ihm ein schwaches Lächeln, doch sein Gesicht blieb unbeweglich. Er griff nach seiner Bibel und bat mich, Matthäus 10,22 vorzulesen: »Ja, alle werden euch hassen, weil ihr euch zu mir bekennt. Aber wer bis zum Ende durchhält, wird gerettet werden.«

Als ich fertig gelesen hatte, nahm er die Bibel zurück. »Es wird genauso geschehen, wie Jesus es gesagt hat. Deine Zukunft könnte schwieriger sein als alles, was du bisher erlebt hast. Bist du trotzdem bereit, ihm nachzufolgen?«

Ich brauchte keine Zeit, um über meine Antwort nachzudenken. »Jesus ist wie Sauerstoff für mich«, sagte ich. »Du weißt, dass niemand ohne Sauerstoff leben kann, oder? Wie könnte ich also ohne ihn leben?«

Endlich lächelte John. »Gepriesen sei Gott«, sagte er. »Halleluja!«

»Ich kann aber nicht mehr hierherkommen. Es ist zu gefährlich für dich und auch für deine Gemeinde. Ich will keinen von euch in Schwierigkeiten bringen.«

»Ich weiß«, sagte er. »Du hast recht. Wir sollten einander nicht mehr sehen.«

Ich war überrascht, wie traurig er dabei klang. Dann betete er für mich. Er bat Gott, mir Schutz und Weisheit zu geben und mich durch die Kraft seines Heiligen Geistes zu führen und leiten.

»Amen«, sagte ich. Als ich meine Augen öffnete, sah ich, dass er seine Bibel vor sich hielt.

»Nimm sie«, sagte er. »Sie gehört dir.«

Auf jedem Schritt meines Heimweges war ich mir des wertvollen Schatzes bewusst, den ich in meiner Tasche trug. Als ich in meinem Zimmer war, nahm ich ihn heraus und hielt ihn in der Hand. Die vertraute Form und der vertraute Geruch des Buches, in dem ich monatelang fast jeden Tag gelesen hatte, fühlten sich in dieser neuen Umgebung plötzlich geheimnisvoll und gefährlich an. Ich verbarg die Bibel in meinem Kleiderschrank und holte sie nur dann hervor, wenn ich sicher war, dass meine ganze Familie schlief.

So schwer es mir fiel, die Gewohnheit abzulegen, John nach dem Unterricht zu besuchen, entwickelte ich doch schnell eine neue Routine: Ich ging früh zu Bett und wachte auf, wenn es dunkel und still im Haus war, um in der Bibel zu lesen. Manchmal umarmte und küsste ich das Buch erst minutenlang, bevor ich mit dem Lesen begann. Es war das Licht meiner Augen und der Friede meines Herzens.

Mir war nie langweilig, wenn ich in der Bibel las. Ich folgte dem Plan, den John mir gegeben hatte: erst ein Kapitel aus dem Alten Testament, dann eines aus den Psalmen oder Sprüchen und zum Schluss ein Kapitel aus dem Neuen Testament. Ich wiederholte diesen Zyklus unzählige Male am Tag, sodass ich innerhalb von drei Monaten die ganze Bibel durchgelesen hatte. Also begann ich wieder von vorne.

Alles, was ich las, faszinierte mich. Mit jedem Kapitel konnte ich meinen Glauben wachsen spüren. Ich liebte die Art, in der das Buch der Sprüche mir zeigte, wie ich mein Leben führen sollte. Das Johannesevangelium, die Apostelgeschichte und die Offenbarung hingegen füllten meinen Kopf mit so lebendigen Bildern und Szenen, dass es sich anfühlte, als wäre ich selbst mit dabei und könnte zusehen, wie sich die Ereignisse entwickelten. Es ermutigte mich sehr, von der Christenverfolgung zu lesen, insbesondere die

Geschichte über Stephanus. Tagelang dachte ich darüber nach, was für ein Privileg es wäre, als Märtyrerin zu sterben.

Das Buch Hiob inspirierte mich ebenfalls. Obwohl er nichts Falsches getan hatte, prüfte Gott Hiob. Ich mochte den Gedanken, dass wir nicht nur das Gute von Gott annehmen können, sondern auch schwere Zeiten akzeptieren müssen. Wenden wir uns von Gott ab, sobald Anfechtungen kommen, oder beugen wir uns vor ihm und vertrauen ihm inmitten unserer Schwierigkeiten?

Eines Nachts, nachdem ich gelesen hatte, wie Petrus aus dem Boot gestiegen und in Panik geraten war, hatte ich wieder einen Traum. Er war genauso real wie der, den ich im Gebetsraum gehabt hatte. Ich befand mich in einem Boot und trieb auf einem Ozean, der so groß war, dass ich nirgends ein Ufer sehen konnte. Während ich Ausschau hielt, zog in der Ferne ein Sturm auf. Er tobte mit höllischer Gewalt und ich wusste, dass das Wasser mich ertränken und in die Tiefe reißen würde. Die Wellen kamen schnell auf mich zu und würden mich jeden Moment erreichen. In meinem Traum tat ich das Einzige, was ich tun konnte: Ich schloss die Augen und erklärte, dass ich Gott vertraute. »Okay«, sagte ich, während ich einen Fuß aus dem Boot setzte. Ich spürte, wie das Wasser an meinen Knöchel peitschte. »Ich vertraue dir.«

In dem Moment, als mein Fuß die Oberfläche des Wassers berührte, spürte ich etwas Unerwartetes unter mir. Einen Felsen. Ich schwang mein anderes Bein aus dem Boot und stellte es ebenfalls ab. Wieder landete mein Fuß auf festem Grund. Ich ging einen Schritt vorwärts, dann noch einen und noch einen. Obwohl der Sturm auch weiterhin um mich tobte, war mein Weg sicher. Ich wusste: Wenn ich Gott vertraue, werden die Dinge genau so ausgehen, wie er es will.

Eine der Anforderungen, die ich für mein Ingenieursstudium erfüllen musste, war ein längeres Arbeitspraktikum bei einem lokalen Unternehmen. Ich freute mich sehr über diese Gelegenheit, aber nicht, weil ich mich so sehr für die Aufgabe interessierte, die mir zugeteilt worden war, sondern weil ich hoffte, dass ich so mehr Zeit hätte, um in meiner Bibel zu lesen.

Ich sollte recht behalten. Am ersten Tag suchte ich mir in meiner Mittagspause ein ruhiges Eckchen, packte mein Essen aus und begann zu lesen.

»Was liest du da?«

Ich blickte auf und sah meinen Betreuer neben mir stehen. Er hatte sich mir und den anderen Studenten am Vormittag vorgestellt und uns zum Lachen gebracht mit seinen Witzen über Hühnerfleischwürfel und seine mangelnden Kochkünste.

Ich sah ihn an und entschied, dass es das Risiko wert war. »Die Bibel.«

Er blickte mich verwirrt an. »Wovon handelt sie?«

»Ich bin Christin und es steht alles über die Propheten darin.«

»Aber du hast einen muslimischen Namen.«

»Meinen Eltern hat Zakhira einfach gefallen, das ist alles.«

Er dachte eine Weile nach. »Du solltest Muslimin werden. Hast du den Koran gelesen?«

»Ja.«

»Oh. Warum?«

»Weil ich ihn verstehen wollte. Ich habe ihn studiert und herausgefunden, dass es sehr viele Widersprüche darin gibt. Ich habe sogar einige davon markiert.«

»Du hast Stellen im Koran markiert? Wirklich?«

»Ja.«

Zum ersten Mal während unseres Gesprächs lächelte er. »Kannst du ihn mitbringen? Ich fände es sehr interessant, das zu sehen.«

»Ja!«, sagte ich ermutigt. »Ich werde ihn dir morgen mitbringen.«

Wie versprochen nahm ich den Koran am nächsten Tag mit. Ich versuchte, das Gesicht meines Betreuers zu lesen, während er durch die Seiten mit gelben, orangenen, blauen und pinken Markierungen blätterte. Doch er ließ sich nichts anmerken.

»Ich bin eine Wissenschaftsstudentin«, fügte ich hinzu, da ich mich fragte, ob er vielleicht nur ein wenig Ermutigung brauchte, um zuzugeben, dass auch er skeptisch war. »Ich kann nicht glauben, dass Allah so etwas schreiben würde.«

»Oh«, sagte er. »Das ist sehr interessant. Kann ich ihn ausleihen?«

»Natürlich!«

Ich betete in jener Nacht inständig für diesen Mann. Dies war mein erster Versuch, jemanden zu evangelisieren, und bisher war es viel einfacher, als ich es mir vorgestellt hatte. Ich hatte die Saat des Zweifels gesät und sicherlich würde es nicht lange dauern, bis er den Islam als das ansähe, was er war.

Am nächsten Tag bemerkte ich, dass die anderen Studenten nicht wie gewöhnlich ins Unternehmen hineingingen. »Es gibt ein Problem«, sagte ein Mädchen zu mir. »Es wurde gesagt, dass wir warten sollen.«

Kurz darauf kam mein Betreuer heraus. »Alle sollen nach Hause gehen und morgen wiederkommen«, sagte er. »Außer dir, Zakhira. Du musst mit mir kommen. Der Chef will dich sehen.«

Er nahm mich mit nach oben und führte mich in ein Büro, das von einem großen Schreibtisch dominiert wurde, auf dem mein Koran der einzige Gegenstand war. Ich hatte den Chef noch nie gesehen, doch selbst hinter dem Schreibtisch war er eine einschüchternde Persönlichkeit. Sobald ich drinnen war, schickte er meinen Betreuer hinaus. Ohne seinen Blick von mir abzuwenden, nahm er meinen Koran in die Hand.

»Zakhira, ist das deiner?«

Ich spürte, wie mein Magen sich verkrampfte. »Ja.«

»Hast du die Stellen angestrichen? Sind das deine Markierungen?«

»Ja.«

»Hast du all deine Sachen bei dir?«, fragte er ruhig.

»Ja.«

»Ich war auf einer Schule, die von christlichen Missionaren geführt wurde. Du musst durch die Hintertür verschwinden. Ich werde den Haupteingang erst öffnen, wenn du weit weg bist. Hast du genug Geld für eine Rikscha nach Hause?«

Ich schüttelte den Kopf und er reichte mir etwas Bargeld sowie meinen Koran.

Ein Lächeln erschien auf seinem Gesicht. »Ich weiß, dass Christen gute Menschen sind. Und ich weiß, dass Gott dich beschützen wird. Geh jetzt!«

Zurück an der Uni interessierte es niemanden, warum ich aus dem Praktikum fortgeschickt worden war. Mein Lehrer stellte keine Fragen; stattdessen gab er mir eine neue Adresse, die ich am nächsten Tag für ein alternatives Praktikum aufsuchen sollte.

Die Arbeit war langweilig – wir fuhren jeden Tag als Team in ein Wohngebiet und verteilten dort Seifenproben an jeweils neunzig verschiedene Personen. Ich arbeitete fleißig. Ich war heilfroh, dass wir, sobald wir die magische Zahl Neunzig erreicht hatten, zum Lieferwagen zurückkehren durften, um die restliche Zeit des Tages dort zu verbringen.

Anfangs hatte ich Probleme, rechtzeitig zurückzukehren, doch am Ende der ersten Woche, nachdem ich viel gebetet und meine Verkaufstechnik verbessert hatte, schaffte ich es, zwei Stunden früher als geplant fertig zu werden. Ich machte es mir hinten im Lieferwagen bequem, vergewisserte mich, dass der Fahrer vorne döste, und begann zu lesen.

»Was ist das?«, fragte ein Mädchen, als es eine halbe Stunde später kam.

»Die Bibel.«

»Wovon handelt sie?«

Ich sah sie aufmerksam an. Ich kannte sie nicht von der Hochschule her, aber ich beschloss trotzdem, ein Risiko einzugehen.

»Sie handelt von Jesus – davon, wie er sein Leben gab und wie wir alle Sünder sind, weil Adam ungehorsam war. Wenn deine Sünden schwer auf dir lasten und du darunter leidest, kann er dir vergeben. Jesus kam, um zu retten.«

»Oh!«, sagte sie.

»Hey!« Der Fahrer richtete sich mit schläfrigen Augen auf und wandte sich zu uns um. »Was fällt dir ein? Ich will nicht, dass in diesem Wagen über solche Dinge gesprochen wird.«

»Aber ich habe meine Arbeit beendet!«, protestierte ich. »Ich habe nur gelesen und mich unterhalten.«

Bevor der Fahrer in der nächsten Woche anhielt, um uns hinauszulassen, kündigte er an, dass er sofort wegfahren würde, statt auf uns zu warten. »Sobald ihr fertig seid, könnt ihr alle nach Hause gehen.«

Als die anderen aus dem Wagen gestiegen waren, sprach ich mit dem Fahrer. »Ist es wegen dem, was letzte Woche passiert ist? Ich habe nur die Fragen des Mädchens beantwortet.«

»Nein, du hast im Wagen gepredigt!«, sagte er. »Ich habe es gehört. Warum hast du das getan?«

»Es ist meine Pflicht.«

»Deine Pflicht? Mit wessen Erlaubnis?«

»Mit Gottes Erlaubnis.«

»Gott hat dir die Erlaubnis gegeben?«

»Ja, er hat sie allen Christen gegeben. Wir haben den Auftrag, zu gehen und der Welt von ihm zu erzählen.«

»Halt den Mund!«

»Wieso? Sie haben mir eine Frage gestellt und ich habe sie nur beantwortet.«

Ich war nicht überrascht, als der Chef mich einige Tage später zu sich bat. »Du arbeitest gut«, sagte er, »aber wenn du weitermachen willst, darfst du kein Wort mehr über deinen Glauben verlieren. Auch wenn dich jemand danach fragt, darfst du nichts sagen.«

»Tut mir leid, aber ich kann das nicht versprechen. Ich werde die Wahrheit sagen, wenn mich irgendjemand fragt.«

»Dann geh! Wir werden dich für die ersten beiden Wochen nicht bezahlen. Aber wir werden dir vergeben, um Allahs willen.«

»Ich gehe gerne. Wenn ich könnte, würde ich meinem Herrn viel Geld zu Füßen legen. Das Gehalt, das Sie mir vorenthalten, ist nur ein kleines Opfer im Vergleich zu dem, was ich ihm geben will. Aber ich danke Ihnen für die Chance, ihm überhaupt etwas zu geben.«

Während die erste Gelegenheit, bei der ich öffentlich meinen Glauben bekannte, mich lehrte, dass Gott mich beschützen würde, und das zweite Erlebnis mich daran erinnerte, dass ich in Bezug auf meinen Glauben nie Kompromisse eingehen sollte, verdeutlichte mein drittes und letztes Praktikum, wie recht John gehabt hatte, als er von dem Abschnitt aus Matthäus sprach. Ich sollte bald entdecken, wie es sich anfühlt, wirklich gehasst zu werden.

Für die letzte Woche unserer Praxisphase wurde ich zu einem Unternehmen am Rande der Stadt geschickt. Das Büro wurde von zwei Männern geführt. Einer von ihnen trug einen traditionellen grünen Turban und hatte einen langen Bart, wie es für Extremisten typisch war. Er konnte mich von Anfang an nicht leiden.

Als ich an meinem ersten Morgen das baufällige Büro betrat und mich vor den winzigen Schreibtisch stellte, musterte Mohammed Hamza mich von oben bis unten.

»Muslimin?«, fragte er.

»Nein, ich bin Christin.«

Er zuckte ein wenig zusammen, als würde ihm diese Enthüllung körperliche Schmerzen bereiten.

»Warum hast du einen muslimischen Namen?«

Ich wollte auf dieselbe Erklärung zurückgreifen, die ich schon einmal verwendet hatte, doch er unterbrach mich. »Du solltest Muslimin werden«, sagte er mit einem falschen Lächeln im Gesicht. »Es wäre besser für dich.«

Wie gebannt von seinem starren Blick fiel mir keine Antwort ein. Kurz darauf schickte er mich an die Arbeit, doch am Ende des nächsten Tages rief er mich erneut in sein Büro. Sein Lächeln war diesmal etwas weniger breit.

»Jesus ist nicht der Sohn Gottes«, sagte Hamza, sobald er die Tür hinter mir geschlossen hatte. »Ihr Christen folgt dem falschen Weg. Was sagst du dazu, he?«

Anders als am Vortag, an dem ich keinen Ton herausgebracht hatte, war meine Stimme nun voller Vertrauen: »Alle Christen sind Kinder Gottes dank Jesus Christus.«

Hamzas Lächeln verschwand sofort. »Das ist kafir! Ihr Christen seid alle Ungläubige! Gib mir eine bessere Antwort als diese.«

Hilf mir, Herr, betete ich. *Bitte führe mich.*

Ich erinnerte mich daran, wie Daniel reagiert hatte, als er aufgefordert wurde, den Traum des Königs zu deuten. Er bat um Zeit, ging nach Hause und betete mit seinen Freunden. Ich hatte keine Freunde, mit denen ich beten konnte, aber zumindest konnte ich mir etwas Zeit verschaffen.

»Entschuldigen Sie, Herr Hamza«, sagte ich. »Wir haben nicht mehr viel Zeit. Der Tag ist beinahe vorüber und, wenn meine Antwort lange dauert, komme ich zu spät nach Hause. Können wir an einem anderen Tag über dieses Thema sprechen?«

Als ich an jenem Abend zu Hause war, gesellte ich mich wie jeden Abend zu meiner Familie, kniete auf meinem Gebetsteppich und rief im Stillen Jesus an. Nach den Gebeten setzte ich mich mit meinen Eltern und Geschwistern ins Fernsehzimmer, wo wir uns eine Sendung über muslimische Pilger ansahen.

»Heute«, verkündete der Sprecher, »werden Millionen Menschen die Pilgerfahrt nach Mekka in Saudi-Arabien antreten.«

Mehr brauchte ich nicht zu hören. Ein Plan nahm in mir Gestalt an. Ich schloss meine Augen und dankte Gott.

Am nächsten Morgen wartete ich mit einer Zeitung in der Hand vor dem Büro. »Bist du bereit, auf meine Frage zu antworten?«, fragte Hamza.

»Ja, bin ich. Warum ist es falsch für Christen, sich als Kinder Gottes zu bezeichnen, wenn Muslime das doch auch von sich behaupten?«

»Das stimmt nicht.« Er blickte finster drein. »Wir würden nie so etwas sagen. Kein wahrer Muslim würde so etwas denken.«

»Aber Herr Hamza, wie wird es beschrieben, wenn Muslime den Haddsch vollziehen?«

Er sah mich verwirrt an – und ich reichte ihm die Zeitung. Ich hatte einen Artikel über Pilger aufgeschlagen. »Lesen Sie das!«

Genauso wie in der Nachrichtensendung vom Vorabend wurde auch in der Zeitung ein Ausdruck in Urdu verwendet, um die Pilger zu beschreiben: *Farzandan-e-Toheed*. Ich kannte diesen Ausdruck gut.

»Was bedeutet *Farzandan*, Herr Hamza?«

»Nachfolger.«

»Sind Sie sicher? Denken Sie daran, dass es auch kafir ist, die Bedeutung des Korans zu verändern. Vielleicht haben Sie aber auch nie richtig Arabisch gelernt. *Farzandan* kommt von einem persischen Wort, das ›Sohn‹ oder ›Nachkomme‹ bedeutet, während *Toheed* für die ›unsichtbare Einheit Gottes‹ steht. Das ist richtig, oder? Ich kann auch morgen mein Wörterbuch mitbringen, wenn Sie denken, dass ich falsch liege.«

Er sagte nichts.

»Herr Hamza, viele Menschen haben mich aufgefordert, den Islam anzunehmen, genau wie Sie es tun. Aus diesem Grund habe ich den Koran und den Islam studiert, um ihre Lehren kennenzulernen. Nach gründlichen Nachforschungen weiß ich, dass ich auf dem richtigen Weg bin.«

»Wer hat dir beigebracht, den Koran so gut auf Arabisch zu lesen?«

»Wenn man Physik oder Mathematik verstehen will, nimmt man sich einen Lehrer. Warum kann ein Christ keinen Lehrer engagieren, um den Koran kennenzulernen?«

Er blies die Wangen auf und sah auf seine Uhr. Es war Zeit für mich, mit der Arbeit zu beginnen, und er wies mich darauf hin, dass ich gehen sollte. »Sicherlich wirst du in den Himmel kommen, weil du Arabisch kannst.«

Ich blieb an der Tür stehen. Seine unsinnige Aussage machte mich sogar noch mutiger. »Ja, ich werde in den Himmel kommen, aber nicht, weil ich Arabisch kann. Ich werde nur dorthin kommen, weil ich an Jesus Christus glaube, der alle Autorität über Himmel und Erde hat. Er ist mein Retter und er ist der Sohn Gottes, des Allerhöchsten. Er gab sein Leben am Kreuz für meine Sünden und für die Sünden der ganzen Menschheit. Wegen seines Opfers am Kreuz bin ich frei von der Gefangenschaft der Sünde. Jeder, der an sein Opfer glaubt, ist frei von seinen Sünden.«

Ich ging einen Schritt auf seinen Schreibtisch zu. »›Denn Gott hat die Welt so sehr geliebt, dass er seinen einzigen Sohn hingab, damit jeder, der an ihn glaubt, nicht verloren geht, sondern das ewige Leben hat.‹ Das steht in der Bibel, in Johannes 3,16.«

Er starrte mich ausdruckslos an.

»›Doch wegen unserer Vergehen wurde er durchbohrt, wegen unserer Übertretungen zerschlagen. Er wurde gestraft, damit wir Frieden haben. Durch seine Wunden wurden wir geheilt.‹ Jesaja 53,5.«

Unbeirrt fuhr ich fort, während meine Stimme immer lauter und mein Herz immer kühner wurde: »Ich habe euch das weitergegeben, was am wichtigsten ist und was auch mir selbst überliefert wurde – dass Christus für unsere Sünden starb, genau wie es in der Schrift steht.‹ Das ist aus 1. Korinther 15,3.«

Ich erklärte, dass Jesus Christus der Sohn Gottes ist und dass jeder, der an ihn glaubt, ganz sicher das ewige Leben hat. Doch ich sagte auch, dass Gottes Geduld einmal ein Ende haben würde.

»Geh!«, sagte er. »Du kommst zu spät zur Arbeit.«

Hamza belästigte mich danach nie wieder. Er sprach überhaupt kaum mit mir. Ich lächelte innerlich, wenn er auf dem Korridor vor mir davoneilte. Ich lächelte noch mehr, als ich herausfand, dass er ein Mitglied einer radikal-islamischen Gruppe war. Er wollte, dass die Leute ihn als engagierten, kompromisslosen Gläubigen ansahen. Doch ich wusste, dass er ein Feigling war.

Je mehr Zeit ich damit verbrachte, mit Muslimen über Religion zu diskutieren, desto klarer erkannte ich, dass sie, obwohl sie in den Himmel kommen wollten, blind für den Weg waren, der sie dorthin bringen konnte. Ich war selbst nicht anders gewesen. Ich hatte unbedingt in den Himmel kommen wollen, ohne zu wissen, dass ich geradewegs auf die Hölle zusteuerte. All dies hatte sich jedoch geändert. Durch Gottes Gnade hatte ich alle Türen verschlossen, die zur Hölle führten, und die Schlüssel weggeworfen.

Im Laufe der übrigen Woche meines Praktikums hatte ich nicht viele Gelegenheiten, um mit anderen über den christlichen Glauben zu sprechen, obwohl es mir gelang, in jeder Pause meine Bibel auf der Straße zu lesen. Die einzige Person, die mich störte, war der Hausmeister, ein alter Mann, dem es egal war, was ich tat. Er nickte immer nur schweigend, wenn er an mir vorüberging. Wenn ich ihn herankommen sah, verbarg ich meine Bibel hinter einem wissenschaftlichen Lehrbuch. Ich genoss die zusätzlichen Minuten, die ich zum Lesen und Beten hatte.

Zwei Tage bevor mein Praktikum enden sollte, sprach mich der alte Mann an. »Du musst dich vor Herrn Hamza in Acht nehmen«, sagte er. »Er spricht von einem Plan, den er und zwei andere geschmiedet haben. Sie haben darüber gesprochen, dich morgen Abend zu vergewaltigen, bevor du gehst.«

Ich dankte ihm und ging sofort nach Hause, wissend, dass ich nie zurückkehren würde. Ich hatte keine Panik oder Furcht. Auf dem gesamten Heimweg dachte ich über zwei meiner Lieblingsverse nach: »Wenn Gott für uns ist, wer kann da noch gegen uns sein?«[8] und »Wer würde euch schaden wollen, wenn ihr euch bemüht, Gutes zu tun?«[9]

Die Ironie meiner Praktikumsabenteuer entging mir nicht. Eigentlich sollte ich an die Uni zurückkehren, nachdem ich eine Reihe unterschiedlicher Arbeitsumgebungen erlebt und neue Fähigkeiten erlernt hatte. Das Praktikum sollte mich besser auf meine Arbeit als Ingenieurin vorbereiten. Ich hatte wenig gelernt, was mir in dieser Hinsicht hilfreich sein konnte, doch als Christin hatte ich einige der wertvollsten Lektionen meines Lebens gelernt.

Ich lernte, dass Satan schwach und furchtsam ist, wenn wir treu beten, täglich in der Bibel lesen und Zeit in Gottes Gegenwart verbringen. Er kann uns nicht schaden, weil der allmächtige Gott uns schützt. Ich lernte, dass Satan, obwohl er stark zu sein scheint, kein ebenbürtiger Gegner für Jesus ist. Wenn wir bei Jesus Zuflucht suchen, sollten wir uns daran erinnern, dass er Satan besiegt hat. Jesus ist der Sieger; er ist unser König – und wir sind seine Verantwortung.

Vor allem lernte ich, dass Gott eine allgegenwärtige Hilfe für all jene ist, die ihn anrufen. Dank Herrn Hamza und den anderen hatte ich einige hervorragende Gelegenheiten bekommen, genau das zu tun. Dadurch hatten sich die Worte aus Jeremia 33,3 tief in meine Seele eingebrannt: »Ruf mich, dann will ich dir antworten und will dir gewaltige und unglaubliche Dinge zeigen, von denen du noch nie gehört hast.«

Ich war durch die Prüfungsphase gekommen. Mein Glaube war gestärkt worden und mein Mut gewachsen. Doch als diese ersten

Anfechtungen überstanden waren, spürte ich, dass die nächsten bereits begannen. Ich konnte jedoch nicht wissen, dass das, was als Nächstes kam, herausfordernder sein würde als alles, was ich bisher erlebt hatte.

Sechzehn

Meine Mutter brachte das Thema Heirat so beiläufig zur Sprache, als würde sie mich bitten, für sie auf den Markt zu gehen.

»Dein Vater und ich wollen dieses Jahr auf Wallfahrt gehen, und du weißt, dass wir den *Haddsch* nicht vollziehen dürfen, wenn wir eine unverheiratete, erwachsene Tochter zu Hause haben«, sagte sie, als ich ihr half, das Gemüse im Garten zu gießen. »Also wollen wir, dass du so bald wie möglich heiratest. Wir haben schon ein gutes Angebot für dich – einen sehr religiösen Mann, der Allah genauso ergeben ist wie du. Ich weiß, dass er dich glücklich machen wird.«

Ich versuchte, den Schrecken zu verbergen, der mir ins Herz stach. »Aber ich bin 21«, war alles, was mir einfiel.

Sie lächelte und nickte zustimmend. »Und ich war 16, als ich geheiratet habe, genauso wie deine beiden Schwestern. 21 ist perfekt zum Heiraten.«

»Bitte«, sagte ich schwach, »lasst mich erst mein Studium beenden.«

»Das ist nicht meine Entscheidung, sondern die deines Vaters. Vielleicht wird er Ja sagen. Ich werde es mit ihm besprechen.«

Ich hatte gewusst, dass so etwas kommen würde. Jahrelang war ich mir der Kommentare bewusst gewesen, die unsere Verwandten und Nachbarn über mich machten – so wie sie über alle unverheirateten Mädchen in meinem Alter. Sobald ein Mädchen alt genug ist, um Kinder zu bekommen, gilt es in Pakistan als alt genug, um zu heiraten – oder zumindest als alt genug, um seine potenzielle Tauglichkeit als Braut lautstark in der Öffentlichkeit zu diskutieren.

Während meine älteren Schwestern beide verheiratet waren und Kinder hatten, bevor sie 19 waren, war ich standhaft geblieben. Meine Eltern hatten das Thema nicht mehr zur Sprache gebracht, seit ich mich freiwillig für den Dschihad gemeldet hatte. Das kam mir sehr gelegen. Denn schon bevor ich Christin wurde, wusste ich, dass eine Heirat sehr wahrscheinlich das Ende meines Studiums bedeuten würde. Nun, da ich als heimliche Gläubige lebte, war das Risiko sogar noch höher. Ich wollte nicht mit einem Muslim verheiratet sein, vor allem nicht mit einem, der sehr religiös war. Eine heimliche Gläubige zu sein, wäre wesentlich schwerer mit einem aufmerksamen Ehemann als mit einem abwesenden Vater.

Dieses Problem war zu groß für mich allein. Ich war auf Gottes Eingreifen angewiesen.

Einige Tage vergingen, bis meine Mutter das Thema erneut zur Sprache brachte.

»Dein Vater hat gesagt, dass er die Details mit der Familie des Mannes besprechen wird.«

»Nein«, sagte ich. Diesmal hatte ich keine Angst; ich war wütend. Ich hatte so viele Stunden damit zugebracht, mir die Schrecken einer Zwangsehe mit einem fanatischen Muslim auszumalen, dass ich bereit war, gegen den Plan meiner Eltern anzukämpfen. »Ich will nicht heiraten. Ich will mein Studium fortsetzen.«

Meine Mutter begann zu sprechen, doch dann unterbrach sie sich. Ihre Augen waren auf etwas hinter meinem Rücken gerichtet. Ich wandte mich um und sah meinen Vater in der Küchentür stehen. Obwohl wir im selben Haus wohnten, waren er und ich uns fremd geworden. Wir sprachen fast nie miteinander und ich konnte mich nicht erinnern, wann wir zum letzten Mal allein im selben Raum gewesen waren. Immer, wenn er zu Hause war, hielt er sich im Wohnzimmer oder unten im Versammlungsraum auf. Er kam nie in die Küche und nannte mich nie beim Namen.

»Zakhira.« Beim Klang seiner Stimme verflog mein Zorn und wurde durch Furcht ersetzt. »Das ist nicht deine Entscheidung. Wenn dein Mann es dir erlaubt, kannst du dein Studium fortsetzen. Aber wenn er Nein sagt, kannst du es nicht. Er wird derjenige sein, der entscheidet. Du bist eine Frau. Was musst du schon können außer kochen und putzen?«

Ich konnte ihm nichts erwidern. Seine Gegenwart ließ mich verstummen.

Ich sprach das Thema von mir aus nicht mehr an. Einmal erklärte mir meine Mutter, warum ich mich glücklich schätzen sollte. Sie erinnerte mich daran, dass mein Vater meinen beiden Schwestern zu ihren Hochzeiten sehr große Mitgiften gegeben hatte. Sie hatten genug Geld, um alles für ihre Häuser zu kaufen, was sie wollten. Außerdem bekamen meine Schwestern Gold, ihre Ehemänner Schmuck und die Mütter der Bräutigame teure Geschenke. »Bei einem solchen Angebot können wir aus den allerbesten Familien wählen. Ist das nicht gut?«

Ich setzte meinen stillen Protest fort, auch nachdem meine Mutter mir erzählt hatte, dass sie wegen der Fortsetzung meiner Ausbildung etwas von der Familie des Mannes gehört hatten.

»Du brauchst dir keine Sorgen zu machen«, sagte sie. »Wenn du geheiratet hast, kannst du dein Studium fortsetzen. Ist das nicht eine gute Nachricht?«

Es war die allerschlimmste Nachricht. Meine Versuche, die Hochzeit hinauszuzögern, waren gescheitert. Ich würde unmöglich meinen christlichen Glauben praktizieren können, wenn ich mit einem islamistischen Mann verheiratet war. Und wenn er die Wahrheit herausfand, würde er sich von mir scheiden lassen oder mich sogar töten.

Als ich erkannte, wie machtlos und schwach ich war, tat ich, was ich die ganze Zeit hätte tun sollen. Ich verneigte mich mit zerknirschtem Herzen und betete. Ich flehte Gott um eine Lösung an. Er schenkte sie mir sofort. Es war Zeit, meiner Mutter die Wahrheit zu erzählen.

Ich erzählte es ihr im Gebetsraum. Wir waren allein zu Hause und hatten gerade unsere zweite Gebetszeit des Tages beendet. Während wir unsere Gebetsteppiche aufrollten, holte ich tief Luft und erzählte ihr, dass ich keine Muslimin mehr war. »Ich bin jetzt gläubige Christin. Wenn du wirklich willst, dass ich heirate, werde ich nur einen Christen heiraten.«

Ich hegte die winzige Hoffnung, dass sie mich verstehen könnte. Vielleicht würde sie vorschlagen, dass wir gemeinsam mit meinem Vater sprächen und dass sie mir helfen würde, ihm alles zu erklären.

Stattdessen sah sie mich entgeistert an. »Bedeutet das, dass der Brief, in dem du um eine Bibel gebeten hast, echt war?«

»Ja. Ich wollte die Bibel nicht, um eine bessere Muslimin zu werden. Ich wollte sie, weil ich jetzt Jesus nachfolge.«

Sie erstarrte. Ihre Augen waren so wütend, dass ich meinen Blick abwenden musste. Als sie sprach, zitterte ihre Stimme vor Zorn. »Ich wusste, dass etwas nicht stimmte, als das mit dem Brief geschah. Wer hat dich zu einer Christin gemacht? Wer hat dir all diese Dinge beigebracht? Waren es die Frauen, die vorbeigekommen sind?«

»Es hat damit angefangen, dass Anwar mir erzählte, dass die Geschichten der Propheten in der Bibel zu finden sind. Von jenem Zeitpunkt an habe ich selbst nachgeforscht. Niemand sonst war beteiligt.«

»Warum tust du das?« Ihre Augen prüften mich flehend. »Ich bin deine Mutter. Warum versuchst du, mich lächerlich zu machen?«

»Das tue ich nicht. Ich kann nur die Augen nicht vor der Wahrheit verschließen.«

»Die Wahrheit? Du meinst, dass der Islam keine wahre Religion ist?«

»Nein, ist er nicht. Das Christentum ist der einzig wahre Weg, der zu Gott und in den Himmel führt.«

Ihre Hand schoss vor und schlug mir auf die eine Wange, dann auf die andere. Ich versuchte, sie abzuwehren, doch sie hielt mit einer Hand mein Handgelenk umklammert, während sie mit der anderen meinen Kiefer packte. Sie drückte so fest zu, dass ich den Schmerz in jeder Zelle spürte.

Sie zog mich nah an sich heran und zischte: »Dein Vater wird dich auf keinen Fall verschonen. Er wird dich ganz sicher töten.«

Als sie ihren Griff um meinen Kiefer lockerte, sah ich ihr direkt in die Augen. »Ich weiß. Ich bin bereit.«

Als ich allein in meinem Zimmer war und sich mein Adrenalinspiegel wieder etwas gesenkt hatte, öffnete ich meine Bibel. Ich wusste, welchen Abschnitt ich lesen wollte, und meine Finger fanden beinahe automatisch den Weg zur richtigen Seite. »Glücklich sind die, die verfolgt werden, weil sie in Gottes Gerechtigkeit leben, denn das Himmelreich wird ihnen gehören. Glücklich seid ihr, wenn ihr verspottet und verfolgt werdet und wenn Lügen über euch verbreitet werden, weil ihr mir nachfolgt. Freut euch darüber! Jubelt! Denn im Himmel erwartet euch eine große Belohnung. Und denkt daran, auch die Propheten sind einst verfolgt worden.«[10]

Diese Worte hatten mich magnetisch angezogen, seit ich sie zum ersten Mal in Johns Labor gelesen hatte – lange bevor ich Christin wurde. John hatte mich ausdrücklich auf diese Stelle hingewiesen und sich versichert, dass ich sie verstand. Er erzählte mir, dass Christen häufig verfolgt werden, so wie Jesus es vorausgesagt hatte. Er erzählte mir, dass Menschen mich hassen und verachten und möglicherweise sogar versuchen würden, mich zu töten.

Ich sah auf den blauen Fleck, der sich langsam an meinem rechten Handgelenk bildete. Ich spürte die Schwellung in meinem Mund, wo ich geschlagen worden war. Die physischen Spuren waren schmerzhaft, aber der Schmerz ging nicht tief, denn darunter befand sich etwas viel Stärkeres: Friede. Die Reaktion meiner Mutter erinnerte mich daran, dass die Heilige Schrift wirklich wahr ist. Ja, ich war verletzt und ich hatte guten Grund, mich vor dem zu fürchten, was morgen geschehen würde. Doch dies war nicht das Ende der Geschichte. Ich war für meinen Glauben an Jesus geschlagen worden. Das bedeutete, dass ich glücklich war.

Meine Mutter weckte mich am nächsten Morgen, um mit ihr und meiner Schwester zu beten. Ich tat, was sie sagte, und sprach mein stilles »Halleluja!«, während sie und meine Schwester den Raum mit dem Ausruf »Allahu Akbar!« erfüllten. Als wir fertig waren, sandte sie meine Schwester hinaus, um mit ihren Hausarbeiten zu beginnen. Sie beobachtete mich, während ich meinen Teppich zusammenrollte.

»Wenn du Christin bist, warum betest du dann überhaupt noch mit uns?«

»Die Bibel sagt: ›Ehre deinen Vater und deine Mutter. Dann wirst du lange […] leben‹[11] und: ›Ihr Kinder sollt euren Eltern gehorchen, weil ihr dem Herrn gehört, denn so handelt ihr richtig.‹[12] Also tue ich das.«

Sie warf die Hände in die Luft. »Finger weg vom Gebetsteppich! Du verunreinigst alles.«

»Mein Herz ist beim Herrn. Du kannst den Namen Jesus nicht aus meinem Herzen reißen.«

Sie holte ihre Gebetsperlen hervor, kniete sich erneut auf ihren Teppich und begann, leise zu singen. Sie zitierte Verse aus dem Koran, doch ich zog es vor, nicht zuzuhören. Stattdessen betete ich: *Herr Jesus Christus, was immer meine Mutter für mich betet, ich bitte dich, die Auswirkungen in deinem heiligen Namen aufzuheben. Du hast mich mit deinem heiligen Blut erkauft, ich gehöre jetzt dir. Ich suche Zuflucht bei dir. Ich sage dies im mächtigsten aller Namen, dem Namen Jesu Christi. Amen.*

Es gab auch nach jenem Tag noch Schläge. Sie wurden immer schlimmer. Meine Mutter wartete stets, bis wir allein in einem Zimmer waren, dann packte sie mich beim Hals und drückte mir die Luft ab.

»Ich werde dich töten«, sagte sie dann, während der Hass aus ihren Augen sprühte. »Ich werde dich töten im Namen Allahs. Das wird die Dinge wieder in Ordnung bringen.«

Ich konnte keinen Ton herausbringen, doch innerlich betete ich und legte alles in Gottes Hand. Es war hart für mich, zu sehen, wie schnell sich die Gefühle meiner Mutter mir gegenüber von Liebe in Hass verwandelt hatten, und es machte mir große Sorgen. Ich empfand keinerlei Feindseligkeit ihr gegenüber, nur Mitleid. Ich wusste, dass Satan ihr die Augen verschloss.

Außerdem war ich mir meiner eigenen Sünde bewusst. Ich hatte mich freiwillig dafür gemeldet, Christen – Gottes Kinder – zu töten, und trotzdem hatte er mich in seine Familie aufgenommen. Er hatte mich gerettet – eine Sünderin. Er zog mich aus der Gosse heraus, wusch mich mit seinem Blut rein und machte mich zu einem neuen Menschen. Welches Recht hatte ich, aufrecht vor Gott zu stehen? Er war so sauber und rein und ohne Schuld. Mein Körper und mein Leben waren nichts. Selbst wenn mein Blut bis auf den letzten Tropfen vergossen würde, wäre es nicht annähernd genug, um wiedergutzumachen, was ich falsch gemacht hatte. Ich schuldete Gott alles.

»Ami«, sagte ich, als die Luft in meinen Körper zurückkehrte, »ich sage dir die Wahrheit. Wenn du mich in Stücke schneidest, wird jedes Stück meines Körpers sagen: Jesus Christus ist mein Herr und Retter.«

Die Tage vergingen und meine Mutter verwandelte sich immer mehr in ein Monster. Ihr Gesicht war wutverzerrt, wenn sie mich anschrie. Ihr Griff um meinen Hals wurde von Mal zu Mal fester und länger, und ihre Schläge auf meinen Unterarm trafen mich härter und häufiger. Nach ein paar Tagen begann sie, andere Waffen zu nutzen. Zuerst schlug sie mich mit Schuhen, dann mit einem Stock.

Sie verletzte mich immer an Stellen, die von meinen Kleidern und der Dupatta verdeckt wurden – vor allem an den Armen und am Hals. Nach einer Woche konnte ich nicht mehr schlucken oder meine rechte Hand bewegen, ohne von Schmerzen durchzuckt zu werden. Nachts träumte ich, dass meine Hand brannte. Doch ich sagte mir, dass dies nichts war im Vergleich zu dem, was Jesus erlebt hatte. Jedes Mal, wenn ich von seiner Kreuzigung las, musste ich weinen. Zu wissen, dass er unschuldig war; dass er von einem höheren Ort gekommen war, um uns das Leben zu retten; dass er die Peitschenhiebe auf sich nahm, die er nicht verdient hatte – all dies ließ mich meine eigenen Anfechtungen in einem anderen Licht sehen. Was ich erlebte, war nicht so schlimm. Im Vergleich zu dem, was Jesus ertragen musste, war mein Leiden nichts.

Je mehr ich darüber nachdachte, was Jesus um meinetwillen ertragen hatte, desto entschlossener wurde ich, geduldig für ihn zu leiden.

Seit John mir seine Bibel geschenkt hatte, hatte ich ihr Versteck vorsichtshalber regelmäßig gewechselt. Ich hatte mehr als ein Dutzend Stellen, an denen ich sicher war, dass sie unentdeckt bleiben würde – unter meinen Kleidern, in den dunkelsten Winkeln der Küche, hinter schweren Möbeln, die nie bewegt wurden.

Nachts holte ich sie hervor und las allein in meinem Schlafzimmer darin. Fast jede Nacht kehrte ich zu folgenden Worten von Paulus zurück: »Ich bin aber davon überzeugt, dass unsere jetzigen Leiden bedeutungslos sind im Vergleich zu der Herrlichkeit, die er uns später schenken wird.«[13]

Eines Tages schlug ich das Buch Esther auf und las von ihrer Entscheidung, drei Tage lang zu fasten. Mir fiel auf, dass Gott die Situation danach radikal veränderte. Ich wünschte mir, das Gleiche zu erleben wie meine Namensvetterin: nämlich, dass Gott die mörderischen Absichten eines Menschen in ein Beispiel seiner Liebe und Macht verwandelte. Ich hoffte verzweifelt auf sein Handeln.

Herr, betete ich, *ich habe von dir lieben gelernt. Obwohl ich ein so böser Mensch war – bereit, deine Kinder zu töten –, hast du mich in Liebe angesehen und mir Freude und Leben geschenkt. Ich habe von dir Liebe empfangen, obwohl ich eine Sünderin war. Du hast mich gerettet. Ich habe nichts von dieser Güte verdient. Obwohl meine Mutter mich verletzt, liebe ich sie trotzdem mit der Liebe, die du mir gegeben hast.*

Ich entschied, auch drei Tage zu fasten. Es beunruhigte meine Mutter, als ich alles Essen und Trinken ablehnte. Sie fragte, ob ich im Hungerstreik wäre, um sie zu bestrafen. Ich blieb standhaft und sagte ihr, dass ich gar nichts von ihr wolle. Am Morgen des dritten Tages betete ich in der Dunkelheit meines Zimmers, als ich das sanfte Flüstern meines Herrn wieder hörte: *Wenn du mit deiner Mutter sprichst, bin ich mit dir. Mein Geist spricht durch dich.*

Ich begann zu weinen. *Danke, Herr,* betete ich. *Als du Saulus erschienen bist, hast du ihn radikal verändert. Ich glaube, dass auch meine Mutter sich verändern wird. Bitte, Gott, heile sie von ihren körperlichen Schmerzen.*

Ich hörte erneut die Stimme des Herrn: *Ich werde ihre Schmerzen verstärken und sie wird mich selbst anrufen. Dann wird sie geheilt werden. Diese Krankheit dient dazu, meinen Namen zu verherrlichen.*

Von da an fiel es mir leicht, auf andere Weise mit meiner Mutter zu sprechen. Ich hatte nicht mehr das Bedürfnis, mich gegen sie zu verteidigen oder sie meiden zu müssen. Ich sah sie nicht mehr als eine Person, die mich verfolgte, sondern als Mitreisende, die bald dazu aufgefordert werden würde, den Weg von Gottes großem Abenteuer zu gehen.

Ich fragte sie wieder und wieder, ob ich für sie beten könne. Es machte mir nichts aus, wenn sie mich anschrie, davonlief oder mich wegstieß. Ich wollte sie nur wissen lassen, dass ich bereit war, für sie zu beten; bereit, zu glauben, dass Gott sie heilen würde.

Sie machte keinerlei Anstalten einzulenken, doch ihre Schläge ließen ein wenig nach – sowohl in ihrer Häufigkeit als auch in ihrer Härte. Ich fragte mich, ob dies ein Zeichen für Gottes Wirken in ihr war, doch ich wusste, dass es auch eine andere Erklärung geben konnte. Der Arzt hatte ihr gesagt, dass ihr Herzproblem sich rasch verschlimmern und ihr Zustand sich weiterhin verschlechtern würde. Ohne weibliche Chirurgen in der Stadt verweigerten sie und mein Vater weiterhin eine Operation. Je länger sie mit ihrer Erkrankung lebte, desto schlechter ging es ihr.

Eines Tages, als wir einkaufen waren, brach meine Mutter plötzlich neben mir auf dem Bürgersteig zusammen. In einem Moment begutachtete sie noch das Obst, im nächsten lag sie verdreht am Boden. Ich vergaß völlig das Wunder, für das ich gebetet hatte, und kniete mich neben sie. Ich tat, was ich konnte, um ihr zu helfen. Ihre Hände griffen nach meiner Dupatta. Als sie mich nah genug an ihr Gesicht herangezogen hatte, sodass ich ihre schwache, kratzige Stimme hören konnte, sagte sie: »Bete.«

Eine Menschenmenge sammelte sich um uns. Sie halfen mir, meine Mutter zur Seite zu tragen. Dort saß ich nun, während ihr Kopf kraftlos in meinem Schoß ruhte. Ihre Augen waren weit aufgerissen. Ich hatte sie noch nie so ängstlich gesehen.

»Herr, du hast gesagt, dass sie selbst um Heilung bitten würde. Nun hat sie genau das getan. Bitte heile meine Mutter!« Sie schloss die Augen, während ich weiterbetete. »Jesus, ich bringe sie unter dein Kreuz. Ich bedecke sie mit deinem heiligen Blut. Welche Krankheit auch immer in ihrem Körper sein mag, bitte nimm sie fort in deinem mächtigen Namen.«

Eine Weile saßen wir so da, meine Mutter im Staub ausgebreitet und ich mit dem Namen Jesu auf den Lippen, während das restliche Pakistan um uns herum seinen Geschäften nachging. Es schien die normalste Sache auf der Welt zu sein.

Als ich merkte, dass ihr Gesicht sich entspannt und ihr Atem sich beruhigt hatte, sagte ich ihr, dass ich zu Hause anrufen wollte, damit mein Vater sie abholen konnte.

Sie öffnete die Augen und sah mich geradewegs an. »Ich habe keine Schmerzen. Ich bin bereit, direkt ins Krankenhaus zu fahren.«

Mein Vater und mein Bruder kamen und fuhren uns zu dem Gebäude, in dem ich John früher so häufig besucht hatte. Als ich während ihrer Untersuchung auf dem Gang wartete, empfand ich eine seltsame Mischung von Emotionen. Ich war mir nicht sicher, wie es um die Gesundheit meiner Mutter stand und wie Gott mein Gebet erhören würde. Gleichzeitig hatte ich Angst, John über den Weg zu laufen. Ich fürchtete, dass er inmitten dieses Durcheinanders etwas Unbedachtes tun und dadurch in Schwierigkeiten geraten könnte. Trotzdem wäre ein Teil von mir am liebsten in den zweiten Stock gegangen, um ihn wiederzusehen. Monate waren seit unserem letzten Treffen vergangen und ich hatte ihm so viel zu erzählen.

»Es ist ein Wunder«, sagte der Arzt, als er neben meiner Mutter in der offenen Tür erschien. »Ihr Herz ist vollkommen gesund!«

Mein Vater freute sich sehr und mein Bruder umarmte meine Mutter, während ich innerlich in Freudengebete ausbrach. Die einzige Person, die nicht lächelte oder jubelte, war meine Mutter. Sie stand still da und hielt ihren Blick zu Boden gesenkt.

Später an jenem Abend, als alle Gäste und aller Lärm aus dem Haus verschwunden waren, hörte ich ein leises Klopfen an meiner Tür. Meine Mutter kam herein und setzte sich auf mein Bett. Sie sah auf ihre Hände. Lange Zeit sagte sie nichts, dann erzählte sie: »Ich hatte eine ganz seltsame Erfahrung, als du angefangen hast zu beten. Ich habe Feuer gesehen.«

Ich wollte ihr so gerne erzählen, dass Feuer ein christliches Konzept war – ihr von Mose und dem brennenden Busch erzählen und von den Jüngern an Pfingsten. Ich wollte ihr erzählen, dass es nur eine mögliche Erklärung für ihre dramatische Heilung geben konnte. Ich wollte ihr alles von Jesus erzählen und von der Zeit, in der ich gefastet und gebetet hatte, und von seinem Versprechen, sie zu heilen. Doch ich wusste, dass ich es nicht konnte. Jedenfalls noch nicht. Also starrte ich ebenfalls auf ihre Hände und wartete darauf, dass der Augenblick vorüberging.

Endlich fand sie die Worte, die sie sagen wollte: »Ich habe das Geräusch eines herabfallenden Steines gehört. Dann hat der Schmerz aufgehört. Deshalb wollte ich sofort ins Krankenhaus. Ich wusste, dass mein Problem verschwunden war. Ich wollte nur den Beweis.«

»Du weißt, wer dich geheilt hat, oder?«

Sie sagte nichts, sondern starrte nur auf ihre Hände. Bevor ich die Frage ein zweites Mal stellen konnte, stand sie auf und ging.

Siebzehn

Jener Tag auf dem Markt war nicht das erste Mal, dass ich sah, wie Jesus jemanden heilte. Es war auch nicht das erste Mal, dass ich sah, wie er meine Mutter heilte.

Es war schon einmal – über ein Jahrzehnt zuvor – geschehen. Als ich eines Tages von der Schule nach Hause kam, bemerkte ich, dass etwas anders war. Auf dem Regal im Flur, auf dem meine Auszeichnungen, Zeugnisse und 1er-Tests standen, befand sich nun ein zusätzlicher Gegenstand, der nicht dort gelegen hatte, als ich am Morgen aus dem Haus gegangen war. Dort auf dem Regal zwischen meinem ersten Debattierpreis und einem Zeugnis, in dem mich mein Lehrer dafür lobte, die fleißigste Schülerin der Schule zu sein, lag ein einfaches, sorgfältig zusammengefaltetes Stück Papier.

Ich wollte gerade meine Mutter danach fragen, als die Neugier die Überhand gewann. Ich faltete das Papier auseinander, bis es größer war als meine Hand. Es standen nur zwei Wörter in arabischer Schrift darauf: *Jesu Shafi*.

Die Namen waren mir vage bekannt, doch die Kombination kam mir seltsam vor. Ich wusste, dass *Shafi* ein arabischer Name war, der eine Reihe von Dingen bedeuten konnte. Mittler. Wahrhaftig. Heiler. *Jesu* war mir weniger vertraut. War das nicht ein anderer Name für Isa, einen der Propheten? Aber warum vereinte man diese beiden Worte? Und warum lag dieser Zettel auf meinem Trophäenregal?

Ich machte mich auf die Suche nach meiner Mutter und schwenkte dabei das Papier über meinem Kopf hin und her. Bevor ich irgendetwas sagen konnte, schnappte sie nach Luft und schloss die Augen.

»Zakhira! Warum hast du es geöffnet?«

»Es lag auf meinem Regal.«

»Hast du es gelesen?«

»Ja. Da steht …«

»Halt!«, rief sie. »Der Mullah hat gesagt, dass wir es nicht lesen dürfen, wenn wir wollen, dass es wirkt. Falte es wieder zusammen und leg es zurück.«

Sie setzte sich und biss die Zähne zusammen. Mir fiel auf, dass sie alt und müde aussah.

Ich setzte mich neben sie und lehnte meinen Kopf an ihre Schulter. »Es tut mir wirklich leid, Ami.«

»Es ist nicht deine Schuld, Zakhira. Ich habe Zahnschmerzen und konnte letzte Nacht nicht schlafen. Also bin ich in die Moschee gegangen und habe einen der Mullahs um Hilfe gebeten. Er hat mir den Zettel gegeben und mir gesagt, dass ich ihn nicht öffnen darf. Ich muss ihn um meinen Hals tragen. Ich wollte später auf den Markt gehen und den Schuster bitten, ihn für mich in ein Ledersäckchen einzunähen.«

»Oh«, sagte ich. »Wird es jetzt nicht mehr wirken?«

»Ich weiß es nicht.«

Als mein Vater nach Hause kam und hörte, was geschehen war, nahm er uns alle sofort mit in die Moschee. Es war – soweit ich mich erinnern konnte – das erste Mal, dass ich mit meinem Vater in die Moschee ging. Während wir auf einem Gang warteten, saß ich still und regungslos da, froh über die Deckung, die mir mein Schleier bot.

Der Mullah hörte aufmerksam zu, während mein Vater erklärte, was geschehen war. Dann fragte er meine Mutter, ob sie den Zettel gelesen habe.

»Nein«, sagte sie.

»Und hast du ihn gelesen?«, fragte er mich.

»Ja«, sagte ich, erst zu leise. Auf das Drängen meines Vaters hin sprach ich etwas lauter. »Ja! Ich habe ihn gelesen.«

Zu meiner Überraschung war der Mullah nicht verärgert. Er sah mich einfach nur an, winkte dann ab und sagte meinem Vater, dass ich noch jung und unreif sei, sodass es kein Problem darstelle. »Sie können es immer noch verwenden«, sagte er zu meiner Mutter. »Aber bewahren Sie es nah bei sich auf.«

Ich hatte jahrelang nicht mehr an diesen Zwischenfall gedacht – bis ich Christin wurde und den Koran mit anderen Augen betrachtete. Je mehr ich im Koran las, desto mehr verstand ich, dass der Prophet, der dort Isa genannt wird und in der ganzen Welt als Jesus bekannt ist, ein Heiler war. Es war Jesus, der Sohn Gottes, an den sich der Mullah um Hilfe gewandt hatte. Und es war Jesus, der die Zahnschmerzen meiner Mutter schnell und vollständig geheilt hatte, kurz nachdem ich den Zettel gelesen hatte.

Seit meine Mutter begonnen hatte, mich zu schlagen, wollte ich sie gerne an dieses Ereignis erinnern. Als meine Mutter von ihrem Herzleiden geheilt wurde, war ich zuversichtlich, bald eine Gelegenheit dazu zu haben. Das Problem war nur, dass sie, als sie geheilt war, mir gegenüber sehr still wurde. Tagelang vermied sie jeglichen Kontakt bis auf die grundlegendsten Gespräche mit mir. Wenn ich mich neben sie setzen wollte, stand sie auf und ging fort. Ich war froh, dass die Gewalt aufgehört hatte, doch ich sehnte mich danach, mit ihr zu reden. Ich wollte wissen, was geschehen war, als ich gebetet hatte. Ich wollte erfahren, welche Fragen sie sich jetzt stellte. Ich wollte ihr von Jesus erzählen und etwas von meiner eigenen Geschichte mit ihr teilen.

Doch sie schloss mich aus. Was immer in ihrem Innern vorging, sie wollte es nicht mit mir teilen.

Es dauerte drei Wochen, bis meine Mutter ihr Schweigen brach. Eines Abends war ich allein in meinem Zimmer und saß betend am Boden. Sie kam herein, ohne anzuklopfen, schloss leise die Tür und setzte sich auf mein Bett. Nachdem ich so lange darauf gewartet hatte, mit ihr zu reden, rang ich nun darum, die richtigen Worte zu finden, um zu beginnen.

Sie sprach zuerst. »Dein Bruder ist krank«, sagte sie. »Sein Bein ist entzündet und der Arzt sagt, dass sie es amputieren müssen, wenn die Entzündung den Knochen erreicht.«

Diese Nachricht erschreckte mich. Ich wusste, dass er seit einiger Zeit im Bett lag, doch ich hatte keine Ahnung, was das Problem war und dass es so schlimm um ihn stand. Ich fühlte mich schlecht, weil ich so in meine eigenen Gedanken vertieft gewesen war, dass ich mich nicht darum gekümmert hatte, was mit allen anderen im Haus geschah.

Plötzlich warf ein Gedanke einen Schatten über mich. Vielleicht war der Grund für das Schweigen meiner Mutter nicht, dass sie inmitten einer Glaubenskrise steckte oder über Jesus nachdachte. Vielleicht leugnete sie einfach ihre wundersame Heilung und würde nie mehr über das Geschehene sprechen.

»Ich will, dass du für deinen Bruder betest«, fuhr sie fort.

Ich wollte »Ja!« schreien und sofort in sein Zimmer rennen. Doch andere Worte kamen aus meinem Mund – Worte, die ich nicht geplant hatte: »Glaubst du wirklich, dass Jesus meine Gebete hören kann?«

»Ja.«

»Und glaubst du, dass Jesus heilen kann?«

»Ja«, sagte sie, während ihr die Tränen in die Augen schossen. »Letztes Mal, als du gebetet hast, ist mein Problem verschwunden. Wenn du jetzt betest, glaube ich, dass Jesus deinen Bruder heilen wird.«

»Ami, wenn wir beide glauben, dass Jesus heilen kann, warum beten wir nicht zusammen?«

Jetzt strömten die Tränen über ihr Gesicht. Zwischen Schluchzern rang sie immer wieder nach Luft. Es dauerte einige Minuten, bis sie wieder sprechen konnte.

»Wird Jesus auf mich hören? Obwohl ich dich geschlagen habe? Ist er nicht wütend?«

»Nein«, sagte ich. »Er wartet jeden Tag auf dich. Seine Arme sind immer offen.«

Sie trocknete ihr Gesicht und sah auf. »Ich werde mit dir beten.«

Ich holte meine Bibel aus ihrem Versteck und schlug Matthäus 18 auf, wo Jesus verspricht, dass, wenn zwei seiner Nachfolger sich in etwas einig sind und darum bitten, unser Vater im Himmel ihr Gebet erhören wird. Dann ging ich in die Küche und holte etwas Senföl. Meine Mutter sah mich verwirrt an, als ich es ihr zeigte. Doch sie folgte mir in das Zimmer meines Bruders und hörte zu, wie ich betete.

»Herr Jesus, dies ist nicht länger Öl, sondern dein Blut, das vergossen wurde, um unsere Schmerzen und Krankheiten zu heilen und unsere Sünden abzuwaschen. Es ist genug für diese Wunde und besser als jede Medizin oder Salbe dieser Welt.«

Ich reichte meiner Mutter die Flasche und forderte sie auf, das Öl auf die Wunde zu streichen, während mein Bruder schlief, und dabei das Gebet zu wiederholen, das ich gesprochen hatte.

Am nächsten Morgen sah die Wunde meines Bruders schon besser aus. Meine Mutter fuhr fort, zu beten und die Wunde einzustreichen. Innerhalb von einer Woche war die Wunde vollständig verheilt und mein Bruder wieder wohlauf.

»Ich habe zwei Wunder mit eigenen Augen gesehen«, sagte meine Mutter, als wir eines Morgens im Garten arbeiteten. »Aber ich bin verwirrt. Wenn Jesus Christus echt ist und in seinem Namen wirklich heilende Kraft ist, warum sandte Allah dann Hazrat Mohammed als den größten aller Propheten? Warum wurde die Bibel, die von Propheten wie Mose und Jesus erzählt, für ungültig erklärt? Und warum sandte Allah Hazrat Mohammed mit dem Koran, um uns den richtigen Weg zu zeigen?«

Ich hörte auf zu graben. »Die Bücher in der Bibel sind nicht ungültig. Der Koran bestätigt, dass diese Bücher wahr sind.«

»Die Geistlichen lehren aber etwas anderes. Sie sagen, dass die Bücher der Bibel nicht erlaubt sind.«

»Wessen Worten solltest du mehr vertrauen: denen des Korans oder denen eines Geistlichen? Deinem Glauben zufolge kommt der Koran von Allah. Jeder Geistliche ist ein Mensch wie du und ich. Und wir alle machen Fehler, nicht wahr?«

Sie nickte.

»Wenn du wirklich an den Koran glaubst, werde ich dir zeigen, was darin geschrieben steht. Warte hier!« Ich lief ins Haus, um meinen Koran zu holen. Seine Seiten waren mit Markierungen übersät und sein Buchrücken vom vielen Studieren ganz rissig. Ich sagte ihr, welche Stellen sie aufschlagen sollte, um zu sehen, wie der Koran Jesus beschreibt – als den Sohn der Jungfrau Maria, als Menschen, der Wunder vollbrachte, die kein anderer tun konnte, als den Mann, der Tote auferweckte. Während meine Mutter jede einzelne Stelle las, bat ich sie, nicht nur das arabische Original, sondern auch die Übersetzungen auf Urdu zu lesen, die am Rand abgedruckt waren.

Ich vergrub meine Finger in der Erde, während sie las. Ich dachte darüber nach, wie die Geistlichen meine Mutter geblendet hatten – so wie fast jeden anderen Muslim, den ich kannte. Sie rieten davon ab, den Koran in einer anderen Sprache als Arabisch zu lesen, und appellierten an Emotionen wie Hass und Angst. Zu wenige Muslime wussten, dass der Koran viel über Jesus zu sagen hatte. Wenn sie ihn nur selbst richtig läsen, würden sie erkennen, dass der Islam keine Garantie auf ein Leben nach dem Tod bietet.

Meine Mutter schwieg, als sie fertig gelesen hatte. Genau in dem Moment rief mein Bruder vom Haus aus nach ihr und beendete so unser Gespräch. Ich benötigte dringend Weisheit und Erkenntnis, um ihre Fragen zu beantworten. Den ganzen restlichen Tag hallte folgende Schriftstelle in meinem Kopf wider: »Wenn jemand unter euch Weisheit braucht, weil er wissen will, wie er nach Gottes Willen handeln soll, dann kann er Gott einfach darum bitten. Und Gott, der gerne hilft, wird ihm bestimmt antworten, ohne ihm Vorwürfe zu machen.«[14]

Zwei Tage später hatte ich meine Antwort. Als ich eine Sammlung islamischer Bücher durchsah, die meinem Vater gehörte, fand ich ein Buch, von dem ich wusste, dass es hilfreich sein würde. Ich forderte meine Mutter auf, sich zu mir in mein Zimmer zu setzen, und erinnerte sie an ihre Frage, warum Mohammed über allen Propheten stand.

»Hör zu«, sagte ich und öffnete mein Gebetsbuch:

Es gibt kein Lebewesen oder Ding, das anbetungswürdig ist, außer Allah,
Adam, der der Auserwählte Allahs war,

Es gibt kein Lebewesen oder Ding, das anbetungswürdig ist, außer Allah,
Nuh [Noah], der Gerettete Allahs,

Es gibt kein Lebewesen oder Ding, das anbetungswürdig ist, außer Allah,
Ibrahim [Abraham], der Freund Allahs,

Es gibt kein Lebewesen oder Ding, das anbetungswürdig ist, außer Allah,
Ismail [Ismael], der Geopferte Allahs,

Es gibt kein Lebewesen oder Ding, das anbetungswürdig ist, außer Allah,
Musa [Mose], der, der zu Allah sprach,

Es gibt kein Lebewesen oder Ding, das anbetungswürdig ist, außer Allah,
Dawud [David], der Nachfolger Allahs (auf seiner Erde),

Es gibt kein Lebewesen oder Ding, das anbetungswürdig ist, außer Allah,
Isa [Jesus], der Geist Allahs,

Es gibt kein Lebewesen oder Ding, das anbetungswürdig ist, außer Allah,
Mohammed ist der Bote Allahs.

»Sag mir ganz ehrlich – steht hier irgendwo geschrieben, dass Mohammed am wichtigsten ist?«

»Nein.«

Ich öffnete meinen Koran und schlug den Vers auf, den John mir an dem Tag gezeigt hatte, als ich ihn zum ersten Mal im Labor getroffen hatte: »Ich bin keine Ausnahme unter den Gesandten. Ich weiß nicht, was mir und was euch geschehen wird. Ich folge nur der Offenbarung, die mir eingegeben wurde, und bin nichts anderes als ein offenkundiger Warner.«[15]

Ich ließ die Worte eine Weile im Raum stehen, da ich mich an die Wirkung erinnerte, die sie auf mich gehabt hatten, als ich sie zum ersten Mal las. »Mohammed ist nur ein Bote – das ist alles. Er weiß nicht einmal, was am Tag des Gerichts geschehen wird. Doch wenn du die Bibel liest, wirst du sehen, dass Jesus uns sicher das ewige Leben nach dem Tod verspricht.«

Ich zeigte ihr Johannes 11,25 und las die Worte Jesu vor: »›Ich bin die Auferstehung und das Leben. Wer an mich glaubt, wird leben, auch wenn er stirbt.‹ Verstehst du jetzt, was all dies bedeutet? Gott war vollkommen in Isa. Das ist der Grund, warum Jesus voller Gewissheit über die Zukunft sprechen kann – weil er ganz Gott ist. Er ist Gott in Menschengestalt und wirkt auch heute noch.«

»Ja«, sagte sie, ohne irgendetwas Bestimmtes anzusehen. Ich wollte so gerne mehr sagen und wünschte mir, dass sie Jesus ebenso erkennen würde wie ich. Doch was immer in meiner Mutter vorging, es lag außerhalb meiner Macht. Ich sah, wie sie die Augenbrauen zusammenzog, bevor sie abrupt aufstand und fortging.

Unsere Unterhaltung über Jesus zog sich über viele Wochen hin. Es war wie ein Schachspiel, bei dem die Spieler sorgfältig über jeden Zug nachdenken, bevor sie ihre Figuren bewegen. Obwohl ich mir sehnlichst wünschte, dass meine Mutter ihr Leben Jesus übergab, wusste ich, dass ich sie nicht dazu drängen konnte. Ich nahm mir vor, so geduldig mit ihr zu sein wie John mit mir. In den Tagen zwischen unseren Gesprächen tat ich, was John sicherlich auch getan hatte: Ich betete.

Als sie eines Nachts endlich in mein Zimmer kam, hatte ich schon ein paar Stunden geschlafen. Die Luft war kühl. Ich hörte zu, während sie mir im Flüsterton ihre Gedanken über Jesus mitteilte.

»Ich weiß, dass im Namen Jesu Kraft ist«, sagte sie. »Sein Name auf einem Papierfetzen reichte schon aus, um mich von meinen Zahnschmerzen zu heilen.«

Ich streckte die Hand aus und berührte ihren Arm. »Ich erinnere mich auch daran«, sagte ich. »Ich wusste nicht, ob du dich daran erinnerst.«

Sie lächelte. »Ich habe in den letzten Wochen an kaum etwas anderes gedacht.« Sie zitterte ein wenig in der Kälte und ich bot ihr eine Decke an. Sie winkte ab. Stille kehrte in den Raum zurück.

»Zakhira-jan, wie kann ich Christin werden?«

Tausend Kerzen entzündeten sich in mir. Ich konnte unser beider Tränen auf unseren Wangen spüren, als ich sie umarmte.

»Du beginnst damit, dass du um Vergebung bittest. Sprich mir nach: ›Ich weiß, dass ich Unrecht getan habe. Bitte verzeih mir und vergib mir meine Sünden.‹«

Sie erstarrte neben mir. Angst huschte über ihr Gesicht. »Oh nein, ich bin keine Sünderin. Ich habe nie irgendwelche Sünden begangen.«

»Wir werden alle als Sünder geboren.«

»Was meinst du damit? Dass ich gesündigt habe und dann wurdest du geboren?«

»Nein, aber Adam beging Sünde. Das sagt uns sogar der Koran. Wir werden alle mit Sünde geboren. Deshalb kam Jesus, um uns zu retten.«

Ich erzählte ihr von der Frau, die durch ihre Blutung unrein gewesen war, und davon, dass Jesus sie nicht abgewiesen hatte. Ich sprach von Petrus' Verleugnungen und seiner späteren Wiederherstellung sowie von Davids Fehlern und seiner Buße. »Du hast alles versucht, nicht wahr? Alle Schreine, alle Gebetsperlen. Doch nur der Name Jesu brachte dich der heilenden Kraft Gottes näher. Selbst als du noch Jahre davon entfernt warst, an ihn zu glauben; als du nicht wusstest, dass du den Namen Jesu um den Hals trugst, war er bereit, dir zu zeigen, wie sehr er dich liebt. Also ja, wir sind alle Sünder und wir müssen alle errettet werden, doch die Liebe Jesu ist groß genug, um uns aufzunehmen. Wir müssen nur zugeben, was wir falsch gemacht haben.«

Sie nickte langsam, während sie alles in sich aufnahm. Es lag keine Spur von Zweifel in ihren Augen.

»Ich weiß, dass ich Unrecht getan habe«, sagte sie, indem sie meine Worte wiederholte. »Bitte verzeih mir und vergib mir meine Sünden. Ich glaube, dass ich jetzt errettet bin. Du hast mich durch dein heiliges Opfer erkauft. Du hast deinen heiligen, sündlosen Leib und dein Blut als kostbares Opfer für mich gegeben. Du bist am Kreuz gestorben, bist begraben worden und am dritten Tag aus dem Grab auferstanden. Jetzt lebst du und bist immer bei uns. Ich übergebe dir mein Leben. Amen.«

TEIL 3

Sorge Dich nicht, was Du sagen sollst

Achtzehn

»Amen«, sagte ich und öffnete die Augen. Meine Mutter und ich knieten im Garten mit dem Rücken zum Haus und unseren staubigen Händen im Schoß.

Zwei Wochen waren vergangen, seit meine Mutter dem Islam den Rücken gekehrt und den christlichen Glauben angenommen hatte. Seitdem hatten wir uns jeden Morgen getroffen, um zu beten, bevor ich in meine Vorlesungen ging. Während ich im Staub kniete, bemerkte ich die Zeichen des Wachstums an den Chili- und Tomatenpflanzen, der Minze und dem Koriander. Ich konnte mir keinen besseren Ort vorstellen, um Gott jeden Tag zu begegnen und ihn um Vergebung, Kraft und Hoffnung zu bitten.

Die Augen meiner Mutter blieben geschlossen. »Amen«, sagte ich erneut, diesmal ein wenig lauter. Sie ließ die Schultern hängen, als ich sie berührte. »Ami, ist alles in Ordnung?«

»Gestern Abend hat dein Vater gesagt, dass du diesen Sommer heiraten musst. Er hat gesagt, dass er nicht länger warten wird. Ich wusste nicht, was ich ihm sagen soll.«

Ich war nicht überrascht. Es war unvermeidlich, dass er mich verheiraten wollte, und meine Mutter war genauso wenig in der

Lage, ihn aufzuhalten, wie ich. Doch das stürzte mich nicht mehr in Verzweiflung. Als ich vor einiger Zeit meiner Mutter erklärt hatte, warum ich nicht heiraten konnte, hatte es schließlich dazu geführt, dass sie Christin wurde. Könnte das Gleiche mit meinem Vater geschehen?

»Es ist in Ordnung«, sagte ich. »Wir sollten ihm die Wahrheit über mich sagen.«

Ein Ausdruck des Schreckens glitt über ihr Gesicht.

»Mach dir keine Sorgen, Ami. Gottes große Macht ist mehr als genug für uns beide.«

Am nächsten Morgen hatten wir keine Zeit, um im Garten zu beten. Schon bevor ich aufgestanden war, wurde das Haus vom Zorn meines Vaters erfüllt. »Warum will sie einen Christen heiraten?«, schrie er.

Die Stimme meiner Mutter war so leise, dass ich sie nicht hören konnte, doch die Antwort meines Vaters ließ keinen Zweifel daran, dass sie ihm von meiner Bekehrung erzählt hatte: »Ich werde sie töten!«

»Nein!« Die Stimme meiner Mutter wurde lauter. »Sie hat nichts Falsches getan.«

»Nichts Falsches? Sie ist eine Ungläubige! Vor ein paar Monaten hat sie mich schon blamiert mit ihrer Bitte um eine Bibel. Wie kann ich den Leuten noch ins Gesicht sehen, wenn sie das herausfinden? Wie soll ich ihre Fragen beantworten?«

»Lass die Leute ihre Fragen stellen und lass Zakhira ihre eigenen Antworten geben!«

Er sagte nichts, doch ich hörte seine Füße die Treppe heraufstampfen. Ehe ich mich versah, hatte er meine Tür aufgestoßen. Er hielt einen Moment inne und starrte mich an, wie ich auf meinem Bett saß. Als ich den kalten Hass in seinen Augen bemerkte, fühlte ich mich innerlich sehr krank.

»Kehre um zum Islam! Ansonsten werde ich vergessen, dass du meine Tochter bist. Ich werde dich in Allahs Namen umbringen!«

Ich erhob mich und die Worte stiegen in mir auf wie ein Sommersturm. Sie kamen unerwartet und plötzlich und ich konnte nichts tun, um sie aufzuhalten. Zum ersten Mal in meinem Leben trat ich auf meinen Vater zu, sah ihm in die Augen und sagte ihm die Wahrheit. »Ich habe die Boote des Islams verbrannt. Es ist unmöglich für mich, einen Weg zu wählen, der kein Ziel und keine Verheißung des ewigen Lebens hat. Jesus Christus hat eine Tür zum ewigen Leben für mich geöffnet. Ich schaue vorwärts, nicht zurück. Ich liebe Jesus. Er ist meine erste Liebe.«

Der Bart meines Vaters zuckte. Ich hatte das schon öfter gesehen. Jeder im Haus wusste, dass dies das Zeichen war, in Deckung zu gehen. Doch ich blieb stehen. Als der Schlag kurz darauf kam, war er fester und schmerzhafter, als ich es für möglich gehalten hatte. Meine Wange brannte, mein Kiefer pulsierte vor Schmerzen und es kostete mich all meine Kraft, aufrecht stehen zu bleiben. Er schlug mich erneut – diesmal sogar noch fester. Ich schwankte unter der Kraft des Schlags und stolperte rückwärts auf mein Bett.

»Du bist verrückt geworden«, fauchte er. »Ich weiß, wie man mit Verrückten umgeht.«

Er drängte sich an meiner Mutter vorbei, die mittlerweile im Türrahmen stand, und verließ das Zimmer. »Von jetzt an darf sie nicht mehr zur Uni gehen!«, schrie er. »Sie bleibt zu Hause, bis sie heiratet.«

Ich hörte, wie er die Haustür zuschlug und fortging, dann lauschte ich, wie das Auto meines Vaters die Straße hinunterraste. Als das Motorengeräusch verklungen war, fiel ich meiner Mutter in die Arme und weinte.

Ich hätte an jenem Tag nicht zur Uni gehen können, selbst wenn ich gedurft hätte. Es war mir unmöglich, mich auf irgendetwas anderes zu konzentrieren als auf das, was mein Vater mit mir tun wollte. Ich konnte mir nur schwer vorstellen, dass er mich zu Hause einsperren und zur Heirat zwingen würde. Seine Drohungen, mich zu töten, schienen mir viel wahrscheinlicher.

Er wäre nicht der erste Vater in der Nachbarschaft, der seine Tochter tötete. Als ich etwa zwölf war, lebte ein Mädchen namens Tamira in unserer Straße. Sie war nur vier Jahre älter als ich. Obwohl wir nicht auf dieselbe Schule gingen und ihre Eltern nie am Daras bei uns zu Hause teilnahmen, kannte ich sie ein wenig und mochte sie. Sie blieb immer stehen, lächelte und redete mit mir, wenn ich sie auf der Straße traf.

Tamira war 16, als ihr Vater sie ermordete. Er erzählte der Polizei, es sei Selbstmord gewesen. Die Polizei akzeptierte diese Erklärung, obwohl alle wussten, dass er log. Einige Wochen zuvor hatte Tamira sich in einen Jungen verliebt. Als Tamiras Vater sie dabei erwischte, wie sie eines Nachts von ihrem Schlafzimmerfenster aus mit dem Jungen sprach, beschloss er zu handeln. Es war eine große Schande, wenn ein Mädchen dabei gesehen wurde, dass es sich in der Öffentlichkeit so unzüchtig verhielt. Also band er ein Ende eines Seils um ihren Hals und das andere an einen Deckenventilator.

Als kurz darauf die Nachricht vom Tod des Jungen herumging, sagte meine Mutter mir, dass er im Gegensatz zu Tamira wirklich Suizid begangen hatte. Das konnte ich erst nicht verstehen. Warum brachte Tamiras Vater sie um, während der Vater des Jungen seinen Sohn nicht töten musste?

»Weil die Sünde des Mädchens größer war«, sagte meine Mutter.

Ich dachte an jenem Tag viel über Tamira nach. Ich fragte mich, ob mein Vater mich auch erhängen würde. Vielleicht war er gerade dabei, ein Seil zu kaufen. Würde er versuchen, meinen Tod zu vertuschen, oder würde ein öffentliches Exempel an mir statuieren, um all seinen Freunden zu beweisen, was für ein guter Muslim er war? Glaubte er, dass ihn Allah belohnte, wenn er mich tötete?

Ich versuchte, meiner Mutter bei ihren Aufgaben zu helfen. Wir bereiteten schweigend das Essen zu, doch ich gab es schnell auf. Meine Hände arbeiteten einfach nicht so, wie sie sollten. Als ich nach oben ging, um zu beten, spürte ich einen wachsenden Schmerz in mir. Ich setzte mich auf mein Bett und schrie zu Gott. Meine Tränen flossen ungehindert. Kurz darauf kam meine Mutter zu mir und wir weinten beide für lange Zeit.

»Ich weiß nicht, was er tun wird«, sagte sie. »Wir müssen mit allem rechnen.«

»Es ist in Ordnung, Ami. Ich bin bereit.«

»Nein. Ich habe dich zur Welt gebracht. Wie könnte ich danebenstehen und zusehen, wie er dich in Stücke schneidet, als wäre er ein Metzger? Wie kann ich beten, wenn dieser schreckliche Schmerz in mir wächst?«

Sie hatte recht. Es würde schlimmer für sie sein, meine Qual mitanzusehen, als für mich, sie zu ertragen. Ich würde bald bei Gott sein – vielleicht sogar, bevor die Sonne unterginge. Das Einzige, was mich noch davon trennte, in der Gegenwart meines Retters zu sein, waren Schmerzen. Und mein Retter wusste alles über Schmerzen.

»Was immer mit mir passiert, ich will, dass du dich an eines erinnerst: Jesus hat mehr gelitten, als ich je leiden werde«, sagte ich. »Ich kann mir nicht vorstellen, wie schmerzhaft es für ihn gewesen sein muss, an Nägeln an einem Kreuz zu hängen. Denk daran, wie er all die Beleidigungen und Auspeitschungen ertrug, obwohl er die Autorität hatte, sie zu beenden. Denk daran, dass es eine Ehre ist, wegen ihm zu leiden. Es zeigt, dass er mich für bereit hält, dies zu ertragen.«

Wir saßen lange Zeit schweigend da. Schlussendlich, als das Sonnenlicht schwächer wurde, stand meine Mutter auf, um zu gehen. »Dein Vater wird bald zu Hause sein«, sagte sie. »Ich muss unten sein, wenn er kommt.«

Es war schon lange dunkel, als die Menschenmenge sich auf der Straße versammelte. Ihren Augen nach zu urteilen hatte meine Mutter ebenfalls seit Stunden geweint. Doch in dem Moment, als wir uns an der Tür umarmten, blieb alles stehen. Dort, im Duft ihres Haares – einer Mischung aus Jasmin und Mandeln – und dem weichen, vertrauten Gefühl ihrer Wange, die sich an meine drückte, war ich in Frieden. Ich brauchte nichts anderes im Leben. Ami zu umarmen war genug.

Außerdem wusste ich, dass Gott bereits so viel in unserem Leben getan hatte. Er hatte uns beide gerettet. Nun war ich bereit zu sterben.

»Schick sie raus!« Die Stimme meines Vaters war beharrlich. Mein Körper gehorchte, als ich langsam meine Mutter losließ und meinem Vater auf die Straße folgte. Ich starrte ihn an, während die Meute von allen Seiten auf uns eindrang. Jedes Mal, wenn sie mein Blut forderten, wartete ich auf seine Reaktion. Nichts würde geschehen, wenn er es nicht sagte.

Was würde er sagen? Es war unmöglich zu erraten. Was ihn betraf, war ich bereits so gut wie tot.

»Ich habe eine bessere Idee«, sagte er, nachdem der Meute die Ideen ausgegangen waren, wie man mich töten sollte. Die Stimmen verstummten und ich sah, wie die Menge sich teilte, damit mein Vater hindurchgehen konnte. Dann sah ich, wie er innehielt, um mit einem Mullah zu sprechen. Ich erkannte ihn sofort. Es war Anwar.

Mein Vater kehrte ins Zentrum der Menge zurück, mit Anwar an seiner Seite. Keiner von beiden sah mich an, während sie sprachen.

»Jemand hat dieses Mädchen einer Gehirnwäsche unterzogen«, sagte Anwar. »Wir werden ihr Zeit geben. Ein Monat sollte den Gelehrten genügen, um herauszufinden, wer mit ihr gesprochen hat. Wenn sie nicht zum Islam umkehrt, dann …«

»Werde ich sie eigenhändig töten«, sagte mein Vater. »Ich werde alle, die heute Nacht hier sind, herbeirufen. Dann werdet ihr sehen, wie ich es tue.«

Die Menge jubelte und schrie ihre Zustimmung, während ich zurück ins Haus geführt wurde.

Als ich im Bett lag, war die Straße beinahe wieder leer; der Lärm hatte sich auf ein leises Summen reduziert. Ich dachte über die Worte meines Vaters nach – darüber, wie die Gelehrten kommen und mich dazu auffordern würden, mich zu rechtfertigen. Irgendwann würden sie merken, dass sie keine Chance hatten, mich für den Islam zurückzugewinnen. Dann würde ich zurück auf die Straße gebracht werden, um zu sterben.

Der Gedanke, den Gelehrten gegenüberzutreten, war sogar noch beängstigender als der Gedanke, meinem Vater die Stirn zu bieten. Was konnte ich den Gelehrten schon sagen, das meinem Herrn Jesus gerecht wurde? Wie sollte ich, die ich noch keine zwei Jahre Christin war, nie eine Kirche betreten hatte und nur wenige andere Christen kannte, Rechenschaft darüber ablegen, was es bedeutet, Christ zu sein? Ich war Jesus in einem Traum begegnet, und den Islam zu hinterfragen hatte mich ein Mann gelehrt, dessen Identität ich mir geschworen hatte, geheim zu halten. Würde irgendeiner dieser Gelehrten mich ernst nehmen?

Ich wusste, dass sie es nicht tun würden. Ich wusste, dass ich machtlos war.

Ich verbrachte den nächsten Morgen in meinem Zimmer, betete und las in der Bibel. Meine Mutter brachte mir Essen vorbei und ich verließ das Zimmer nur, um ins Bad zu gehen. Ein Teil von mir fühlte sich wie eine Gefangene. Ein anderer Teil von mir fühlte sich, als wäre dies der einzige Ort, an dem ich sicher war.

Am Nachmittag kam mein Vater in mein Zimmer, um mir zu erklären, was mit mir geschehen würde. Er blieb in der Tür stehen, während meine Mutter sich neben mir aufs Bett setzte. Er sprach ausschließlich mit ihr und forderte sie auf, mir seine Nachrichten weiterzugeben, als wäre sie die Einzige, die mit mir kommunizieren konnte. In gewisser Hinsicht hatte er recht. Ich lächelte innerlich über das Geheimnis, das meine Mutter und ich teilten.

Ich schaute auf und versuchte, den Blick meines Vaters zu erhaschen, doch er wollte oder konnte mich nicht ansehen. Ich dachte darüber nach, wie wenig sich in den 21 Jahren seit meiner Geburt an seiner Sicht auf mich verändert hatte.

Der Plan war einfach. Mein Vater hatte organisiert, dass eine weibliche Gelehrte namens Fatima mich am nächsten Morgen um 10 Uhr besuchte. Sie würde mich im Versammlungsraum treffen, alle Fragen beantworten, die ich hatte, und selbst einige Fragen stellen – und es würde Zuschauer geben.

Ich begann sofort zu fasten. Kein Essen oder Trinken berührte den ganzen restlichen Tag meine Lippen. Ich beschloss, mein Fasten erst zu beenden, wenn ich vor der Gelehrten gestanden hatte. Wenn ich mutig über meinen Glauben an Jesus Christus sprechen wollte, brauchte ich Gottes Kraft.

Während ich immer hungriger und durstiger wurde, wurden meine Gebete immer mutiger. Ich dankte Gott dafür, dass er mich erwählt hatte. Ich dankte ihm für den Traum, den ich gehabt hatte, und dafür, wie er mich zu sich geführt hatte durch Azia, John und die Frauen, die an unsere Tür geklopft hatten, um über Jesus zu reden. Ich dankte ihm dafür, dass er meine Mutter und meinen Bruder geheilt und meine Mutter zu seinem Kind gemacht hatte. Ich dankte ihm für seine Gnade, für seine Liebe und für die Hoffnung des ewigen Lebens. Ich dankte ihm für sein Blut, das er vergossen hatte, und für seinen Tod am Kreuz, durch den er mich von der Knechtschaft der Sünde befreit hatte. Und ich dankte ihm auch für die Situation, in der ich mich nun befand.

»Aber Herr«, betete ich, »ich weiß nicht, was ich zu dieser Frau sagen soll. Sie ist eine Gelehrte und ich weiß gar nichts. Ich bin nur ein Kind. Es gibt nichts, das ich sagen könnte, um ihre Meinung zu ändern. Ich habe Angst, dich zu enttäuschen. Deshalb gebe ich Fatima in deine Hand. Kannst du dich bitte um sie kümmern? Wenn es dein Wille ist, dass sie morgen kommt, soll es so sein. Lass die Menschen wissen, dass du der Herr und Gott im Himmel und auf der Erde bist. Herr Jesus, wenn du willst, dass ich sterbe, dann bin ich bereit. Mein Leben gehört bereits dir. Du hast mich erkauft, indem du den hohen Preis deines eigenen Leibes bezahlt hast. Du bist der Eigentümer meines Lebens, nicht ich. Wann immer du willst, kannst du es zurücknehmen. Denn es gibt eine Sache, die ich sicher weiß: Ich liebe dich, weil du mich zuerst geliebt hast, obwohl ich eine Sünderin war. Wenn sie mich morgen töten, werde ich froh sein, zu dir zu kommen. Ich gehöre dir. Ich lege dir alles hin. Amen.«

Ich konnte die ganze Nacht nicht schlafen. Es gab einige Augenblicke, in denen ich beten konnte und mein Glaube stark war. Doch dann war das Gefühl der Einsamkeit wieder zu groß, um es zu ertragen. Die Tränen kamen so schnell, dass sie mir in den Augen brannten, und alles, was ich tun konnte, war zwischen den Schluchzern nach Luft zu schnappen.

Kurz nach 3 Uhr morgens, als ich gerade auf meinem Bett lag und versuchte, eine weitere Welle der Tränen abzuwehren, hörte ich das sanfte Flüstern meines Herrn: *Meine Tochter, sage nicht: »Ich bin nur ein Kind.« Du musst zu jedem gehen, zu dem ich dich sende, und sagen, was immer ich dir auftrage. Hab keine Angst vor ihnen, denn ich bin bei dir. Ich werde dich retten.*

Sofort spürte ich die Energie in meinen Körper zurückkehren. Ich stand auf, sagte Amen und schaltete das Licht an. Ich holte meine Bibel hervor und schlug eine Seite mit einem Lesezeichen auf. Ich konnte mich nicht erinnern, es dort platziert zu haben. Ich las Jeremia 1,4-8:

> Der Herr sprach zu mir:
>
> »Ich kannte dich schon, bevor ich dich im Leib deiner Mutter geformt habe. Schon vor deiner Geburt habe ich dich dazu bestimmt, dass du den Völkern meine Botschaften überbringst.«
>
> »Aber, allmächtiger Herr«, wehrte ich ab, »ich kann nicht gut reden, ich bin noch viel zu jung!«
>
> »Sag doch nicht, dass du zu jung bist«, antwortete der Herr. »Du sollst hingehen, wohin ich dich sende, und sagen, was auch immer ich dir auftragen werde.

Vor den Menschen brauchst du keine Angst zu haben, denn ich werde immer bei dir sein und dich retten. Das verspreche ich, der Herr.«

Die Tränen kehrten wieder zurück, doch diesmal waren es keine Tränen der Angst oder Sorge. Es waren Tränen der Freude. Sie waren ein Zeichen meiner tiefen Dankbarkeit dafür, dass Gott so deutlich – und so rasch – bestätigte, was er mir zugeflüstert hatte. Ich war in Frieden.

Was immer nun geschehen würde, ich wusste, dass ich auf Gottes Führung vertrauen konnte. Was immer ich sagen würde, konnte ich voller Vertrauen und Mut sagen. Und was immer anschließend geschehen würde, konnte ich Gott überlassen. Wenn der kommende Sonnenaufgang den Beginn meines letzten Tages auf der Erde markierte, dann würde ich jeden Atemzug und jeden Herzschlag jenes Tages nutzen, um meinem Herrn zu dienen.

Neunzehn

Mein Vater brachte mich um 10 Uhr morgens nach unten – zwei Stunden nachdem ich gehört hatte, wie die ersten Leute ankamen. Als ich den Versammlungsraum betrat, waren bereits so viele Menschen da, dass ich jeden Schritt sorgfältig wählen musste. Einhundert Augenpaare beobachteten jede meiner Bewegungen, während ich mir meinen Weg zu den drei Frauen bahnte, die in schwarze Schleier gehüllt vorne saßen.

Wenn man in Pakistan lebt und alle Frauen in der Öffentlichkeit bis auf ihre Augen verschleiert sind, lernt man, Personen anhand winziger Anhaltspunkte zu erkennen, zum Beispiel anhand der Form ihrer Augen, der Neigung ihres Kopfes oder der Art, wie sie ihre Hände halten. Ich grüßte meine Mutter und meine Schwester, während ich mich neben sie setzte, und wandte mich dann der dritten Frau zu. Ich war mir ziemlich sicher, dass ich Fatima noch nie getroffen hatte. Trotzdem betrachtete ich aufmerksam den Schlitz, durch den ihre Augen zu sehen waren, und fragte mich, ob ich sie vielleicht doch kannte.

In meinen zwei Jahren als heimliche Gläubige hatte ich stets meinem Vater gehorcht, wenn er wollte, dass ich das Daras zu

Hause besuchte. Die meiste Zeit saß ich da und betete im Stillen zu Gott, während die Worte des Mullahs einfach an mir vorbeiglitten. Doch manchmal war das Daras nur für Frauen. Dann war die Atmosphäre weniger wie in einem Hörsaal und mehr wie in einem Wohnzimmer. Wir wurden ermutigt, Fragen zu stellen, und ich stellte des Öfteren Fragen über den Koran. Ich hatte immer darauf geachtet, meine wahren Gefühle über den Islam nicht preiszugeben, doch ich wurde das Gefühl nicht los, dass Fatima das, was ich gesagt hatte, gegen mich verwenden könnte, wenn wir uns schon einmal begegnet waren.

»Kann ich Ihnen ein Glas Wasser bringen, bevor wir beginnen?«, fragte ich sie.

Sie sagte Ja. Ich kannte ihre Stimme nicht. Während ich mir meinen Weg durch das Publikum bahnte, pries ich Gott im Stillen. Als ich allein in der Küche war, fiel ich auf die Knie und sagte Gott zum hundertsten Mal, dass ich ihn auf keinen Fall enttäuschen wollte. »Du weißt, dass ich meinen christlichen Glauben noch nie vor Gelehrten verteidigen musste. Was weiß ich schon? Ich bin eine Baby-Christin. Und wie jedes Baby bin ich von demjenigen abhängig, der mir das Leben geschenkt hat. Ich verlasse mich darauf, dass du Fatimas Gehirn verwirren wirst. Du sollst heute verherrlicht werden, damit mein Tod nicht umsonst sein wird.«

Als Fatima sich erhob, um das Wort zu ergreifen, war nicht nur der ganze Saal, sondern auch der Hof brechend voll. Die Leute drängten sich um die Fenster, um die Geschehnisse mitzuverfolgen.

»Zakhira.« Fatimas Stimme war warm und sanft, voller Freundlichkeit. Es war, als wollte sie mich ermahnen, weil ich ein paar Fragen in einem Test falsch beantwortet oder das Daras nicht besucht hatte. »Was ist mit dir passiert? Du warst eine sehr starke und treue Muslimin.«

»Mir ist nichts Schlimmes passiert«, sagte ich. Ich erkannte meine eigene Stimme kaum wieder. Sie klang schwach und ängstlich, mit einem ungewohnten Zittern darin. »Ich bin immer noch eine starke und treue Person«, sagte ich. Meine Worte waren so leise, dass jemand von draußen schrie, ich solle lauter reden.

»Keine Sorge«, sagte Fatima ruhig zu mir, bevor sie sich an den ganzen Raum wandte. Sie wirkte wie eine Anwältin, die sich an eine Jury richtet. »Aber Zakhira, wenn du immer noch stark und treu bist, warum habe ich dann etwas so Seltsames über dich gehört?«

Clever, dachte ich. Wenn sie mich zwang, mit meinen eigenen Lippen zu bekennen, dass ich keine Muslimin mehr war, würde sich die Menge gegen mich wenden. Ich versuchte dagegenzuhalten und sagte ihr, dass ich nicht wisse, was sie über mich gehört habe. Doch wieder war meine Stimme beinahe unhörbar.

Fatima kam einen Schritt näher heran und breitete ihre Arme mit den Handflächen nach oben weit aus. Ihre Stimme hatte einen besorgten Tonfall, als wäre sie eine Überlebende, die versuchte, mit einem ehemaligen Angreifer zu argumentieren. »Du warst eine aktive Freiwillige in einer bekannten islamischen Organisation. Du wurdest in eine starke, treue muslimische Familie geboren. Du hast den Waisen gedient und gut gelebt. Ich kann mir nicht vorstellen, warum du eine Christin werden solltest.«

Die Antwort kam zu schnell aus meinem Mund, als dass ich sie hätte durchdenken können. »Ich habe den Koran gelesen und bin Christin geworden.«

»Was?«, schoss Fatima zurück. Ihre ruhige, besonnene Haltung war in einem einzigen Augenblick verschwunden. »Ich habe den Koran viele Male gelesen, so wie alle Personen in diesem Raum. Doch keiner von uns ist ein Kafir geworden wie du.«

Die Anwesenden taten lauthals ihre Bestätigung kund, manche der Männer schrien zustimmend »Kafir!«.

Fatima pausierte, nahm einen Koran, der auf einem Tisch lag, in die Hand und hielt ihn triumphierend über ihren Kopf. »Der Koran ist ein Buch Allahs. Er ist ein vollständiges Buch, das jeden Aspekt des Lebens abdeckt. Er allein hat die Macht, Leben zu verändern. Wer immer ihn liest, kann nicht irregeleitet werden, sondern befindet sich auf dem richtigen Weg. Ich frage mich: Hast du wirklich den Koran gelesen? Sicherlich weiß jeder hier, dass ein Kafir zum Islam umkehrt, wenn er dieses Buch liest.«

Der Applaus hielt beinahe eine ganze Minute an. Je länger er dauerte, desto wütender wurde ich. Wie konnte sie sagen, dass der Koran das einzige Buch war, das Leben verändern konnte? Alles, was ich gelesen hatte, sagte mir, dass der Koran nicht das Wort Gottes war. Stattdessen war er ein wirres, irreführendes Werk. Deshalb versuchten die Mullahs, Muslime davon abzuhalten, ihn allzu genau zu studieren.

Ich unterdrückte meinen Zorn und atmete tief ein. »Wenn der Koran wirklich den richtigen Weg zeigt, wie du sagst, habe ich einige Fragen an dich.« Fatima nickte und ich spürte, wie mein Vertrauen wuchs, während ich fortfuhr: »Wenn du mir zufriedenstellende Antworten auf alle meine Fragen gibst, dann verspreche ich, dass ich ohne Zögern zum Islam zurückkehren werde. Wenn du aber nicht fähig bist, auch nur eine einzige meiner Fragen vollständig zu beantworten, möchte ich, dass du ein Geschenk von mir annimmst.«

»Natürlich«, sagte sie. »Was sind deine Fragen?«

»Nun, du sagst, dass der Koran ein vollständiges Buch ist und alle Informationen enthält, die wir je brauchen. Das hast du gesagt, nicht wahr?«

»Ja.«

»Ich würde gerne darauf eingehen. Da ich eine unreine Kafira bin, darf ich natürlich den Koran nicht berühren, also wirst du für mich lesen müssen.«

Sie stimmte zu, öffnete das Buch bei dem Vers, den ich ihr sagte, und las laut genug, dass alle im Raum es hören konnten: »Und dieser Qur'an hätte nicht ersonnen werden können außer durch Allah. Vielmehr ist er eine Bestätigung dessen, was ihm vorausging, und eine ausführliche Erklärung der Schrift – darüber herrscht kein Zweifel – vom Herrn der Welten.«[16]

Ich nannte ihr eine weitere Referenz, die sie aufschlagen sollte. Wieder las sie laut vor: »Und Wir haben dir das Buch zur Erklärung aller Dinge herniedergesandt und als Führung und Barmherzigkeit und frohe Botschaft für die Gottergebenen.«[17]

»Danke«, sagte ich. »Ich möchte bloß wissen: Bist du dir sicher, dass dieses Buch die Erklärung aller Dinge ist?«

»Natürlich bin ich das. Hast du nicht verstanden, was ich gerade gelesen habe?«

»Doch, aber ich will wissen, ob du zu 100 Prozent von dem überzeugt bist, was du gelesen hast.«

»Ja, zu 100 Prozent.«

»Okay«, sagte ich. »Kannst du mir dann bitte sagen, wie viele Propheten oder Boten von Allah gesandt worden sind?«

Sie konnte den Spott in ihrer Stimme nicht verbergen. »Du wurdest Christin wegen dieser einfachen Frage? Gemäß dem Islam gibt es 124 000 Propheten und Gesandte, die von Allah kamen.«

Ich ignorierte das Murmeln und Gelächter, das durch den Saal ging, und fuhr fort: »Kannst du mir bitte im Koran die Namen aller Propheten und Gesandten zeigen? Du musst mir nicht alles über jeden der 124 000 erzählen – ihre Namen genügen.«

Sie erstarrte. Wie alle Muslime glaubte sie an die 124 000 Propheten, die von Allah gesandt worden waren. Doch im Gegensatz zu den meisten von ihnen wusste sie auch, dass diese Angabe weder im Koran noch im Hadith zu finden war. Diese Zahl war etwas, was Muslime einfach glaubten, obwohl es in keinem ihrer heiligen Bücher stand.

Sie saß in der Falle. Entweder gab sie zu, dass der Koran nicht die maßgebliche Quelle aller Informationen war, oder sie leugnete eine Grundannahme, die jeder Muslim für richtig hielt.

Ich lächelte sie an, während ich daran zurückdachte, wie fassungslos ich gewesen war, als John mir die Augen für all dies geöffnet hatte. »Wenn du willst, kannst du den Koran verwenden und die Namen vorlesen. Es ist auch in Ordnung, wenn du aus dem Hadith liest. Wir wissen alle, dass die Geschichte des Islam ohne den Hadith nicht vollständig ist.«

Fatima blieb stumm. Eine schwere Stille legte sich über den Raum.

»Fatima, ich denke, du solltest bald antworten. Alle warten auf dich.«

Schlussendlich sprach sie: »Ich werde an einem anderen Tag wiederkommen und dir die Antwort geben. Stell mir jetzt deine nächste Frage!«

»Nein«, sagte ich. »Du musst erst meine erste Frage beantworten, bevor wir mit der nächsten weitermachen.«

»Es ist eine große Zahl. Ich kenne diese Namen nicht alle auswendig.«

»Wirklich?«, sagte ich. »Was für eine Geistliche bist du dann, wenn du nicht die Namen aller Propheten im Koran oder dem Hadith finden kannst? Kennst du dich etwa doch nicht so gut in diesen Büchern aus?«

»Gib mir etwas Zeit.« Ihre Stimme war hart wie Stahl. »Dann werde ich dir die Namen bringen.«

Die Zuhörer rutschten unbehaglich hin und her. »Okay«, sagte ich. »Ich möchte, dass du einen Vers aus dem Koran vorliest. Lies bitte laut, damit alle dich hören können.« Ich nannte ihr die Stelle und sie begann zu lesen.

»Entschuldigung«, unterbrach ich, »nicht auf Arabisch. Ich bin mir nicht sicher, ob jeder hier das verstehen kann. Bitte lies die Übersetzung in Urdu.«

Fatima räusperte sich und begann erneut. »Und Wir schenkten ihm Isaak und Jakob und gaben seinen Nachkommen das Prophetentum und die Schrift; und Wir gaben ihm seinen Lohn im Diesseits; und im Jenseits wird er gewiss unter den Rechtschaffenen sein.«[18]

»Danke. Nun sage mir: Von welchem Vorfahren stammt Hazrat Mohammed laut diesem Vers ab?«

»Von Hazrat Abraham.«

»Aber der Vers erwähnt Hazrat Abraham nicht.«

»Ich weiß, aber Hazrat Abraham hatte zwei Söhne, Hazrat Isaak und Hazrat Ismael.«

»Okay, und welcher Sohn war ein Vorfahre des Propheten?«

»Hazrat Ismael.«

»Kannst du den Vers bitte noch einmal lesen? Und diesmal besonders laut, damit wir wirklich alle verstehen können, was er sagt.«

»Wir schenkten ihm Isaak und Jakob und gaben seinen Nachkommen das Prophetentum und die Schrift; und Wir gaben ihm seinen Lohn im Diesseits.«

Ich hielt eine Weile inne. »Ich bin verwirrt, Fatima. Wie du gerade gelesen hast, bestätigt der Koran, dass alle Propheten und alle Bücher ausschließlich vom Samen Isaaks und Jakobs kommen. Hazrat Ismael wird gar nicht erwähnt. Hatte Allah keinen Plan für ihn und seine Nachkommen? Und wenn der Koran korrekt ist und Hazrat Mohammed wirklich von Hazrat Isaak oder Hazrat Jakob abstammt, bedeutet das dann nicht, dass Hazrat Mohammed von den Juden abstammt?«

Nun war es Fatimas Stimme, die schwankte. »Nein, er stammt nicht von Hazrat Isaak oder Hazrat Jakob ab. Er ist ein Nachkomme von Hazrat Ismael.«

»Aber das ist nicht, was der Koran hier sagt. Warum akzeptierst du nicht, was er sagt? Es scheint mir, als würdest du ihn leugnen. Ich bin eine Kafira, aber sogar ich stimme an dieser Stelle mit dem Koran überein: Alle Propheten und alle Schriften kommen wirklich vom Samen Isaaks und Jakobs, so wie es sowohl der Koran als auch die Bibel sagen.«

Sie dachte einen Augenblick lang nach, bevor sie zum Gegenschlag ansetzte. »Behauptest du, dass es für Allah zu schwer ist, einen Propheten aus einem anderen Volk als den Juden hervorzubringen? Sagst du, dass Allah nicht stark genug ist? Das wäre Blasphemie, Zakhira.«

Ein donnernder Applaus erfüllte den Raum und zwang mich zu warten, bevor ich antworten konnte. »Fatima, es steht siebenmal im Koran, dass Allah niemals sein Wort oder seine Entscheidungen ändert.« Ich nannte alle Referenzen und ließ sie wie zuvor alle Stellen auf Urdu vorlesen, so laut, dass jeder es hören konnte.

Als sie fertig war, stand ich zum ersten Mal in dieser Versammlung auf. »Du bist es, die der Blasphemie schuldig ist, nicht ich. Du bist diejenige, die den Koran leugnet, nicht ich. Warum kannst du nicht sagen, dass der Koran in dieser Angelegenheit recht hat?«

Als ich dies sagte, begannen einige im Saal, Fatima anzuschreien.

»Sei still!«

»Leugne nicht den Koran!«

»Das Mädchen hat recht. Sie akzeptiert, was er sagt, aber du leugnest es!«

Fatima setzte sich und winkte ab. »Ich will dieses Gespräch nicht fortsetzen. Meine Gedanken sind heute ein wenig vernebelt. Ich möchte lieber wiederkommen, wenn ich mich besser fühle und mich vorbereiten konnte. Dann werden wir weiterreden.«

Ich lächelte sie an. »Das ist in Ordnung. Aber du musst das Geschenk annehmen, das ich dir versprochen habe.« Ich eilte aus dem Raum, holte meine Bibel aus der Ecke in der Küche, wo ich sie vorher versteckt hatte, und kehrte wieder an meinen Platz zurück.

Ich hielt das Buch hoch über meinen Kopf, wie sie es zu Beginn des Treffens mit dem Koran getan hatte. »Dies ist das lebendige Wort Gottes. Es hat all mein vernebeltes Denken beendet – und ich glaube, es wird auch deine Gedanken klarer machen.« Ich hielt ihr die Bibel hin. »Nimm es!«

Sie starrte das Buch an. Ihre Hände waren in ihrem Schoß gefaltet. Sie hatte keine Ahnung, wie mächtig dieses Buch war und wie viel es in meinem Leben verändert hatte. Es fühlte sich eigenartig an, es wegzugeben, nachdem ich so hart darum gekämpft hatte. Es war mein einziges Exemplar. Doch wenn ich ein Leben retten konnte, indem ich es verschenkte, wäre das ein wunderbares Ergebnis. Außerdem würde ich ohnehin bald sterben und meine Bibel würde nach meinem Tod sicherlich zerstört werden, wenn ich sie nicht vorher weggab.

»Du hast es versprochen«, sagte ich. »Und du solltest wirklich keine Angst vor einem Buch haben, das in dem Schwur erwähnt wird, den alle Muslime täglich aufsagen. Wovor du Angst haben solltest, ist zu leugnen, was Gott geschrieben hat. Wenn du das tust, bist du keine Muslimin mehr.«

Der ganze Saal starrte Fatima an. Sie zögerte, dann streckte sie langsam ihre Hand aus. Ihre zitternden Finger umschlossen den schwarzen Ledereinband.

Sobald Fatima gegangen war, brach Chaos im Saal aus. Menschen drängten sich um mich und ich spürte die Hitze ihres Atems, während sie schrien und schubsten und darüber diskutierten, was gerade geschehen war.

Ich konnte den Tumult um mich her spüren, doch ich gehörte nicht dazu. Ich dankte Gott dafür, dass er meinen Blick früher an jenem Morgen auf den Koran gelenkt und mich dazu bewegt hatte, über Abraham, Isaak und Ismael nachzudenken. Ich dankte ihm dafür, dass er alle Verwirrung aus meinem Gehirn entfernt hatte. Und ich dankte ihm dafür, dass ich, wenn der Augenblick des Todes für mich gekommen war, darauf vertrauen konnte, dass die Kraft des Heiligen Geistes ebenso zugegen sein würde wie an jenem Morgen.

Als ich eingewilligt hatte, im Dschihad zu sterben, war mein Ziel gewesen, so viele Menschen wie möglich durch meinen eigenen Tod zu töten. Nun als christliche Märtyrerin würde mein Tod für viele Menschen ein Anstoß sein, sich selbst auf die Suche nach dem wahren Gott zu machen. Dessen war ich mir so sicher wie noch keiner anderen Tatsache in meinem Leben.

Zwanzig

Ich fiel vor meinem Bett auf die Knie und dankte Gott dafür, wie die Debatte sich entwickelt hatte. Die meisten Geistlichen hätten meine Frage nach den 124 000 Propheten kurzerhand zurückgewiesen, doch zu meiner Überraschung hatte sie Fatima sprachlos gemacht. Nur Gott konnte die Ursache dafür sein, dass sie sich so leicht hatte verwirren lassen. Und nur Gott konnte mir die richtigen Worte in den Mund gelegt haben.

Ich erkannte rückblickend, dass ich – obwohl es nicht meine Absicht gewesen war – bei Fatima genau die Techniken angewandt hatte, die mir auf der Medrese beigebracht worden waren. Ich war höflich und freundlich gewesen, indem ich ihr ein Glas Wasser angeboten hatte. Dann hatte ich mit meinen Fragen nach den Namen aller Propheten einen Zweifel in ihren Kopf gesät – ebenso wie in die Köpfe aller Zuschauer. Je tiefer unser Gespräch ging, desto klarer wurde, dass ihre Annahmen auf einem schwachen Fundament ruhten.

Ich hatte nichts davon geplant. Ein Teil von mir war selbst überrascht gewesen, mich so reden zu hören. Dennoch war ich Gott dankbar für die Art, in der er meine Zeit auf der Medrese jetzt gebraucht hatte, um ein Licht der Wahrheit leuchten zu lassen.

Ich weiß nicht, wie oft ich gehört hatte, wie man einen Christen zum Islam bekehrt. Mir wurde beigebracht, zu fragen, wie es möglich sein könne, dass Gott einen Sohn habe, da dies voraussetze, dass er auch eine Frau habe. Die Dreieinigkeit war ein weiterer Bereich, den ich ins Visier nehmen sollte. Wie könnten drei Götter je in Harmonie miteinander leben? Zu guter Letzt wurde mir beigebracht, das Argument vorzubringen, dass die christliche Bibel von ihrer ursprünglichen Fassung abwich und alle Spuren von Mohammed und seinem Leben entfernt worden seien.

Diese Argumente wurden nie durch Logik oder Beweise gestützt, doch das schien egal zu sein. Die Strategie, um einen Christen zum Islam zu bekehren, beruhte auf einem zentralen Ziel: möglichst viele Samen des Zweifels in den Kopf eines Gläubigen zu streuen.

Nach der ersten Debatte entschied ich, immer dieselbe Strategie anzuwenden, wenn ich gegen den Islam argumentierte, unabhängig davon, wie viele Tage mir noch auf dieser Erde blieben. Nachdem ich gesehen hatte, wie es Fatima die Sprache verschlagen hatte und die Leute wütend auf sie geworden waren, schien es nun noch unwahrscheinlicher, dass man mich einen ganzen Monat am Leben lassen würde. Doch ich wusste: Egal, wie viele Debatten mir noch bevorstanden, ich konnte sie mutig und vertrauensvoll auf mich zukommen lassen. Der Islam war voller Schwachpunkte und Gott selbst gab mir Rückendeckung. Ich war mir noch nie in meinem Leben einer Sache so gewiss gewesen.

Ich vertraue dir voll und ganz, Gott, gelobte ich später an jenem Abend in meinem Schlafzimmer. *Ich werde die Wahrheit über dich und den Islam so laut in die Welt hinausrufen, wie ich nur kann.*

Als ich am nächsten Tag in den Versammlungsraum kam, klammerte ich mich an eine Schriftstelle, die ich in meinem Kopf immer wieder aufsagte: »Und wenn man euch in den Synagogen und vor Herrschern und Beamten den Prozess machen wird, dann macht euch keine Sorgen darüber, was ihr zu eurer Verteidigung vorbringen sollt. Denn in diesem Moment wird der Heilige Geist euch lehren, was ihr sagen sollt.«[19]

Obwohl diese Verse zu meinen Lieblingsstellen gehörten, hatten sie mich mit der Kraft eines Wirbelsturms getroffen, als sie mir im Licht des frühen Morgens in den Sinn gekommen waren. Sie hatten alle Spuren der Angst vertrieben und mir die Gewissheit geschenkt, genau da zu sein, wo Gott mich haben wollte.

Wenige Stunden später sah ich den Geistlichen ankommen. Er war ein korpulenter Herr und wahrscheinlich jünger als mein Vater, aber er legte eine Haltung an den Tag, die vermuten ließ, dass er sich für den weisesten Mann hielt, der je gelebt hatte. Die Menschen huschten ihm aus dem Weg, als er hereingefegt kam. Er hatte eine Augenbraue in gespielter Konzentration erhoben und nickte den Männern mit den längsten Bärten zu.

Schon bevor er den vorderen Teil des Saals erreicht hatte, breitete er seine Arme weit aus und begann zu sprechen: »Meine liebe, geliebte Tochter.« Er sah mich kurz an, bevor er sich dem restlichen Saal zuwandte. »Du hattest das Glück, in den Islam geboren zu werden. Wusstest du, dass Hazrat Jesus sich wünschte, er wäre als Muslim geboren wie du? Die Christen, die unter uns leben, sind so unwürdig und arm, dass einige von ihnen unsere Straßen säubern müssen. Christen arbeiten als Straßenkehrer, sie verrichten die niederen Arbeiten, die kein wahrer Muslim je tun würde. Warum willst du eine von ihnen werden?«

Er hielt seine Hand hoch und nickte, als er das zustimmende Gemurmel hörte.

»Ich bin froh, dass Sie hier sind«, antwortete ich, »und ich hoffe, dass Sie mir eine Frage beantworten können, die mir schon seit einiger Zeit Schwierigkeiten bereitet. Warum gibt es so viele Muslime, die an den Straßenecken der Stadt stehen und um Geld oder Essen betteln? Und warum sagen sie immer: ›Geben Sie mir etwas in Allahs Namen‹ oder ›Geben Sie mir etwas in Mohammeds Namen‹?«

»Meine Tochter, am Tag des Gerichts wird kein Fleisch an der Haut dieser Bettler bleiben. Im Hadith steht geschrieben, dass Allah diese Leute keines Blickes würdigen wird. Er hasst sie und wird sein Gesicht von ihnen abwenden.«[20]

»Sie haben vollkommen recht. Ich habe diesen Hadith auch gelesen. Doch es steht ebenso geschrieben, dass niemand sich sein Essen besser verdient als der, der mit seinen Händen arbeitet, so wie David, der Prophet Allahs. Kennen Sie diesen Hadith? Es wird von al-Bukhari und anderen berichtet. Ich kann ihn für Sie suchen, wenn Sie wollen.«

Er stand schweigend da. Sein Gesicht war wie versteinert.

»Lassen Sie mich die Stelle aufschlagen«, sagte ich und griff nach dem Hadith, den ich mitgebracht hatte.

»Ja, ja!« Er konnte die Frustration in seiner Stimme nicht verbergen. »Es ist nicht nötig, ihn laut vorzulesen. Es steht so geschrieben, wie du es gesagt hast.«

»Das bedeutet also, dass die Christen, die mit ihren eigenen Händen arbeiten, gesegnet sind, richtig? Statt zu betteln, bevorzugen sie es, zu putzen und zu kehren. Laut diesen Texten sind sie diejenigen, die Allah so nah sein werden, dass es keine Lücke zwischen ihnen und Allah geben wird. Nach dem, was Sie gesagt haben, werden diese Christen, obwohl sie arm sind, diejenigen sein, die Allah ansehen wird – und nicht die muslimischen Bettler. Ich möchte Sie etwas fragen: Sind es nicht vielmehr die armen Christen, die gesegnet sind, und nicht die Muslime?«

Wieder blieb der Geistliche stumm. All seine Prahlerei und Arroganz hatten sich in Luft aufgelöst. Doch ich war noch nicht fertig. »Es gibt noch etwas, was ich fragen möchte«, sagte ich. »Sie haben behauptet, dass Jesus sich wünschte, in ein muslimisches Volk geboren worden zu sein. Wussten Sie, dass der Koran sagt, dass Jesus lebendig in den Himmel aufstieg?[21] Er sagt auch, dass Jesus am Ende der Tage wiederkommen wird. Vor seiner Rückkehr auf die Erde wird es also kein Ende geben – keinen Tag des Gerichts. Ist das richtig?«

»Ja.«

»Das bedeutet, dass Hazrat Mohammed nicht aus seinem Grab kommen kann, bevor Jesus Christus zurückgekehrt ist. Nur Jesus hat die Autorität, die Toten aus dem Grab zu rufen und sie lebendig zu machen, denn er ist der Einzige, der diese Wunder auf der Erde vollbracht hat. Sogar der Koran bestätigt das. Gibt es irgendeine Stelle im Koran, die davon berichtet, dass Hazrat Mohammed überhaupt irgendwelche Wunder vollbrachte?«

Der Geistliche starrte schon seit einiger Zeit auf den Boden. Ohne seinen Blick zu heben, stand er auf und ging in Richtung Tür. Der ganze Saal sah schweigend zu, wie er mit hängenden Schultern und gesenktem Kopf den Raum verließ. »Jemand hat sie ganz schlimm in die Irre geführt«, verkündete er, als er kurz an der Tür stehen blieb. »Nun wird es sehr schwer sein, sie zum Islam zurückzubringen.«

Als meine Mutter in jener Nacht in mein Zimmer kam, war sie sehr fröhlich. Sie kicherte wie ein Schulmädchen, als wir über den Mullah sprachen und über den Kontrast zwischen seinem wohldurchdachten Auftritt und seinem demütigen Abgang.

Ich lächelte immer noch, als ich meine Augen schloss und langsam in den Schlaf glitt. In jener Nacht sah ich in meinen Träumen einen Graben, der mir so echt vorkam wie jeder andere Graben, den ich je gesehen hatte. Ich stand mitten darin, meine Füße zur Hälfte mit abgestandenem Wasser bedeckt. Zu meiner Rechten befand sich ein Anblick, der schöner war als alles, was ich je gesehen hatte. Das Land war von saftigem Gras und sanften Hügeln bedeckt. Der Anblick zu meiner Linken hätte unterschiedlicher nicht sein können. Das Land war trocken, die Erde rissig und die Sonne hatte jedes Leben an diesem Ort verbrannt.

Ich bemerkte, dass alle meine Familienmitglieder, die noch zu Hause wohnten, auf der linken Seite des Grabens standen. Ich reichte ihnen nacheinander die Hand. Zuerst ergriff ich die Hand meiner Mutter und führte sie auf die rechte Seite herüber. Als Nächstes überquerte mein Bruder den Graben und dann meine kleine Schwester. Zuletzt streckte ich meinem Vater die Hand hin, doch er griff nicht danach. Es war unmöglich, mich weit genug auszustrecken, um ihn zu erreichen.

Als ich am nächsten Morgen aufwachte, war der Traum noch sehr lebendig in mir. Ich wusste, was er bedeutete, und ich wusste auch, was ich zu tun hatte. Ich musste schnell handeln – zuerst beten und dann meinem Bruder und meiner kleinen Schwester von meinem Glauben erzählen.

Später am Tag, als mein Vater aus dem Haus war, bat ich sie, zu mir und meiner Mutter in die Küche zu kommen.

»Ich weiß nicht, was mit mir geschehen wird«, sagte ich. »Ich weiß nicht, ob ich das Ende dieser Woche oder dieses Monats noch erleben werde, doch ich muss euch erzählen, dass alles, was ich in diesen Debatten sage, die Wahrheit ist. Ihr müsst immer daran denken: Jesus ist der Einzige, der euch retten kann.«

Beide saßen da und starrten mich an. Sie waren beide nie besonders hingebungsvolle Muslime gewesen – anders als ich. Trotzdem war es riskant. Mein Mund fühlte sich trocken an, als ich das Schweigen brach: »Ihr seht ja, dass diese Gelehrten keine Antworten haben. Sie wissen nicht, wovon sie sprechen. Und sie haben offensichtlich Angst davor, dass Christen anderen die Wahrheit offenbaren. Warum würden sie mich töten wollen, wenn ich keine Bedrohung wäre? Warum sind sie besorgt, dass ich mit anderen über meinen Glauben an Jesus rede? Weil sie wissen, dass der Islam falsch ist und das Christentum wahr.«

»Sie hat recht«, sagte meine Mutter. »Ich bin auch eine Christin.«

Meine Geschwister sahen einander mit großen, tränenerfüllten Augen an.

Am vierten Tag meines Hausarrestes kehrte Fatima zurück. Der Saal war bei dieser dritten Debatte genauso voll wie bei der ersten. Doch diesmal hatte Fatima sich vorbereitet.

»Letztes Mal ging es mir nicht so gut«, sagte sie. »Heute fühle ich mich viel besser und ich habe eine Frage, von der ich möchte, dass du sie beantwortest.« Sie hielt die Bibel, die ich ihr gegeben hatte, über ihren Kopf. »Ist dies das Buch, das deine Sichtweise auf den Islam verändert hat?«

»Ja.«

»Und du behauptest immer noch, dass dieses Buch die von Gott geoffenbarte Wahrheit ist?«

»Ja.«

An alle Anwesenden gewandt sagte sie: »Wir alle wissen, dass die Propheten und Engel so gut und weise und rein sind, dass sie nie Fehler machen. Doch dieses Buch behauptet, dass Männer wie Lot und David Sünder waren.«

Der Chor zustimmender Rufe, der auf Fatimas Worte folgte, war so laut, dass ich schreien musste. »Als ich noch Muslimin war, habe ich von meiner Familie gelernt, dass jeder Fehler macht – sogar die Mullahs. Die weisesten Menschen sind diejenigen, die Fehler machen und daraus lernen.«

»Du irrst dich. Das ist doch bloß etwas, was man Kindern erzählt. Es trifft nicht auf den Islam zu. Die Propheten sündigen nie. Wenn sie je einen Fehler machen, ist es nur ein kleiner und keine Sünde.«

»Wirklich?«, sagte ich. »Du denkst, dass sie nie irgendeine Sünde begehen? Da wir schon hier sind, habe ich einige Fragen über den Islam. Vielleicht kannst du mir helfen. Sag mir zuerst: Wer ist Adam?«

»Er ist der erste Prophet im Islam, der erste Prophet Allahs auf der Erde.«

»Okay. Kannst du mir sagen, warum er vom Himmel auf die Erde kam?«

»Der Koran sagt uns, dass es deshalb war, weil er von der Frucht aß, die Allah verboten hatte. Manche Texte sagen, es war ein Apfel; andere sagen, es war Weizen.«

»Er aß, was Allah verboten hatte. Bedeutet das, dass er ungehorsam war?«

»Ja.«

»Wenn wir ungehorsam sind, wird das Sünde genannt. Gott sagte: ›Du sollst nicht die Ehe brechen‹. Wenn wir es trotzdem tun, ist es Sünde. Immer, wenn wir gegen Gottes Wort verstoßen und

Dinge tun, von denen er uns sagt, dass wir sie nicht tun sollen, begehen wir Sünde. Wenn also schon der erste Prophet Gott nicht gehorchte und sündigte, wie kannst du dir sicher sein, dass die anderen es nicht auch taten?«

»Was Adam tat, war keine Sünde«, gab Fatima zurück. »Es war nur Ungehorsam.«

»Was wäre, wenn ein Prophet etwas gestohlen hätte? Wäre das in Ordnung? Hätte man ihm nicht zur Strafe die Hände abhacken müssen?«

Fatima zuckte mit den Achseln und setzte sich. Ich fuhr an den ganzen Saal gewandt fort: »Dies ist die Wahrheit der Bibel: Sie verbirgt nie die Sünde einer Person, auch nicht die eines Propheten. Sie zeigt uns, dass wir alle schwach sind, aber auch, dass Gott uns trotzdem gebrauchen möchte. Nichts ist vor ihm verborgen.«

Genau wie bei den ersten beiden Debatten saß mein Vater wieder in der Nähe der Tür an der Wand, so weit wie möglich von mir entfernt. Fatima sah ihn an und sagte: »Ich sage Ihnen, sie kommt nicht zurück. Niemals.«

Sie sammelte ihre Besitztümer ein, einschließlich der Bibel, und wandte sich zum Gehen. Als sie auf der Höhe meines Vaters war, blieb sie stehen. »Ich will nicht mehr mit ihr reden.«

Einundzwanzig

Nachdem Fatima und der allzu selbstsichere Geistliche aus ihren Debatten geflohen waren, folgte eine Reihe anderer Gelehrter. Sie alle kamen mit ausgearbeiteten Argumenten und vorbereiteten Texten. Nachdem ich meine Bibel weggegeben hatte, verbrachte ich jeden Tag Stunden damit, den Koran sowie verschiedene Hadithe zu studieren und die Bücher meines Vaters zu durchstöbern. In der vierten Debatte stand ich einem Geistlichen aus der Stadt gegenüber, der das genaue Gegenteil der vorherigen beiden war. Er war von Anfang an nervös und still. Auch sah er nicht ein einziges Mal in meine Richtung. Stattdessen stand er im vorderen Bereich des Raumes und las aus seinen Notizen vor, als wäre dies eine Vorlesung.

»Dieses Buch, das sie als die heilige Bibel bezeichnet, ist nicht angemessen, um unter Frauen gelesen zu werden. Ich möchte euch alle hier – Schwestern, Brüder, Mütter und Väter – bitten, folgende Worte anzuhören, die darin geschrieben stehen.«

Ich erkannte die Stelle sofort. Es war der Abschnitt in 1. Mose, der beschrieb, wie Lots Töchter ihn betrunken machten und mit ihm schliefen. Ich suchte fieberhaft nach einer Antwort, doch der

Geistliche fuhr ohne Pause fort: »Würde irgendjemand von euch wollen, dass solche Schriften in seiner Familie gelesen werden? Oder was ist mit Hazrat David? Hört zu, was geschah, als er eines Tages auf dem Dach seines Palastes umherlief.«

Zu hören, wie laut aus der Heiligen Schrift vorgelesen wurde, war, wie die Sonne an einem kalten Wintertag zu spüren. Es erfüllte mich mit Leben und ich konnte spüren, wie sich die Härchen in meinem Nacken aufstellten. Obwohl der Geistliche versuchte, mich auszutricksen, wollte ich ihm dafür danken, dass er die Bibel mitgebracht hatte und sie vor all diesen Menschen vorlas. Machte ich mir zu viele Hoffnungen, wenn ich glaubte, dass manche von ihnen das Gleiche empfänden wie ich?

Als der Geistliche die Geschichte von David und Bathseba beendet hatte, stand ich auf, um zu sprechen. »Wir können die Bibel vor allen Menschen lesen, weil sie immer die Wahrheit erzählt. Sie lügt nie. Die Heilige Schrift macht deutlich, dass Lot nicht wusste, was seine Töchter taten, und dass Gott zornig auf sie war wegen ihrer schändlichen Tat. Und Davids Sünde wird vor uns genauso wenig verborgen, wie sie Gott verborgen war. Was David im Geheimen tat, deckte Gott in der Bibel auf, um uns wissen zu lassen, dass er zu jeder Zeit über uns wacht, egal, ob wir Könige, Propheten oder gewöhnliche Menschen sind. Gott weiß alles, was wir im Geheimen tun. Darum sollten wir Gott fürchten und daran denken, dass alle menschlichen Wesen Sünder sind. Keiner von uns ist vollkommen. Nur Gott, der Allmächtige, ist sowohl gerecht als auch vollkommen.«

Ich bat den Geistlichen, einen Augenblick zu warten, während ich eines der Bücher meines Vaters aus dem Regal holte. Ich schlug eine Stelle auf, die ich am Vortag gesehen hatte. »Würden Sie das hier bitte laut vorlesen?« Ich reichte ihm ein Buch von einem islamischen Gelehrten, das *Schöne Szenen im Himmel* hieß.

Er sah erst das Buch und dann wieder mich an.

»Sie werden es übersetzen müssen, damit jeder hier es verstehen kann«, sagte ich.

»Ich will es nicht lesen.« Er klappte das Buch zu und reichte es mir zurück.

»Sie schämen sich, es vor allen hier vorzulesen, nicht wahr? Der Text ist so unzweideutig, dass es meiner Meinung nach sogar einem verheirateten Paar peinlich wäre, ihn zusammen zu lesen.«

Er scharrte eine Weile mit den Füßen und faltete dann seine Notizen zusammen. »Vielleicht sollten wir diese Debatte per E-Mail fortsetzen.«

Ich gab ihm meine Adresse, doch ich wusste, dass er nie Kontakt aufnehmen würde. Und selbst wenn er es täte, wusste ich, dass Gott mir die Worte schenken würde, die ich brauchte, so wie er es in jeder Debatte getan hatte. Obwohl ich von Menschen umgeben war, die mich tot sehen wollten, spürte ich Gottes Liebe und Gegenwart auf eine Weise, wie ich sie nie zuvor erlebt hatte. Er war mir näher als die Luft, die ich atmete. Jegliche Angst davor, wie die Dinge ausgehen könnten, und jegliche Nervosität darüber, mit welchen Argumenten ich konfrontiert werden würde, hatten keine Macht über mich. Gottes Liebe war mit Abstand der hellste Stern in meinem Universum.

Die nächste Debatte ging erneut in eine andere Richtung. Während die ersten vier Debatten von zahlreichen Zuschauern besucht gewesen waren, fand diese spätabends statt. Es waren nur eine Handvoll Leute im Saal. Es dauerte nicht sehr lange, bis ich begriff, dass dies kein Zufall war.

»Meine Tochter«, begann der ältere Geistliche. »Du hattest das Glück, in eine muslimische Familie geboren zu werden. Es ist ein großes Privileg, eine muslimische Familie zu haben.« Er hielt inne, lächelte breit und senkte seine Stimme zu einem Flüstern: »Meine Tochter, wenn Christen dir Geld angeboten haben, lass es uns bitte wissen. Wie viel haben sie dir versprochen? Egal, wie viel es ist, wir werden dir mehr geben, wenn du nur ihrer Religion den Rücken kehrst.«

Ich war schockiert. »Sie denken, dass ich in die Dunkelheit zurückkehre, wenn Sie mir Geld anbieten? Was Sie vorschlagen, ist so lächerlich wie einen Flugzeugpassagier zu fragen, wie viel er haben möchte, damit er seine Reise auf einem Esel fortsetzt. Ich bin ein gebildetes, vernünftiges, gesundes Mädchen. Wenn ich Geld brauche, gehe ich arbeiten. Warum sollte ich Bestechungsgeld annehmen und in all diesen Schwierigkeiten enden, wenn ich so leicht käuflich wäre?

Und da ist noch etwas, was Sie wissen sollten. Alles Geld, das Sie haben, gehört meinem Gott. Er ist mein Vater; er allein ist der Schöpfer des Universums. Alles ist unter seiner Kontrolle. Die Bibel sagt, dass er alle Haare auf meinem Kopf gezählt[22] und mich auf seine Handfläche gezeichnet[23] hat. Er weiß, was ich brauche, und er versorgt mich rundum. Wann immer ich in Not bin, rufe ich ihn um Hilfe an. Ich kann Ihnen seine Nummer geben, wenn Sie möchten – die 333. Wann immer Sie Hilfe brauchen, schlagen Sie Jeremia 33,3 auf und rufen Sie Gott an. Er wird Sie erhören.«

Der Geistliche starrte mich mit versteinertem Gesicht an. Er wandte sich um und flüsterte einigen der anderen Männer, die um ihn versammelt waren, etwas zu.

»Du bist ein junges Mädchen«, sagte er mit einem halben Lächeln auf seinen Lippen. »Wir können verstehen, wie solche

Dinge passieren. Vielleicht hast du dich in jemanden verliebt, der Christ ist. Mach dir keine Sorgen, wenn es so ist. Sag uns einfach, wer er ist, und wir werden ihn zum Islam führen. Dann könnt ihr beiden heiraten.«

»Sie haben recht«, sagte ich. »Ich bin verliebt. Aber nicht in irgendeinen christlichen Jungen, den ich getroffen habe. Ich bin in Jesus Christus verliebt. Lassen Sie ihn für immer und ewig in meinem Leben sein. Ich habe kein Interesse an irgendjemand anderem.«

Kurze Zeit später ging er. So wie die anderen übermittelte auch er meinen Eltern sein Urteil. Er sagte ihnen, dass ich verrückt sei und es nahezu unmöglich wäre, mich zum Islam zurückzuführen.

Der Saal war wieder voll und ich freute mich auf die Chance, Gottes Wort vor so vielen Menschen mit dem Koran zu vergleichen.

»Heute werde ich von dem Buch sprechen, das sie so sehr liebt«, rief ein neuer Geistlicher, den ich noch nie gesehen hatte.

»Warum?«, fragte ich. »Sie glauben nicht, dass es das Buch Gottes ist. Wie alle Geistlichen sagen Sie, dass es verändert wurde. Wir sollten stattdessen über den Koran sprechen.«

»Nein.« Er sah die Menge an und kehrte mir den Rücken zu. Er schien Grimassen zu schneiden, denn ein leises Gelächter ging durch die Reihen. »Ich habe gehört, wie du mit dem Koran umgehst. Heute werde ich von der Bibel erzählen. Hast du sie gelesen?«

»Ja.«

»Warum hast du dann Angst?«

»Habe ich nicht«, schoss ich ein wenig zu schnell zurück. Mehr Gelächter. »Ich bin bereit.«

»Gut.« Der Geistliche schlug mit einer übertriebenen Geste Lukas 3,16 auf. »Hier steht, dass Jesus sagte: ›Ich taufe mit Wasser, aber bald kommt einer, der stärker ist als ich – so viel gewaltiger, dass ich nicht einmal wert bin, sein Diener zu sein.‹ Von wem könnte Jesus hier sprechen, wenn nicht vom Propheten Mohammed, Friede sei mit ihm.«

Ich konnte es nicht glauben. War dies wirklich sein bester Versuch, Zweifel in mir zu wecken?

»Okay«, sagte ich. »Ich habe die Bibel gelesen. Ich denke, ich kenne sie besser als Sie, also lassen Sie es mich erklären.« Ich streckte meine Hand aus und nahm das Buch aus seiner Hand. Mein Herz raste, als ich es berührte. »Sie haben nicht den ganzen Abschnitt gelesen, deshalb haben Sie nicht richtig verstanden, wer darin spricht. Es war nicht Jesus, der das sagte, sondern Johannes der Täufer, der *über* Jesus sprach. War Jesus zu jener Zeit überhaupt da? War Mohammed da?«

Stille.

»Keiner von beiden war da. Johannes sprach zu den religiösen Führern. Und sehen Sie hier.« Ich zeigte auf das Ende des Verses, den er gelesen hatte. »Johannes sagt, dass der, der nach ihm kommt, mit Feuer taufen wird und nicht mit Wasser. Sagt der Koran irgendetwas davon, dass Menschen mit Feuer getauft werden?«

Er sagte nichts.

»Es gibt viele Verse, die beschreiben, dass Gott eine bedeutende Person senden wird, aber keiner davon bezieht sich auf Mohammed. Wie dieser hier«, sagte ich und sprang zurück zu 5. Mose 18,15: »Mose sagte zu den Israeliten: ›Der Herr, euer Gott, wird einen Propheten wie mich einsetzen, den er aus eurem Volk erwählt. Hört gut auf alles, was er euch sagt.‹ Wenn Sie behaupten wollen, dass sich dies auf Mohammed bezieht, dann müssten

Sie glauben, dass Mohammed aus dem Volk Israel stammt. Sie müssten glauben, dass Mohammed ein Jude war. Ich denke nicht, dass es den Menschen hier gefallen würde, wenn Sie das sagen.«

Das Gelächter, das noch vor wenigen Minuten den Raum erfüllt hatte, war nur noch eine vage Erinnerung. An seine Stelle war nun zorniges Geschrei getreten. Ich hatte alles gesagt, was ich zu sagen hatte, und ich konnte spüren, wie die Stimmung umschlug. Ich schlüpfte so schnell wie möglich aus dem Raum.

Am nächsten Tag kam ein neuer Mullah, der eine Bibel, einen Koran und eine Balkenwaage mitbrachte. Er legte den Koran auf die eine Seite der Waage und die Bibel auf die andere. Dann nahm er die Haltung eines Boxers ein – er streckte die Arme in die Höhe und setzte ein zufriedenes Lächeln auf. »Siehst du?«, sagte er, als die Jubelrufe im Saal verstummt waren. »Der Koran ist schwerer als die Bibel. Der Koran ist von Allah. Er enthält mehr Wahrheit als dein sogenanntes heiliges Buch.«

Er wirbelte herum, während noch mehr Jubelgeschrei und »Allahu Akbar!«-Rufe erklangen.

Als die Menge sich ein wenig beruhigt hatte, schrie ich: »Ja, Ihre Waage sagt die Wahrheit! Was zu Gott gehört – die heilige Bibel –, zeigt nach oben, was zur Erde gehört – der Koran –, zeigt nach unten.«

Mein Argument war genauso unsinnig wie seins und meine Stimme ging im Geschrei unter. Nach einiger Zeit verstummte die Menge und richtete ihre Blicke auf den grinsenden Geistlichen, der scheinbar nichts weiter zu sagen hatte.

Nachdem die Debatte beendet war, kam eine der Frauen aus der Nachbarschaft auf mich zu. Durch den Spalt in ihrem Schleier konnte ich sehen, dass ihre Augen vor Wut blitzten. »Du solltest dich schämen, eine solche Schande über deinen Vater zu bringen!«

Meine Mutter stand neben mir und schwieg, während die Frau einen stetigen Fluss von Beleidigungen über mich ergoss. Als sie fertig war, konnte ich endlich etwas sagen. »Liebe Tante«, sagte ich in der Hoffnung, dass die respektvolle Anrede sie ein wenig beruhigen würde. »Diese Leute kommen, um mit mir zu debattieren. Ich bin bereit, mit jedem von ihnen zu reden, aber keiner von ihnen gibt mir Antworten. Wenn sie es könnten, würde ich sofort zum Islam zurückkehren. Aber keiner von ihnen hat irgendetwas Nennenswertes zu sagen. Sie sind alle geistlich blind. Diejenigen unter ihnen, die in der Bibel gelesen haben, haben sie nur nach Zeilen durchsucht, die sie gegen mich verwenden können. Wenn Sie aber die Bibel und den Koran studieren würden, wie ich es getan habe, würden Sie sehen, dass der Islam keinen Sinn ergibt.«

Sie wandte sich meiner Mutter zu, während sie mit ihrer Hand vor meinem Gesicht herumwedelte. »Das liegt alles daran, dass sie studiert und zu tief nachgeforscht hat. Deshalb lehnt sie sich gegen den Islam auf.«

»Ja«, sagte ich, als sie ging. »Sie haben vollkommen recht.«

In jener Nacht war meine Mutter voller Hoffnung, als wir uns trafen, um in meinem Zimmer zu reden und zu beten. »Vielleicht werden sie ihre Meinung ändern«, sagte sie.

Ich sah meine Mutter an und versuchte, ein Lächeln zustande zu bringen.

»Du sagst Dinge, die die Leute zum Nachdenken bringen«, sagte sie. »Du stellst Fragen, die sie sich nie zuvor stellen mussten, und zwingst sie, über den Islam nachzudenken. Wenn die Debatten so weitergehen, werden sie es vielleicht verstehen. Und vielleicht werden sie dich am Ende doch nicht töten.«

Ich stimmte allem zu, was sie über die Debatten sagte, nur nicht ihrer letzten Schlussfolgerung. Je länger das Ganze dauerte und je mehr die Geistlichen sich zum Narren machten, desto wahrscheinlicher schien es, dass mein Tod nicht nur unvermeidlich war – er stand auch unmittelbar bevor.

Zweiundzwanzig

»Öffne diese Bibel und lies aus 1. Mose.« Es war einige Zeit her, dass ich meine Dozentin von der Uni zum letzten Mal gesehen hatte. Nun war sie hier und hielt mir die Bibel hin. Ich war immer eine fleißige Studentin gewesen, hatte nie eine Aufgabe zu spät abgegeben und war nie unvorbereitet in eine Vorlesung gekommen. Ich war auch nie einem Lehrer ungehorsam gewesen, vor allem nicht dieser Lehrerin.

Frau Shah war die beste Lehrerin, die ich je gehabt hatte. Sie war eine Wissenschaftlerin mit einem scharfen Verstand und einem unerschütterlichen Glauben an den Wert der Bildung. Sie war zwanzig Jahre älter als ich, aber immer noch alleinstehend. Ich hatte Stunden damit verbracht, mir vorzustellen, welche Kämpfe sie gekämpft haben musste, um dorthin zu kommen, wo sie war.

Es war nicht schwer, an die Zeit zurückzudenken, in der ich geglaubt hatte, dass Frau Shah und meine anderen Lehrer die Schlüssel zu meiner Zukunft in der Hand hielten. Auch während ich als heimliche Gläubige lebte, war mir Bildung sehr wichtig geblieben. Ich vertraute darauf, dass meine Dozenten an der Uni mich an mein Ziel führen würden, einen Abschluss und eine Arbeitsstelle zu bekommen – sowie die Freiheiten, die diese Dinge mit sich brächten. Ich hatte Gott viele Male für meine Lehrer gedankt.

Doch etwas in mir veränderte sich in dem Augenblick, als ich Frau Shah im Versammlungsraum stehen sah. Ich begriff, dass sie nicht mehr auf meiner Seite stand.

Ich streckte meine Hand aus und spürte das vertraute Gewicht der Bibel.

»Kapitel 1, die Verse 11 und 12 bitte, Zakhira.«

Ich tat, was sie sagte, und begann, den Schöpfungsbericht zu lesen. Gott forderte das Land an dieser Stelle auf, Pflanzen hervorzubringen.

»Lauter«, sagte Frau Shah, »damit jeder es hören kann.«

Als ich fertig war, ließ sie mich aus dem gleichen Kapitel vorlesen, wie Gott später die Sonne, den Mond und die Sterne schuf.

»Nun sage mir, was aus wissenschaftlicher Sicht zuerst geschaffen werden muss: die Vegetation oder das Sonnenlicht?«

Ich wusste sofort, worauf sie hinauswollte. »Erst das Sonnenlicht, dann die Vegetation.«

»Ja. Und wir wissen, dass Allah keinen einzigen Fehler machen kann. Wenn wir hier lesen, dass er zuerst die Vegetation und dann die Sonne schuf, muss die Bibel im Irrtum sein. Und wenn diese ersten Seiten des Buches falsch sind, muss auch der Rest infrage gestellt werden.«

Sie hatte mich. Nach einer Woche der Debatten mit Geistlichen, deren Argumente ich langsam in Staub verwandelt hatte, hatte Frau Shah mich innerhalb weniger Minuten geschlagen. Ich sah auf die Bibel herab, kämpfte mit den Tränen und flehte Gott um Hilfe an.

»Frau Shah«, sagte ich einen Moment später. Mein Blut pulsierte in meinen Adern und meine Augen waren klar. »Weder Gott noch die Bibel liegen falsch. Gott schuf alles der Wissenschaft entsprechend, weil er der Schöpfer und Ursprung aller Dinge ist, einschließlich der Wissenschaft.«

Ich las den ganzen Schöpfungsbericht vor. »Frau Shah, haben Sie es jetzt verstanden? Gott schuf erst das Licht in Vers 3, dann schuf er die Vegetation in Vers 11. Und so wie eine Zimmerpflanze ohne direktes Sonnenlicht überleben kann, konnte die Vegetation wachsen, bevor die Sonne gebildet wurde.«

Sie wirkte unbeeindruckt.

»Meine Tochter.« Sie fegte die Luft mit einer Handbewegung beiseite. »Vielleicht haben die Christen dir das nicht erzählt, aber sie folgen in Wahrheit drei Göttern nach. Sie nennen sie die Dreieinigkeit, doch ihre Logik ergibt keinen Sinn. Wir glauben, dass Allah allein mächtig genug ist.«

»Das stimmt nicht«, sagte ich. Ich spürte die missbilligenden Blicke um mich her. »Die Christen glauben auch an einen Gott, er hat sich lediglich auf drei unterschiedliche Arten gezeigt. Zu Moses Zeiten zeigte er sich im Feuer. Zur Zeit des letzten Propheten der Bibel, Johannes des Täufers, offenbarte Gott sich selbst in einem menschlichen Körper als Jesus Christus.«

Sie blickte skeptisch.

»Sie können es selbst im Koran nachlesen«, fuhr ich fort. »Es steht in Sure 21, Vers 91 und Sure 66, Vers 12.«

Es überraschte mich nicht, dass sie über die Dreieinigkeit sprechen wollte. Wie vielen Muslimen war auch mir beigebracht worden, dass das Christentum drei zentrale Schwachstellen hat: Es folgt drei Göttern nach; es behauptet, dass Jesus der Sohn Gottes ist; und sein Buch, die Bibel, ist verändert worden. Die meisten Muslime akzeptieren diese Kritikpunkte, ohne je zu versuchen, selbst die Wahrheit herauszufinden.

Da Frau Shah nicht viel anderes zu sagen zu haben schien, beschloss ich, mit meiner Verteidigung der Dreieinigkeit fortzufahren. »Warum gebraucht der Koran, wenn er sich auf Allah bezieht, 1297-mal das Wort *wir*, 217-mal das Wort *unser* und 88-mal das Wort *uns*? Sollte es nicht *ich* heißen, wenn es so ist, wie Sie sagen?«

Wieder erfüllte Gemurmel den Raum.

»Wenn die Christen so falsch liegen, warum sagt der Koran den Christen und Juden dann, dass sie nichts zu fürchten haben?«

Mehr Gemurmel.

Ich zitierte aus dem Koran: »Die Gläubigen, die Juden, die Gottgläubigen – Sabäer – und die Christen, sofern sie wirklich an Gott und den Jüngsten Tag glauben und gute Werke vollbringen, haben im Jenseits keine Strafe zu befürchten, und sie sollen nicht traurig sein.«[24]

Es wurde still im Saal. Frau Shah ging. Die Debatte war beendet.

Es war unvermeidbar, dass ich eines Tages im Versammlungsraum meinen Onkel antreffen würde, um mit mir zu debattieren. Er war der Bruder meines Vaters, derjenige, der herausgefunden hatte, dass ich der Bibelgesellschaft geschrieben hatte. Er war es auch gewesen, der auf der Straße die ersten Rufe angestimmt hatte, mich zu töten.

Vom Beginn der Debatte an schrie er und beschuldigte mich, eine Kafira zu sein und den Propheten Mohammed nicht zu respektieren. Ich spürte den Zorn in mir aufsteigen, doch ich versuchte, ruhig zu bleiben.

Als er innehielt, um Luft zu holen, ergriff ich die Gelegenheit. »Als Hazrat Mohammed 25 Jahre alt war und seine erste Frau, Chadidscha, heiratete, wer führte da die Hochzeitszeremonie durch? Und war es eine jüdische oder eine hinduistische Zeremonie?«

»Du dummes Mädchen«, schnaubte er. »Chadidscha nahm den Islam an.«

»Aber es gab doch den Islam erst 15 Jahre später, als Hazrat Mohammed 40 Jahre alt war. Wurde Mohammed also ein Jude? Und wenn ja, warum hassen Muslime die Juden heute so sehr?«

Dies war eine gefährliche Frage, die meinen Onkel noch zorniger werden ließ. Er brachte sein Gesicht ganz nah an meines, sodass ich seinen wilden Blick und die Rötung seiner Wangen unter seinem Bart sehen konnte. »Du wurdest in die Irre geführt, meine Tochter. Sie haben dich einer Gehirnwäsche unterzogen!«

»Nein, Onkel.« Ich war selbst ein wenig überrascht, wie ruhig meine Stimme klang. »Haben sie nicht. Ich habe nur die Wahrheit herausgefunden.«

»Die Wahrheit? Jeder weiß, dass die Bibel verändert wurde. Es gibt in Ägypten ein Originalmanuskript, in dem die Geschichte von Hazrat Mohammed enthalten ist.«

»Onkel«, sagte ich mit einem Lachen, »ich werde deine Reisekosten übernehmen, wenn du dorthin gehst und eine Kopie mit nach Hause bringst, um sie mit der Bibel zu vergleichen, die ich gelesen habe. Wenn die ägyptische Bibel sich von der unterscheidet, die ich gelesen habe, dann verspreche ich, dass ich zum Islam umkehren werde. Aber wenn sie gleich sind, musst du ein Christ werden wie ich.«

Er warf seine Hände in die Luft und wirbelte auf seinen Fersen herum, während er vor sich hinmurmelte, dass es unmöglich sei, mir zu helfen.

Ich versuchte, ein Muster zu erkennen, doch es schien, dass die Leute, die kamen, um mit mir zu debattieren, zufällig ausgewählt wurden. Wenn ich an einem Tag eine Reihe haarsträubender Behauptungen über die Bibel widerlegte, konnte es sein, dass ich wenige Tage später einem anderen Geistlichen gegenüberstand, der mir genau die gleichen Fragen stellte. Diese Angriffe schienen so unkoordiniert und wirr zu sein wie der Koran selbst. In der dritten Woche meines Hausarrestes erhielt ich einen weiteren Besuch von einer Dozentin meiner alten Uni. Diese Frau hatte mich gelegentlich in Chemie unterrichtet.

»Ich habe gehört, dass du irregeführt worden bist, und es hat mich sehr traurig gemacht«, sagte sie zu mir, während wir darauf warteten, dass mein Vater die restlichen Leute hereinließ. »Was ist mit dir geschehen?«

»Nichts Schlimmes ist geschehen. Mir geht es sehr gut.«

»Es ist wirklich traurig, seine Religion zu ändern. Wie war es möglich, dich vom rechten Weg abzubringen?«

»Ich denke nicht, dass jemand mich von dem Weg abbringen könnte, auf dem ich jetzt bin«, sagte ich. »Und ich würde es auch nicht wollen. Dies ist der Weg, der zum ewigen Leben führt.«

»Weißt du, ich habe in Großbritannien und den USA studiert, aber nichts konnte mich von meinem Glauben an den Islam abbringen.«

»Es tut mir leid, dass Sie einen so weiten Weg zurückgelegt haben und trotzdem durstig nach Hause zurückgekehrt sind. Ohne das lebendige Wasser kann nichts Sie zufriedenstellen.«

Sie murmelte, dass sie nach nichts dürstete, und wandte sich ab. Ich fühlte mich mutig und frei, also beugte ich mich dicht an sie heran. »Sie haben also nicht den Wunsch, den Herrn zu suchen, keinen Durst nach ewigem Leben? Dann müssen Sie zu

Jesus Christus beten und ihn bitten, Sie hungrig und durstig nach ihm zu machen. Nur, wenn Sie das tun, werden Sie ihn erkennen.«

Sie stand auf und sprach so laut, dass der ganze Saal still wurde. »Ich bin nicht hierhergekommen, um dir zuzuhören. Ich bin hergekommen, um dir zu sagen, was wichtig ist.«

»Aber wenn Sie mir nicht zuhören, wie werden Sie dann erfahren, warum ich den Islam verlassen habe? Ist das nicht der Grund, warum Sie hier sind?«

Ich erwartete nicht, dass sie nachgeben würde, doch sie tat es. »Okay, dann erzähle mir, was dich dazu veranlasst hat, eine andere Religion anzunehmen.«

»Das werde ich. Doch darf ich Sie zuerst etwas über Chemie fragen?«

»Machst du Witze?«

»Nein, ich meine es ernst. Ich habe nur eine Frage, die ich jetzt stellen möchte, damit ich sie später nicht vergesse. Aber wenn Sie nicht wollen, ist das in Ordnung.« Sie winkte ab, also fuhr ich fort: »Wenn man in einer Prüfung gebeten wird, zu erklären, wie man ein bestimmtes Gas herstellt, wie lautet die beste Antwort?«

»Man beginnt mit dem Titel, dann nennt man die Geräte, dann das Verfahren und zuletzt die Vorsichtsmaßnahmen. Das ist alles.«

»Das ist hilfreich, vielen Dank. Wie sind Sie so gut in Chemie geworden?«

»Allah hat mir diese Gabe geschenkt.« Sie konnte das Lächeln in ihrer Stimme nicht verbergen.

»Stellen Sie sich also vor, ich säße in einer Prüfung und würde als Titel schreiben: ›Die Herstellung von Sauerstoff.‹ Dann schreibe ich: ›Kartoffeln sind so lecker‹, dann: ›Meine Mutter und ich gingen einkaufen‹, dann: ›Meine kleine Schwester weint‹ und zum

Schluss: ›So macht man Sauerstoff.‹ Wie viele Punkte würde ich dafür bekommen?«

»Keine. Du wüsstest eindeutig nichts über Sauerstoff.«

»Erzählen Sie mir von Allah. Wie viel weiser ist er als wir?«

»Unendlich«, sagte sie. »Er ist der Ursprung aller Weisheit.«

»Warum zeigte Allah dann seine Weisheit nicht, als er die Schriften des Korans inspirierte?«

»Du irrst dich«, sagte sie. »Vielleicht hast du den Koran nicht richtig gelesen.«

»Das ist möglich. Könnten wir jetzt gemeinsam etwas darin lesen? Die Geschichte von Jona hat mir immer gefallen.«

Ich ließ sie den Koran bei Sure 10 aufschlagen, dem Kapitel, das mit »Yunus« (Jona) betitelt ist, und hörte zu, während sie vorlas. Als sie fertig war, stellte ich ihr eine simple Frage: »Was haben Sie in dem Text, den Sie gerade gelesen haben, über Jona gelernt?«

Sie schwieg.

»Sollte ein Abschnitt mit der Überschrift ›Jona‹ nicht wenigstens ein paar Informationen über den Propheten enthalten? Doch unter all diesen 109 Versen, die Sie gerade vorgelesen haben, gab es nur einen, der überhaupt seinen Namen erwähnte. Warum kann Allah, der höhere Weisheit hat als Sie, die Geschichte im Koran nicht genau wiedergeben?«

Sie wusste nicht, was sie sagen sollte, genauso wenig wie alle anderen im Raum.

»Wenn Sie die Bibel betrachten, werden Sie sehen, dass alles ganz klar ist. Genesis bedeutet ›Anfang‹, und das ist genau, was dieses Buch beschreibt. Das Wort ›Exodos‹ bezeichnet eine Situation, in der viele Menschen einen Ort zur gleichen Zeit verlassen. Dort können Sie alles darüber lesen, wie die Israeliten Ägypten verließen. Wenn Sie mehr über Jona wissen wollen, schauen Sie sich einfach das Buch namens Jona an. Das Gleiche gilt für Jeremia und andere Propheten. Dies ist das heilige Buch Gottes, durch das wir seine Weisheit klar erkennen können. Der Koran hingegen ist verwirrend und irreführend.«

Meine ehemalige Lehrerin saß schweigend da, ebenso wie alle anderen im Raum. Da niemand Anstalten machte, mich aufzuhalten, fuhr ich fort. »Es gibt noch mehr Gründe dafür, dass ich das Christentum angenommen habe. Zum Beispiel die Tatsache, dass Jesus Christus Liebe lehrte. Er sagte den Menschen: ›Liebt eure Feinde‹ und ›Wenn jemand euch auf die rechte Wange schlägt, haltet ihm auch die andere hin.‹ Doch alles, was mich der Islam je lehrte, war Hass. In der Sure 47, Vers 4 steht, dass man die töten soll, die den Islam nicht annehmen.«

Ich wollte gerade mit einem neuen Argument beginnen, als sie aufstand, sich zu mir herüberbeugte und flüsterte: »Ich weiß wirklich nicht, was ich sagen soll.«

Ich sah sie aufmerksam an. Ihre Augen waren ehrlich. Sie schien den Tränen nah zu sein.

»Dann habe ich eine gute Nachricht für Sie. Jesus Christus liebt Sie. Das ist der Grund, warum Sie heute hier sind. Er will Ihnen die Wahrheit offenbaren. Er will, dass Sie ihn kennenlernen.«

Ich sah, wie ihr Blick von mir auf den Saal voller skeptischer Männer hinüberglitt. Als sie mich wieder ansah, waren Sorgenfalten auf ihrem Gesicht. »Ich muss gehen. Ich habe eine Vorlesung zu halten.«

Später an jenem Abend schüttete ich Gott meinen Dank aus. Ich betete für meine Lehrerin. Ich bat Gott, ihre geistlichen Augen zu öffnen. Das Gleiche bat ich für meinen Vater, meinen Bruder und meine Schwestern. Ich betete für mich selbst, dass mein Herz und mein Verstand für alles bereit wären, was der nächste Tag bringen würde.

Während ich betete, fiel mir auf, dass diese Debatten sehr wohl ein Muster hatten. Doch es hatte wenig mit den Absichten der Leiter meiner religiösen Gemeinschaft zu tun. Der gemeinsame Faktor war die Art, wie Gott mich gebrauchte.

Anfangs hatte ich die Debatten als Prüfungen meines eigenen Glaubens und Verständnisses von Gott gesehen – als würde ich nicht nur von den Geistlichen, sondern auch von Gott selbst beurteilt werden. Je länger die Debatten jedoch andauerten, desto klarer wurde mir, dass Gott mich als sein Sprachrohr gebrauchte, um seine Wahrheit den Menschen zu offenbaren, die sie hören mussten. Dies war eine gewaltige Erkenntnis, und ich spürte eine Last von meinen Schultern fallen. Diese Debatten waren ein Geschenk. Von nun an würde ich sie dankbar annehmen.

Dreiundzwanzig

Mein Vater lachte, als ich es zum ersten Mal sagte. Es war kein kleines Lachen, sondern ein so lautes Grölen, dass alle Händler auf dem Markt in ihren Geschäften innehielten und zu uns herübersahen. Er war zu jener Zeit noch glatt rasiert und lachte so sehr, dass die Adern an seinem Hals hervortraten. Ich mochte den Klang seines Lachens, deshalb sagte ich es noch einmal.

»Ich will das Eis, das wie ein Panda aussieht. Das da drüben.«

Wie erwartet lachte er erneut und legte seine Hand auf meine Schulter. Sie war weich und warm und ich hätte am liebsten danach gegriffen, um sie zu halten. Ich wollte meine winzigen Finger mit seinen verflechten, diesen Augenblick festhalten und nie wieder loslassen.

»Warum nicht etwas anderes?« Seine Augen glänzten, als er mich neckte. »Sieh mal, sie haben sogar geschnittene Rinderhesse. Ich weiß doch, wie sehr du das magst.«

Ich verzog mein Gesicht, verschränkte die Arme und gab vor, sauer zu sein. »Kühe gibt es überall, aber Pandas leben nur in China. Darum will ich das Eis.«

Mein Vater gab nach und sagte mir dann, dass es Zeit sei, sich auf den Heimweg zu machen. Ich lief neben ihm her, während ich das Panda-Eis wie eine Trophäe in der Hand hielt. Ich schleckte vorsichtig die Tropfen ab und versuchte, den Leckerbissen so lange wie möglich zu genießen. Es war mein glücklichster Moment mit ihm.

In meiner Erinnerung begann er kurz darauf, sich den Bart wachsen zu lassen. Der Bart signalisierte das Ende der Zeit, in der er seine Hand auf meine Schulter legte, die Luft mit seinem Lachen erfüllte oder allein mit mir auf den Markt ging.

Dabei war die Wahrheit weit weniger dramatisch. Die Zeichen körperlicher Zuneigung, der Klang von Gelächter und jene Vater-Tochter-Momente waren nie regelmäßiger Bestandteil meines Lebens gewesen. Jene Erinnerung ist ein Einzelfall, ein einziges Ereignis, das in krassem Kontrast zu allen anderen steht. Auch bevor er seinen Bart wachsen ließ, war mein Vater vom Charakter her distanziert und kühl gewesen.

Während die Debatten fortgesetzt wurden und mein Vater schweigend von hinten zusah, wusste ich, dass er seine Meinung nie ändern würde. Es gab keine Nostalgie für ihn, keine idyllische Zeit, in die er zurückkehren wollte. Die Augenblicke der Wärme waren so vorübergehend gewesen wie das Panda-Eis, das in der Sonne geschmolzen war. Als die dritte Woche der Debatten sich dem Ende näherte, entschied ich, dass ich zwei Dinge dringend erledigen musste.

Ich hatte wenig Kontakt zu meinen zwei älteren Schwestern gehabt, seit sie geheiratet hatten und ausgezogen waren. Das machte mich noch entschlossener, wenigstens meinem Bruder und meiner jüngeren Schwester von meinem Glauben zu erzählen. Ich hatte mich jeden Abend mit ihnen getroffen, seit all dies begonnen hatte. Wir sprachen über das, was in den Debatten gesagt worden war, und sie stellten Fragen über das Christentum. Es war mir wichtig, dass sie nicht nur die Risiken der Bekehrung zum Christentum sahen und die Fehler des Islam erkannten. Ich wollte, dass sie auch von der wunderbaren Freiheit erfuhren, die die Nachfolge Jesu mit sich brachte.

Eines Nachts, nach ungefähr drei Wochen der Debatten, sagten mein Bruder und meine Schwester, dass sie bereit seien, ihr Leben Jesus zu übergeben. Meine Mutter und ich saßen mit ihnen in meinem Zimmer. Mit gedämpften Stimmen leiteten wir sie im Gebet an. Als wir unsere tränenreichen Umarmungen beendet hatten, warnte ich sie: »Seid vorsichtig! Erzählt noch niemandem, dass ihr Christen seid. Wenn die richtige Zeit gekommen ist, werdet ihr es wissen. Aber bis dahin müsst ihr euren neuen Glauben geheim halten.«

An den darauffolgenden Tagen fanden weitere Debatten statt. Wie zuvor versuchte ich, jede Gelegenheit zu nutzen, die sich mir bot, um meinen Glauben zu bezeugen. Manchmal war es schwieriger als sonst. Die Stimmung im Saal schlug langsam um. Ich debattierte nicht mehr mit gebildeten, bedächtigen Dozenten von meiner Hochschule. Es kamen auch keine törichten Geistlichen mehr, die hofften, mich zurückzugewinnen, indem sie den Koran und die Bibel nebeneinander auf die Waage legten. Stattdessen waren meine Gegenspieler nun allesamt aufgeblasene Geistliche, die versuchten, mich zu bevormunden.

Manchmal, wenn sie sich bedroht fühlten, wurden sie zornig. Es kam immer häufiger vor, dass ich angeschrien, als Ungläubige bezeichnet und der Blasphemie beschuldigt wurde. Bei diesen Gelegenheiten fühlte sich das Gespräch weniger wie eine Debatte und mehr wie eine Massenkundgebung an, die allein dazu diente, den Hass der Menschenmenge zu schüren.

Bei einer dieser Begebenheiten schrie ein Mullah mich an, weil ich Mohammeds Sunna – die Sammlung seiner Handlungen und Taten – nicht befolgte.

»Befolgen *Sie* seine ganze Sunna?«, fragte ich, als eine Pause in seiner Tirade entstand.

»Natürlich!« Er schaute sich nach den Menschen im Publikum um, von denen viele ihm zunickten.

»Das glaube ich nicht«, sagte ich. »Sie lassen eine aus.«

»Welche?«

»Hazrat Mohammed war 51 Jahre alt, als er Hazrat Aisha heiratete, die zu der Zeit erst sechs Jahre alt war – einige Jahre jünger als Hazrat Mohammeds Tochter Fatima. Er wartete drei Jahre, aber sie war trotzdem erst neun Jahre alt, als er sie zu sich ins Bett holte.«

Er sah mich verständnislos an. Ich fuhr fort. »Haben Sie eine Tochter?«

»Ja.«

»Wie alt ist sie?«

»Acht.«

»Sagen Sie mir ehrlich: War Hazrat Aisha nicht zu jung, um zur Frau genommen zu werden, wenn sie noch mit Puppen spielte? In unserer heutigen Zeit würde man das Vergewaltigung oder Kindesmissbrauch nennen.«

Er erhob seine Hand. »Hazrat Mohammed gehorchte nur Allah.«

»Wirklich?« Ich wusste, dass ich mit jedem Wort den Hass der Zuschauer gegen mich weiter schürte. »Wenn Hazrat Mohammed von Allah dazu angewiesen wurde, ein Kind zur Frau zu nehmen, warum wies er die ersten beiden Kalifen des Islam, Abu Bakr Siddiq und Umar Farooq, zurück, als sie darum baten, seine eigene

Tochter Fatima heiraten zu dürfen? Warum wählte Hazrat Mohammed nicht einen dieser alten Männer, sondern den etwa 25-jährigen Ali als Ehemann für seine Tochter? Und wenn Hazrat Mohammed mehrere Frauen hatte, warum erlaubte er seinem Schwiegersohn Ali nie, sich eine zweite Frau zu nehmen, obwohl dieser gerne die Tochter von Abu Jahal heiraten wollte? Anderen Nachfolgern erlaubte Hazrat Mohammed die Polygamie, aber er wollte seine Tochter Fatima nicht verärgern.«

Der Mullah war still. In seinem Blick lag nichts als purer Hass. Als die Menge zu schreien begann, brachte ich mein letztes Argument an: »Ich wurde Christin, weil in der Bibel die gleichen Gesetze für alle gelten. Es gibt keine Heuchelei auf ihren Seiten.«

Drei Tage vor dem Ende der vierten Woche hatte ich meine einundzwanzigste Debatte. Dank meinem Gegner war die Stimmung im Saal von Anfang an anders. Er war ein Imam, ein berühmter Geistlicher von der anderen Seite des Landes. Er hatte eine große Menschenmenge angezogen – sicherlich die größte bisher. Ich schätzte, dass mit den Leuten, die sich am Boden des Saals, auf dem Hof sowie auf der Straße drängten, und denen, die im restlichen Haus versammelt waren, fast 200 Personen anwesend waren.

Im Saal herrschte Stille. Ich sah, wie die Leute sich bemühten, eine bessere Sicht auf meinen Gegner zu erhaschen, und auch ich warf einen Blick auf ihn. Ich erinnerte mich daran, ihn ein- oder zweimal im Fernsehen gesehen zu haben. Ich hatte nie zugehört, was er predigte, aber es war offensichtlich, dass er in unserer Gemeinschaft eine Berühmtheit war. Zum ersten Mal in all den Debatten spürte ich, wie mich ein nervöser Schauer durchlief.

»Bitte sag mir«, begann er, als er sich erhob, um zu sprechen, »ist es richtig, Jesus anzubeten – ihn zu preisen oder sich vor ihm zu verneigen? Verdient ein Prophet das?«

Mein Gehirn war leer. Ich hatte nichts zu sagen. Ich musste mich zwingen, den Imam anzusehen und mich nicht von der Stille um uns her lähmen zu lassen. »Das … das ist eine gute Frage«, stammelte ich. »Was denken Sie?«

Sein Lächeln war freundlich und aufrichtig. Einen Moment lang hätte ich ihm gerne vertraut. Ich erhielt einen kleinen Eindruck davon, wie gut es sich anfühlen würde, wenn all diese Menschen mich mit Respekt und Ehrfurcht ansähen statt mit Hass und Verachtung.

»Er war ein Mensch«, sagte der Imam. »Er wurde von Allah, dem Erhabenen, geschaffen. Doch wir sollten einzig und allein Allah preisen.«

Ich sah mich im Saal um. Ausnahmsweise starrten die Leute nicht mich, sondern meinen Gegner an. Sie nickten zustimmend. Doch wie viele von ihnen, fragte ich mich, hatten je den Koran selbst gelesen? Wie viele von ihnen hatten ihn studiert oder ihren Geistlichen schwierige Fragen gestellt, statt einfach oberflächliche Antworten zu akzeptieren? Wie viele von ihnen waren tief eingedrungen und hatten die Verwirrung und die Lügen im Kern des Korans erkannt?

Sie taten mir sehr leid. Als ich aufstand, um zu sprechen, löste sich meine Zunge. Ich nannte einige Stellen aus dem Koran und bat den Imam, sie vorzulesen. Er diskutierte nicht. Als er drei unterschiedliche Berichte davon gelesen hatte, wie Allah den Engeln gebot, sich vor Adam zu verneigen, sah der Imam mir vollkommen ruhig in die Augen.

»Diese drei Stellen zeigen alle, wie Allah den Engeln befahl, sich vor einem Menschen zu verneigen. Ist das richtig?«

»Ich weiß es nicht«, sagte er unbeirrt.

»Könnte es sein, dass dies eine Art Übung für die Geburt Jesu war? Der Koran sagt, dass Jesus Christus sowohl Gottes Heiliger Geist (Ruh al-Qudus) als auch sein Wort (Kalimatullah) in menschlichem Fleisch war. Jesus ist viel mehr des Lobes und der Anbetung würdig als Adam. Und ist es uns nicht immer erlaubt, Gott anzubeten, unabhängig davon, ob er nun in der Gestalt des Heiligen Geistes auftritt, der unsichtbar ist, oder in menschlichem Fleisch?«

Der Imam blieb unbeeindruckt von meinen Worten. Er saß einfach nur da und hörte zu. Er konzentrierte sich auf das, was ich sagte, als würde ich den Islam verteidigen, statt ihn bloßzustellen. Ich erzählte ihm von den 353 alttestamentlichen Prophezeiungen, die Jesus erfüllte, und davon, wie Gott seinen Geist in der Gestalt einer Taube sandte, als Jesus getauft wurde. Der Imam starrte mich nach wie vor bloß höflich an.

Dann ging er. Es gab kein Geschrei, keinen Gegenschlag, nur einen schnellen Abgang, während die Menge schweigend zusah.

Wenige Augenblicke später schien der Raum zu explodieren. Menschen schrien, wedelten mit den Armen und erhoben sich wie eine Welle des Zorns. Ich setzte mich und dankte Gott dafür, dass er mir erneut Weisheit und Erkenntnis geschenkt hatte. Ich blendete den Lärm der Menschenmenge aus und dankte Gott von ganzem Herzen.

Als ich aufsah, waren dort keine zornigen Gesichter, die mich anschrien. Alles, was ich sah, waren die Rücken der letzten Leute, die sich leise aus dem Saal schoben. Nur eine Person sah mich an: mein Vater. Sein Blick war kälter und lebloser, als ich ihn je gesehen hatte.

Ich war dankbar, dass mein Bruder und meine Schwester Christen geworden waren. Doch es gab noch eine andere Angelegenheit, um die ich mich kümmern musste, bevor mein Vater die Debatten endgültig beendete. Ich spürte, dass mir die Zeit davonlief, und wusste, dass ich schnell handeln musste. Meine Mutter half mir. Zuerst sorgte sie dafür, dass die Luft rein war, als ich den Anruf tätigte. Dann nahm sie mich am nächsten Tag zum Markt mit. Wir verabschiedeten uns auf dem Markt in der Nähe ihrer Werkstatt und vereinbarten, uns dort in zwei Stunden wieder zu treffen.

Als ich nach so langer Zeit wieder in Johns Labor trat, war es, als hätte es die Fatwa, die Meute und die Debatten nie gegeben. Wir unterhielten uns angeregt über seine Arbeit, die Bekehrung meiner Mutter und die Heilung meines Bruders. Ich konnte nicht aufhören, zu lächeln und mich darüber zu freuen, was Gott in unser beider Leben tat.

Doch bald holte die Realität uns ein.

»Wir haben nicht viel Zeit«, sagte er. »Mein Pastor ist bereit.«

Er begleitete mich aus seinem Labor hinaus zu seinem Auto. Dann fuhren wir auf die andere Seite der Stadt – in ein Viertel, in dem ich nie zuvor gewesen war. Es war eines der ärmsten Gebiete in der Umgebung und das Zuhause vieler Christen, die als Straßenkehrer arbeiteten.

In der Vergangenheit hätte ich Angst gehabt, dort gesehen zu werden. Obwohl ich nun Christin war, war es riskant für jemanden, der wie ich in einen islamischen Ganzkörperschleier gekleidet war, sich dort aufzuhalten. Nicht alle Christen waren wie John, das wusste ich. Viele Christen in Pakistan waren Muslimen gegenüber sogar feindlich gesinnt. Infolge jahrelanger Misshandlungen und Feindseligkeiten reagierten sie selbst manchmal voller Furcht und Misstrauen.

Doch an jenem Tag hatte ich überhaupt keine Angst. Ich wusste, dass das Risiko bestand, angehalten und ausgefragt zu werden. Doch was konnten sie schon mit mir tun, das schlimmer war, als das, was mein Vater plante? Wir stellten das Auto ab und gingen die letzten Straßenblöcke zu Fuß, bis wir zu einem unauffällig aussehenden Gebäude in einer unscheinbaren Straße gelangten. Es war mir egal, dass die Menschen mich anstarrten, schließlich war ich wie ihre Verfolger gekleidet. Sie hatten jedes Recht, ängstlich zu sein.

Jeder wusste, was islamische Extremisten mit Christen taten. Neulich hatte ein christliches Mädchen, das wegen Diebstahls angeklagt worden war, von einem islamischen Gericht die Todesstrafe erhalten. Ein christlicher Mann, dessen Vergehen nicht einmal genau bekannt war, war an Händen und Füßen gefesselt und durch die Straßen geschleift worden. Auch dies geschah mit der Unterstützung von islamischen Beamten. Als die Meute aufhörte, ihn hinter sich her zu schleifen, brachte sie ihn innerhalb von Minuten um.

Ich erinnerte mich auch an eine muslimische Frau, die Lehrerin an meiner Uni gewesen war. Als ihre fünf Kinder noch klein waren, starb ihr Mann. Ein Jahr nachdem sie verwitwet war, verkündete sie, dass sie einen Christen heiraten wolle. Die Menschen versammelten sich auf der Straße, um zu protestieren. Sie schrien, dass es falsch sei, einen Ungläubigen zu heiraten. Die Frau stand mit ihren Kindern auf der Straße und flehte die Menge an, sie und ihre Familie zu verschonen. Sie versprach, ihre Heiratspläne aufzugeben. Doch danach wurde sie nie wieder in die Gemeinschaft aufgenommen. Sie verlor ihren Job, ihr Zuhause – alles.

Als ich ein Kind war, gab es in unserer Nähe eine Frau, die vom Christentum zum Islam konvertiert war, als sie geheiratet hatte. Sie wurde als Paria, als Außenseiterin, betrachtet. Niemand nahm das

Essen an, das sie als Geschenk von Haus zu Haus sandte. Obwohl die gekochten Mandeln und Cashews in Milch sehr lecker rochen, befahl mir meine Mutter, sie nicht anzurühren. »Das Blut in ihr ist christliches Blut«, sagte sie. Und als die Kinder dieser Frau im heiratsfähigen Alter waren, wollte keiner sie heiraten. Es gab kein Erbarmen für sie. Niemals.

Ich stand in der Kirche und sah den Pastor an. Er wirkte nervös.

»Bist du sicher, dass niemand euch auf dem Weg hierher gesehen hat?«

»Ja«, sagte John.

Der Pastor sah mich an. »Und du hast niemandem davon erzählt?«

»Niemandem«, sagte ich.

Er biss sich auf die Lippe und warf zum dritten Mal, seit wir hereingekommen waren, einen prüfenden Blick aus dem Fenster.

»Ich bitte Sie«, sagte ich, »wenn ich sterbe, möchte ich als Christin sterben. Ich will getauft werden. Niemand außer uns wird je davon erfahren.«

Er sah zu John und dann zurück zu mir. »Okay«, sagte er. »Aber wir müssen uns beeilen.«

Er sprach ein wenig darüber, was Taufe bedeutet und welche Gebete er sprechen würde. Dann erklärte er, wie er mit Wasser das Kreuzzeichen auf meine Stirn zeichnen würde. Als er mit seinen Erläuterungen fertig war, hielt er inne. »Es ist üblich, dass Menschen mit muslimischen Namen sich einen neuen Namen aussuchen, wenn sie Christen werden. Bei welchem Namen möchtest du genannt werden?«

»Das ist einfach«, sagte ich. »Von nun an möchte ich Esther heißen.«

Am nächsten Tag, einem Donnerstag, wachte ich spät, aber bereit auf. Ich hatte auch zuvor kaum Angst gehabt, doch als ich nun auf meinem Bett saß und in freudigen Gedanken schwelgte, wie es sein würde, Jesus gegenüberzustehen, erkannte ich, dass nun auch die letzten Spuren der Furcht verschwunden waren.

Meine Taufe war eine schlichte Zeremonie gewesen. Ich hatte die meiste Zeit geweint, aber nicht aus Angst oder Traurigkeit. Warme, schwere Tränen waren mir aus einem einzigen Grund über die Wangen gelaufen: Liebe. Wenn ich mich je gefragt hatte, ob Jesus eine Sünderin wie mich lieben könne, räumte meine Taufe jeden Zweifel für immer aus. Ich weiß nicht wieso, aber ich wusste: Gottes Liebe für mich war echt.

Ich war mit dem Frieden Gottes im Herzen zu Bett gegangen und mit dem gleichen Gefühl wieder aufgewacht.

»Ich bin jetzt ein Kind deines Königreichs«, sagte ich laut zu meinem leeren Schlafzimmer. »Es gibt nichts am Tod, was mir Angst macht.«

Für jenen Tag war keine Debatte angedacht. Ich ging in der Erwartung nach unten, dass es im Haus ruhig sein würde. Doch das war es nicht. Neugierig ging ich nachsehen, wer im Versammlungsraum war.

Mein Vater sprach mit Anwar und einem Dutzend oder mehr anderer Geistlicher. Sie sahen mich zunächst nicht. Ich wusste genau, wovon sie sprachen. Worte wie *Dschihad* und *Himmel* und *Kafir* flogen durch den Raum.

»Ihr solltet mit ihm sprechen«, sagte ich, indem ich auf Anwar zeigte. Das Gespräch wurde unterbrochen, und alle wandten sich zu mir um. »Er ist derjenige, der mir zuerst erzählt hat, dass die Bibel uns viel über die Propheten lehren kann. Stimmt's?«

»Ja«, sagte er. »Das stimmt.«

Bevor ich noch mehr sagen konnte, lief mein Vater auf mich zu und schloss vor mir die Tür.

Eine Stunde später kam meine Mutter schluchzend in mein Zimmer. »Ich habe sie gehört, als sie gegangen sind. Sie haben gesagt, dass du nicht zum Islam zurückkehren wirst. Sie werden dich morgen nach den Gebeten töten.«

Ihr Schluchzen wurde lauter. Ich versuchte, sie zu trösten, indem ich ihr sagte, dass es in Ordnung sei. Schließlich hatten wir beide gewusst, dass dies geschehen würde. Von dem Augenblick an, in dem ich Christin geworden war, hatte ich gewusst, dass ich bestraft werden würde und dass niemand mich je wieder akzeptieren würde. Es gibt keine Gnade, kein Erbarmen, keine Liebe im Islam.

Als meine Mutter wieder zu Atem kam, sprach sie leise: »Sie haben gesagt, dass sie an dir ein Exempel statuieren wollen, sodass niemand in Pakistan je versuchen wird, in deine Fußstapfen zu treten. Sie reden deinem Vater ein, dass Kinder von Gott gegeben sind und es Allahs Wille sei, dich zu töten. Das ist sein Dschihad. Wenn er dich selbst tötet, wird er nach seinem Tod direkt in den Himmel kommen.«

Ja, dachte ich. *Natürlich sagen sie das.* Das Versprechen, dem Gericht zu entkommen und Allahs Gunst zu gewinnen, war ein sehr starker Anreiz. Er war stark genug, dass auch ich in Betracht gezogen hatte, eine Selbstmordattentäterin zu werden, und stark genug, um den Mann, der mich gezeugt hatte, in meinen Mörder zu verwandeln.

»Es ist okay, Ami. Du bist Christin und ebenso drei deiner Kinder. Wenn ich bis in den Tod standhaft bleibe, glaube ich, dass noch viele andere Jesus kennenlernen werden. Wenn durch meinen Tod noch mehr Menschen zu Jesus finden, bin ich glücklich. Durch Jesu Tod kamen viele Menschen zu ihm – und auch Paulus sowie fast alle anderen Apostel erlitten schmerzhafte Tode. Es war Teil von Gottes Plan. Vielleicht ist das auch sein Plan für mich.«

Sie sah mich an, und erneut liefen Tränen über ihr Gesicht.

»Ich will nur bis zum Schluss standhaft bleiben.«

Ich verbrachte einige Stunden damit, ein Buch zu lesen, das John mir geschenkt hatte. Er sagte, dass das übliche Geschenk für Neubekehrte eine Bibel sei, doch er hatte etwas anderes für mich ausgesucht. Es war ein Buch über christliche Märtyrer.

Das Sonnenlicht wanderte durch mein Zimmer, während ich die Geschichten verschlang. Manche Christen waren bei lebendigem Leibe gehäutet worden, andere waren gesteinigt worden und wieder andere hatten so brutale Tode erlitten, dass ich mir nicht einmal vorstellen konnte, wie jemand auf solche Ideen kommen konnte. Doch überraschenderweise verspürte ich mit jeder Geschichte, die ich las, mehr Frieden. Ich würde bald beim Herrn sein.

Würde er meinen Geist zu sich holen, während mein Vater grausame Dinge mit meinem Leib tat? Oder würde ich bis zum Schluss in meinem Fleisch bleiben? Was immer ich erleben würde, ich wusste, dass es nicht vergleichbar wäre mit dem, was Jesus durchgemacht hatte. Selbst wenn ich ausgepeitscht und angespuckt, verhöhnt und geschlagen werden würde, schwor ich, mein Leiden still zu ertragen, wie mein Retter es getan hatte.

»Herr«, betete ich, »wie viele Tropfen meines Blutes auch immer vergossen werden, bitte lass die Zahl der Seelen, die durch meinen Tod zu dir kommen, genauso groß sein.«

Meine Mutter berührte meinen Arm und unterbrach meine Konzentration auf das, was ich las.

»Das ist nicht richtig«, flüsterte sie. »Ich kann es nicht ertragen, zuzusehen, wie sie dich töten. Ich habe dich zur Welt gebracht. Das ist einfach nicht richtig.«

»Ami, es ist in Ordnung. Ich werde der Blasphemie beschuldigt, weil ich den Islam verlassen und meine Liebe zu Jesus erklärt habe. Sie werden mich töten. Es wäre verrückt, zu denken, dass sie ihre Meinung ändern könnten.«

»Nun, ich bin nicht einverstanden. Ich will dir helfen zu fliehen.«

»Nein«, sagte ich. »Was ist, wenn mich jemand sieht? Er würde mich auf der Stelle töten. Und was für einen Sinn hätte mein Tod noch, wenn er nicht öffentlich ist? Ich will außerdem nicht, dass die Leute denken, dass ich aus Angst davonlaufe.«

»Niemand glaubt, dass du Angst hast, Zakhira. Du hast allen die Stirn geboten und mit ihnen debattiert. Aber wenn du wegläufst und fliehst, wird Gott dich vielleicht retten, damit du noch vielen anderen Menschen von Jesus erzählen kannst.«

»Glaubst du das wirklich?«

Sie nickte.

Ich spürte, wie mein Atem schwer wurde, so wie damals, als ich aus dem Traum erwachte, in dem ich Jesus begegnet war. Das Gefühl des Friedens war stärker als je zuvor.

»Okay«, sagte ich. »Wenn es wirklich Gottes Wille ist, dann werde ich es lebendig hier herausschaffen.«

TEIL 4

Geh in ein anderes Land, das Gott dir geben wird

Vierundzwanzig

Ich wachte davon auf, dass jemand meine Schulter berührte. Meine Mutter beugte sich über mich und flüsterte so leise, dass ich es kaum hören konnte: »Es ist beinahe 2 Uhr. Du musst gehen.«

Ich folgte ihr aus meinem Zimmer und zur Hintertür. *Herr,* betete ich bei jedem Schritt, *bitte lass meinen Vater tief schlafen.* Meine Mutter schloss vorsichtig die Tür auf, reichte mir meine Schultasche, die ich immer an der Tür stehen hatte, und zog mich an sich, um sich zu verabschieden. Als sie sprach, spürte ich ihren warmen Atem an meinem Ohr. »Ich werde dich vielleicht nie wiedersehen«, sagte sie. Sie rang mit sich, um die Tränen zurückzuhalten. Ich tat dasselbe. Wir wollten beide nicht mehr Lärm machen, als unbedingt nötig war.

Sie schloss schnell die Tür hinter mir. Wir lebten in einem geschäftigen Stadtteil, doch ich hatte noch nie eine so tiefe Stille auf den Straßen erlebt. Ich schlüpfte durch das Metalltor und schaute in beide Richtungen. Meine Augen scannten die Lichtkreise der Straßenlaternen. Nichts regte sich. Die Welt stand still.

Ich ging einige Schritte, hielt aber an, als ich ein Auto sah, das über die Kreuzung am Ende der Straße fuhr. War ich entdeckt worden? Ich lauschte, doch das Motorengeräusch entfernte sich wieder. Ich wickelte mich enger in meinen Schal und ging weiter. Ich überquerte die Straße, um einigen Laternen auszuweichen, und blieb ein paarmal stehen, weil ich Autos hörte. Ich war versucht, der in mir aufsteigenden Panik nachzugeben und loszurennen, doch ich wusste, dass ich es nicht durfte. Ich beruhigte mich selbst, indem ich versuchte, die Dinge aufzuzählen, die ich in meiner Tasche hatte: etwas Taschengeld, mein Hochschuldiplom, einige Stifte und meinen Koran voller Textmarker-Tinte und gekritzelten Notizen. Aus irgendeinem Grund war es mir nicht in den Sinn gekommen, Kleidung einzupacken.

Ich hatte keine Zeit gehabt, das Ganze zu durchdenken. Nachdem meine Mutter mich zur Flucht überredet hatte, waren die restlichen Stunden des Tages verschwommen. Es gelang ihr, meinen Vater für ein paar Minuten aus dem Haus zu locken, was mir genug Zeit gab, um John auf der Arbeit anzurufen.

»Ich bin in Schwierigkeiten«, erzählte ich ihm. »Meine Mutter wird mir helfen, aus dem Haus zu entkommen, aber ich muss bald los. Kannst du mir helfen?«

»Okay.« Seine Worte waren klar und fest – es lag kein Zögern in seiner Stimme. »Was kann ich tun?«

»Warte heute Nacht um 2:15 Uhr neben dem Baum vor der alten Vorschule auf mich. Wenn du siehst, dass mir jemand folgt, ignorier mich und fahr weg.«

Bei jedem Schritt, den ich ging, dankte ich Gott für John. Ich hatte ein Todesurteil über meinem Kopf schweben, doch niemand wusste etwas von John. Er riskierte alles für mich.

Ich dankte Gott auch für meine Mutter. Ich versuchte, mir vorzustellen, was geschähe, wenn mein Vater aufwachte. Wenn er sie verdächtigte, in irgendeiner Weise an meiner Flucht beteiligt gewesen zu sein, würde er die ganze Kraft seines Zorns auf sie richten.

Als ich um eine Ecke bog, sah ich, dass John wartete. Ich verspürte den Drang, mich umzudrehen, um zu sehen, ob ich verfolgt wurde. John blieb, wo er war, sah nach links und rechts und reckte seinen Hals, um hinter mich zu sehen. Als ich nur noch etwa 30 Meter von ihm entfernt war, begann ich zu rennen.

»Gehen wir«, sagte er. Er führte mich zu seinem Motorrad, das in einer Seitenstraße stand.

Wir fuhren durch die Stadt. Nach ein paar Minuten hörte ich auf, auf den Weg zu achten. Ich schloss die Augen und hielt mich am hinteren Teil des Motorrads fest, während ich meinen Kopf an Johns Rücken lehnte. Ich konnte spüren, wie er sich immer wieder umdrehte, um sich zu vergewissern, dass niemand uns folgte.

Als wir endlich anhielten und John den Motor abstellte, waren wir in einem Teil der Stadt, in dem ich noch nie gewesen war. Ich folgte ihm durch eine schmale Gasse und über eine Treppe hinauf in eine kleine Wohnung. John stellte mich einem Mann und einer Frau in den Zwanzigern vor, die mir mitteilten, dass ich ein paar Tage bei ihnen bleiben könne. Sie versicherten mir, dass ich ihnen nicht erzählen müsse, was mit mir geschehen war. Ich fühlte mich plötzlich schüchtern und verletzlich, obwohl ihre Freundlichkeit unmissverständlich war.

»Du kannst hier schlafen«, sagte der Mann leise, während er mich in ein Zimmer führte, in dem seine drei kleinen Töchter auf Matten auf dem Boden schliefen.

»Wir sind auch Christen«, fügte er hinzu. »Du bist hier sicher.«

Ich setzte mich auf eine freie Matte und lauschte dem leisen Gemurmel von John und dem Mann, die sich im Nebenraum unterhielten. Ich sah zu den Mädchen hinüber, die einander im Schlaf mit ihren Armen und Beinen umschlungen hielten. Sie waren kaum alt genug, um zur Schule zu gehen. Ich fühlte mich plötzlich noch jünger als die Kleinste von ihnen – schwach und verletzlich. Ich war dem Schutz meiner Mutter entrissen worden. Ich hatte mich noch nie so allein gefühlt.

Ich versuchte, meine Gedanken zu ordnen, um zu beten. Ich dankte Gott für diese nette, mutige Familie. Ich dankte ihm dafür, dass er mich gerettet hatte, und bat ihn, mich weiterhin zu beschützen. Als ich in den Schlaf glitt, versuchte ich, meine Ängste in Schach zu halten. *Haben sich Paulus und die Apostel jemals so gefühlt?*, fragte ich mich.

»Bitte finde einen Mann und heirate!« Dies waren einige der letzten Worte gewesen, die meine Mutter gesagt hatte, als wir uns in der vorigen Nacht an der Tür umarmten. Während das Schlafzimmer der Mädchen vom Sonnenlicht geflutet wurde und meine Ängste sich allmählich legten, kam mir die Bitte meiner Mutter wieder in den Sinn.

Wenn ich über die Zukunft nachdachte, wusste ich, dass meine Mutter recht hatte. Es war schon schwer genug, als alleinstehende Frau in Pakistan zu überleben, doch für mich, die ich auf der Flucht war, war es quasi unmöglich. Doch wie könnte ich heiraten? Wer würde mich nehmen?

Es gab nur eine Person, die ich fragen konnte.

Als John später an jenem Morgen mit frischem Naan und süßem Chai für mich kam, wartete ich auf den richtigen Augenblick. Er fragte mich, wie ich geschlafen hatte, und ich erzählte ihm, wie nett meine Gastgeber waren. Dann aßen und tranken wir schweigend. Mein Magen war so verkrampft, dass ich gar keinen Hunger hatte, doch ich zwang mich, ein paar winzige Bissen zu essen.

Ich war endlich in Sicherheit, und trotzdem hatte ich mich nie zuvor so verletzlich gefühlt. Ich war von Menschen umgeben, mit denen ich vollkommen offen über meinen Glauben reden konnte, und trotzdem hatte ich mich noch nie so allein gefühlt.

»Ich habe eine Bitte«, sagte ich, als die Stille zwischen uns zu schwer wurde. »Ich habe keine Wahl. Meine Mutter hat mir gesagt, dass ich nicht unverheiratet mit einem Mann zusammenleben soll. Sie will, dass ich heirate. Wenn du mich heiraten würdest, wäre mir das eine große Hilfe.«

Ich sah, wie ein Lächeln Johns Lippen zu umspielen begann. Dann wurde sein Ausdruck ernst und er atmete tief ein. Ich bereitete mich auf eine Abfuhr vor und senkte meinen Blick, um das Brotstückchen in meinen Händen anzustarren. In Pakistan machten Frauen Männern einfach keinen Antrag. Was hatte ich mir dabei gedacht, ihm eine solche Frage zu stellen? Und warum sollte ein Christ wie John eine Frau wie mich nehmen?

»Ja«, sagte er. »Ich werde dich heiraten.«

Ich blickte auf. Er machte immer noch ein ernstes Gesicht, doch seine Stimme war voller Wärme und Liebe: »Ich habe dich schon gemocht, seit du anfingst, mich um eine Bibel zu bitten. Aber du hast nie etwas gesagt.«

Einen Moment lang wusste ich nicht, was ich sagen sollte. Ich mochte ihn auch, doch ich hatte meine Gefühle tief in meinem Innern vergraben. Ich hätte nie zu hoffen gewagt, dass er mich überhaupt annehmen würde.

Wir begannen, über die Einzelheiten zu sprechen. John sagte, dass er sich mit seiner Mutter und seinem Pastor treffen wollte, da sein Vater tot war. Wir benötigten zwar nicht die Erlaubnis von Johns Familie und seiner Kirche, doch wir wollten ihren Segen – und ihren Schutz.

Ich war immer noch wie benebelt. Würde ich wirklich heiraten – und dann noch einen christlichen Mann? Nachdem John gegangen war, um mit seinem Pastor zu reden, verbrachte ich den restlichen Tag allein in der Wohnung. Ich lieh mir eine Bibel und verlor mich in ihren Seiten.

Als John später am Tag zurückkehrte, sah er besorgt aus. »Mein Pastor wird uns nicht trauen«, teilte er mir mit. »Er sagt, dass es zu gefährlich für den Rest der Gemeinde ist.«

Wir saßen eine Weile still da.

»Was ist mit deiner Mutter?«, fragte ich.

»Ich habe mit ihr und einigen Freunden gesprochen, sie sind alle besorgt um mich. Doch um sie mache ich mir keine Gedanken – nur um meinen Pastor. Wenn er nicht einwilligt, uns zu trauen, werden wir gerichtlich heiraten müssen. Bist du dazu bereit?«

Das war ich. Eine öffentliche Zeremonie würde ein größeres Risiko bedeuten, doch wir hatten keine Wahl. Trotzdem wollte ich die Idee einer christlichen Hochzeit nicht so leicht aufgeben. Jahrelang hatte ich in einem weißen Kleid heiraten wollen. Nun, da ich so viel von meinem alten Leben zurückgelassen hatte, fühlte sich dieser eine Traum wie etwas an, für das es sich zu kämpfen lohnte. Es würde keine Menschenmengen oder ausgedehnten Feierlichkeiten geben wie bei einer traditionellen muslimischen Hochzeit, doch das war nicht von Belang. Ich wollte, dass wir unsere Ehe vor Gott eingingen und uns unsere Versprechen in seinem Haus gaben. Das war mir am wichtigsten.

»Was, wenn ich mit deinem Pastor rede?«

John stimmte zu. Nach einem Anruf beim Pastor fuhren wir den kurzen Weg zur Kirche.

»Herr Pastor«, sagte ich, als ich vor ihm stand und erneut versuchte, ihn zu überreden, sich selbst und seine Gemeinde in Gefahr zu bringen. »In der Bibel steht, dass Gott wie ein Hirte ist, der hundert Schafe hat. Wenn eines verloren geht, lässt er die 99 anderen zurück und macht sich auf die Suche nach dem einen.[25] Ich bin dieses eine Schaf. Er kam und fand mich – er rettete mich.

Doch ich bin noch nicht sicher zu Hause angekommen. Würden Sie uns also bitte trauen?«

Der Pastor wischte sich die Tränen aus den Augen und sah John und dann wieder mich an. »Ihr müsst mir versprechen, dass ihr niemandem erzählt, dass ich es getan habe.«

»Ich verspreche es«, sagte ich.

»Du wirst auch deiner Familie nicht sagen, wo du geheiratet hast?«

»Ich verspreche es«, sagte ich. »Ich werde es niemandem sagen.«

Nach der Hektik der letzten Tage – der Flucht Donnerstagnacht und dem Antrag an John am Freitag – stand mir eine ganze Woche des Wartens bevor, bis wir heiraten konnten. Ich hätte die Zeremonie gerne früher gehabt, doch der Pastor bestand darauf, dass wir sie durchführten, wenn die Straßen am leersten waren. Also warteten wir bis zum Ende der Woche, wenn alle treuen Muslime in die Moschee gingen, um an den Freitagsgebeten teilzunehmen.

Ich blieb weiterhin in der Wohnung von Johns Freunden. Die Frau brachte mir eine Auswahl von Hochzeitskleidern zum Anprobieren mit. In jenen Momenten, wenn weiße, fließende Kleider das enge Schlafzimmer füllten und die kleinen Mädchen schüchtern kicherten, fühlte ich mich fast wieder wie eine sorglose Teenagerin.

Doch mein Geheimnis war nie weit von der Oberfläche entfernt. Zur Sicherheit der Familie erzählte ich ihnen nichts von meiner Vergangenheit außer, dass ich von zu Hause weggelaufen war. Auch John kannte nicht die ganze Geschichte. Er wusste nicht, wie nah ich daran gewesen war, mir eine Suizidweste umzuschnallen und unschuldige Christen wie ihn oder die nette Familie, die mich nun beherbergte, zu töten.

Sollte ich es ihm erzählen? Ich rang die ganze Woche mit dieser Frage. Ein Teil von mir wollte ihm alles über meine Vergangenheit erzählen und ohne Geheimnisse in die Ehe starten. Doch wie konnte ich erwarten, dass er die Finsternis verstand, aus der ich gekommen war, und die Art und Weise, wie mein Herz durch Leid, Lügen und Hass verdorben worden war? John und ich wussten ja ohnehin nur wenig voneinander.

Schlussendlich entschied ich zu warten. Ich versprach mir selbst, dass ich ihm alles erzählen würde, sobald der richtige Zeitpunkt gekommen war.

Je näher der Tag unserer Hochzeit rückte, desto mehr erinnerte ich mich an die Hochzeiten meiner älteren Schwestern. Beide waren aufwendige Veranstaltungen mit Hunderten Gästen gewesen. Wir hatten mehrere Tage lang gefeiert. Erinnerungen an das Essen, die Musik, die Farben und die Menschenmengen erfüllten meine Sinne. Ich hatte meinen Vater nie so glücklich gesehen wie bei diesen beiden Ereignissen.

Meine Hochzeit hätte unterschiedlicher nicht sein können. Nur eine Handvoll Leute waren da: Johns Mutter, sein Bruder und die Freunde, in deren Wohnung ich untergekommen war. Wir mussten die Zeremonie schnell und leise abhalten. Es gab Momente, in denen ich an meinem weißen Kleid herabsah und mich ein wenig befangen fühlte. Warum hatte ich ausgerechnet das weißeste, auffälligste Kleid ausgesucht, wenn ich doch vor Fremden heiratete?

Außerdem vermisste ich meine Mutter. Es fühlte sich falsch an, dass sie und meine Geschwister nicht dabei waren. Noch schlimmer: Keiner von ihnen wusste überhaupt, dass die Zeremonie stattfand. Doch für die Sicherheit aller Beteiligten war die Abwesenheit meiner Familie ein Preis, den es sich zu zahlen lohnte.

Schlussendlich ließen meine Nervosität und die leichten Anflüge der Melancholie nach. Ich sah John an, als er sich zu mir umwandte und mir sagte, dass er mich von diesem Tag an zur Frau nehmen würde. Als ich an der Reihe war zu sprechen, war meine Stimme leise – nicht aus Zweifel oder Furcht, sondern wegen des feierlichen Gewichts der Worte. »Dich zu lieben und zu ehren in guten wie in schlechten Zeiten, in Reichtum und Armut, in Gesundheit und Krankheit, bis dass der Tod uns scheidet.«

Es schien seltsam, am Tag unserer Hochzeit vom Tod zu sprechen, insbesondere angesichts der Bedrohungen, die mir auf den Fersen folgten. Doch es gemeinsam zu tun, in dem Wissen, dass wir von nun an alles Seite an Seite bewältigen würden, veränderte etwas tief in mir. Ich war nicht mehr allein. Gott hatte den perfekten Partner für mich gefunden. Endlich – zu guter Letzt – war ich sicher.

Nach der Hochzeit zogen wir bei Johns Mutter ein. Ich war dankbar, jemanden zu haben, den ich *Ami* nennen konnte, nachdem ich mein Zuhause so überstürzt verlassen hatte. Doch ich war auch froh, dass sie einige meiner vielen Wissenslücken über den Mann, den ich geheiratet hatte, füllen konnte. Ich hörte staunend zu, wenn sie beschrieb, wie John als Kind gewesen war. »John war nicht wie die anderen Kinder in unserem Dorf«, erzählte sie. »Sogar unter den Christen in unserer Gemeinschaft stach er heraus.«

Während andere Christen über ihren Glauben schwiegen, sah John keinen Grund darin, seinen Glauben zu verbergen. Stattdessen verkündete er mutig seine Liebe zu Jesus. Sie erzählte eine Geschichte nach der anderen, während John danebensaß, höflich lächelte oder mit der Hand durch die Luft wedelte, wann immer ihm die Aufmerksamkeit peinlich wurde. Ich genoss jeden Augenblick.

Von allen Geschichten über Johns Vergangenheit war eine mein klarer Favorit. John war damals erst fünf Jahre alt, doch sein Mut und seine Leidenschaft übertrafen die der meisten Erwachsenen, die ich kannte. Als er zu verstehen begann, dass Muslime und Christen grundsätzlich verschiedene Ansichten über Jesus hatten, beschloss er, etwas dagegen zu tun. Eines Freitagnachmittags schlich er sich von zu Hause fort und lief den kurzen Weg zur örtlichen Moschee. Er hielt eine Bibel in den Händen.

Als die Leiter der Moschee ihn mit der Bibel sahen, fragten sie ihn: »Was ist das?«

»Das ist meine Bibel, und ich möchte sie drinnen vorlesen«, sagte John.

Einer der Leiter sah Johns Mutter herankommen und befahl: »Geh zurück nach Hause!«

An dieser Stelle wurde der Gesichtsausdruck von Johns Mutter nachdenklich. »Ich glaube, dass dies ein Zeichen für seinen Vater und mich war«, sagte sie. »Gott hatte einen Plan für Johns Zukunft.«

In den darauffolgenden Jahren fuhr John in ähnlicher Weise fort. Er lebte mit einem Mut und einem Gefühl der Freiheit, die viele andere Christen in Pakistan nicht hatten. Johns Eltern ermutigten ihn weiterhin und brachten ihm und seinem Bruder bei, wie man die Bibel im Alltag anwendet.

Als John alt genug war, um selbst zu lesen, begriff er allmählich, was Jesus, die Jünger und der Apostel Paulus gemeinsam hatten: Sie wurden in ihrem Dienst für Gott geschlagen, eingesperrt und getötet. Dies war eine Erkenntnis, die dauerhafte Auswirkungen auf ihn hatte, ihn mit Mut und Mitgefühl erfüllte und ihn lehrte, auf Gottes Stimme zu hören, auch wenn das bedeutete, sein Leben zu riskieren.

Meine Hand zitterte, als ich die Nummer wählte.

In der Woche seit unserer Hochzeit hatte ich John ein wenig von meinem Vater erzählt. Ich erklärte, wie zornig er darüber gewesen war, dass ich dem Islam den Rücken gekehrt hatte, und berichtete ihm von den Debatten. Ich erzählte ihm von meiner Hoffnung, dass sich mein Vater nun, da ich eine Ehefrau und somit die Verantwortung eines anderen Mannes war, vielleicht weniger verpflichtet fühlen würde, ein öffentliches Exempel an mir zu statuieren. »Wenn er sich nicht mehr für mich verantwortlich fühlt, akzeptiert er vielleicht, wer ich jetzt bin.«

John hörte zu und nickte sanft.

»Vielleicht erlaubt er mir, für einen Besuch nach Hause zu kommen«, fügte ich hinzu. »Vielleicht wird der Herr sein Herz erweichen, so wie er es bei meiner Mutter, meiner Schwester und meinem Bruder getan hat.«

Wir beschlossen, dass ich zu Hause anrufen und meiner Familie die Neuigkeiten mitteilen würde. Es hatte sich so leicht angehört, als wir es besprochen hatten. Doch als ich nun darauf wartete, dass jemand ans Telefon ging, spürte ich, wie die Angst mir die Kehle zuschnürte.

»Hallo?«

Ich seufzte vor Erleichterung auf. Es war noch gar nicht lange her, dass wir uns getrennt hatten, doch es tröstete mich sehr, die Stimme meiner Mutter zu hören. »Hallo Ami«, sagte ich. »Ich habe Neuigkeiten für dich. Ich habe geheiratet! John, den Mann, der mir von Jesus erzählt hat.«

»Das ist wirklich gut, Zakhira. Ich bin so glücklich! Bist du glücklich?«

»Ja!«, lachte ich. »Ich bin glücklich.« Ich hielt inne. Ich wusste, was ich als Nächstes sagen musste. »Kann ich mit Vater sprechen?«

Er kam schneller ans Telefon, als ich erwartet hatte. Als er Hallo sagte, war der Tonfall seiner Stimme undurchdringlich.

»Ich habe geheiratet«, sagte ich. »Einen Christen.«

»Einen Christen?« Seine Stimme war warm und freundlich, was mich überraschte. »Das ist gut. Das ist wirklich gut. Wie heißt unser Schwiegersohn?«

»John.«

»John. Das ist ein guter Name. Und hat er Arbeit? Wir müssen sichergehen, dass er für dich sorgen kann!«

»Ja, er hat eine gute Stelle in einem medizinischen Labor.«

»Das ist gut. Und wo wohnt ihr jetzt? Ist das deine neue Telefonnummer?«

Ich erzählte ihm, in welchem Stadtteil wir wohnten und dass er jederzeit anrufen könne. Es fühlte sich gut an, in dieser Weise mit ihm zu reden. Es war Jahre her, dass wir so lange miteinander gesprochen hatten. Und seit dem Tag mit dem Panda-Eis hatte ich nicht mehr solch eine Wärme in seinem Verhalten mir gegenüber gespürt. Ich beschloss, ein Risiko einzugehen.

»Kann ich vorbeikommen und euch besuchen? Wenn du es erlaubst, würde ich gerne kommen und dich und Ami und alle anderen sehen.«

»Ja! Natürlich kannst du kommen. Und bring unseren Schwiegersohn mit! Wir müssen ihn kennenlernen. Kommt gleich morgen Abend!«

Als ich zurück ins Schlafzimmer kam, sah John mich an und versuchte, mein Gesicht zu lesen. »Und?«, sagte er. »Hast du mit deinem Vater gesprochen?«

»Ja«, sagte ich, verwirrt von dem Gespräch.

»Geht es deiner Familie gut?«

»Ja, ich denke schon. Er hat gesagt, dass wir sie besuchen können. Morgen.«

»Das ist gut, oder?«

Am nächsten Tag, als John gerade unter der Dusche war und ich meine Haare machte, um mich auf den Besuch bei meinen Eltern vorzubereiten, klingelte das Telefon. Es war meine Mutter.

»Kommt nicht hierher!« Sie sprach die Worte hastig. »Dein Vater hat alle Einzelheiten aufgeschrieben, die du ihm erzählt hast, und er hat Leute unten versammelt. Sie haben Pistolen. Sie sprechen davon, euch beide zu töten. Ihr könnt nicht bleiben, wo ihr jetzt seid. Ihr müsst fliehen!«

Sie beendete den Anruf, bevor ich irgendetwas erwidern konnte. Doch selbst wenn sie in der Leitung geblieben wäre, bezweifle ich, dass ich Worte gefunden hätte. Ich fühlte mich ausgehöhlt. Die Hoffnung, an die ich mich geklammert hatte, seit ich mein Zuhause mitten in der Nacht verlassen hatte, war aus meinem Herzen gerissen worden. Und nun war es nicht nur mein Leben, das in Gefahr war, sondern auch Johns.

Ich klopfte an die Badezimmertür. »John?«, sagte ich. »Wir können nicht gehen.«

Ich erzählte ihm von dem Anruf, während ich versuchte, meine Panik in Schach zu halten. John wirkte besorgt, doch sobald ich fertig geredet hatte, zog er zwei Taschen hinter der Tür hervor. Er füllte sie mit einigen seiner Kleidungsstücke und allen Sachen, die er in der vergangenen Woche für mich gekauft hatte.

»Wir müssen sofort los.«

Dreißig Minuten später fand ich mich erneut vor einer offenen Tür wieder, wo ich eine Frau umarmte und mich verabschiedete. Diesmal war es Johns Mutter, die mit mir weinte.

»Wenn sie hierherkommen«, sagte John, »sag ihnen, dass wir vor vielen Tagen fortgegangen sind und du nicht weißt, wo wir sind.«

Minuten später saßen wir in einer Rikscha und fuhren in Richtung Bahnhof. Noch in derselben Stunde verließ unser Zug die Stadt und brachte die ersten von 1500 Kilometern zwischen uns und meinen Vater. Ein Sonnenuntergang durchflutete das Abteil mit feurigen Farben. John und ich sahen schweigend zu, während wir durch flache, weite Landschaften mit verstreuten einstöckigen Häusern und kleinen Bauernhöfen fuhren. Ich drückte seine Hand. »Jetzt wird alles gut werden, oder?«

»Natürlich«, sagte er. »Ich passe auf dich auf.«

Fünfundzwanzig

Johns Tante bot uns ein Zimmer in ihrem Haus am Stadtrand von Quetta an. Für sie waren wir nur ein glückliches, frisch verheiratetes Paar, das seine verlängerten Flitterwochen genoss. Obwohl wir 18 Stunden von unserer Heimat entfernt waren, beschlossen John und ich, dass es besser für seine Tante war, so wenig wie möglich über meine Vergangenheit zu wissen. Da ich mich wie eine Christin kleidete und bei meinem christlichen Namen genannt wurde, ließen wir Johns Tante und ihre Familie in der Annahme, dass ich den gleichen Hintergrund hatte wie sie. John und ich waren uns einig, dass es so sicherer sei.

Bereits einige Wochen nach unserer Ankunft entdeckte ich, dass ich schwanger war. Wir freuten uns sehr. John fand bald Arbeit in einem nahegelegenen medizinischen Labor, während ich meine Tage damit verbrachte, die Bibel zu studieren, auszuruhen und über die Zukunft nachzudenken, die vor uns dreien lag.

Als die Sommerhitze stärker wurde, gewöhnte ich mir an, dem Baby, das in mir heranwuchs, aus der Bibel vorzulesen. Ich arbeitete mich durch die Offenbarung und predigte über die Zukunft, die uns erwartete. An anderen Gelegenheiten las ich ihm Psalm 103 vor und dankte für all den Segen, den Gott uns geschenkt hatte. Manchmal, wenn John und ich allein im Haus waren, lief ich über den kühlen Fliesenboden und sang die Loblieder, die ich als heimliche Gläubige gelernt hatte. John hielt sich immer in gespielter Qual über meinen schiefen Gesang die Ohren zu – und wir lachten beide. Dann begann ich gleich wieder zu singen.

John verdiente auf seiner neuen Stelle ein vernünftiges Gehalt und hatte sehr viele Ersparnisse. Wir wussten jedoch, dass wir trotzdem sparsam mit unserem Geld umgehen mussten, vor allem, weil wir in ein eigenes Heim ziehen wollten, bevor das Baby kam. Seine Tante riet uns, unsere Ausgaben zu verteilen, indem wir in den Monaten vor der Geburt bereits begannen, Babykleidung und andere nützliche Dinge zu kaufen.

Sobald wir den Ultraschall im zweiten Schwangerschaftsdrittel hatten und wussten, dass wir ein Mädchen bekommen würden, begann ich einzukaufen. Es gab einen Markt, der nur eine kurze Busfahrt entfernt war, und wir gewöhnten uns an, jedes Mal dorthin zu gehen, wenn John sein Gehalt bekam. Ich sah mich nach Kleidern um, während John zwischen den Ständen umherschlenderte, die alles Mögliche von Windeln bis hin zu Kinderwagen verkauften.

Eines Tages hörte ich, wie jemand meinen Namen rief. Nicht Esther, den christlichen Namen, mit dem ich mich seit meiner Taufe bei jeder neuen Bekanntschaft vorgestellt hatte, sondern Zakhira, den Namen, den mein Vater mir gegeben hatte. Ich wandte mich um und in nur drei Meter Entfernung stand eine Schwester meines Vaters. Ich hatte sie seit Jahren nicht gesehen – zuletzt auf einer Familienhochzeit vor langer Zeit, als ich noch eine pflichtbewusste muslimische Tochter war. Doch sie war es zweifelsohne. Und da sie anklagend mit dem Finger auf mich zeigte, war mir gleich klar, dass sie mich ebenso erkannt hatte.

»Du bist es wirklich!« Sie lief mit wildem Blick auf mich zu. Einen Moment lang fürchtete ich, dass sie mich schlagen würde, doch als sie nur noch wenige Zentimeter von mir entfernt war, wich sie plötzlich zurück, als hätte sie Angst, mir zu nahe zu kommen. »Sie suchen dich zu Hause. Ich werde deinem Vater erzählen, dass du hier bist.«

Sollte ich versuchen, sie davon zu überzeugen, dass das Ganze ein Missverständnis war? Sollte ich sie bitten, nichts zu verraten? Aber würde es irgendeinen Unterschied machen, wenn ich sie anflehte? Wenn ich log, würde sie mir glauben? Es würde nie funktionieren, das wusste ich.

Also rannte ich weg. Der Markt war nicht so groß wie die Märkte bei uns zu Hause, doch er war voller Leute. Ich musste mir mit einer Hand einen Weg durch die Menschenmassen bahnen, während ich mit der anderen mein ungeborenes Kind schützte.

Nachdem ich mehrmals falsch abgebogen war, fand ich John endlich.

»Was ist los?«, fragte er.

»Komm bitte mit!« Ich war so außer Atem, dass ich kaum ein Wort herausbrachte. »Wir müssen Quetta sofort verlassen.«

»Warum?«

»Gehen wir erst. Ich erkläre es dir unterwegs.«

»Hat dich jemand gefunden?«

»Ja.«

Wir nahmen den ersten Bus zurück und holten unsere Sachen aus dem Haus seiner Tante. Am Abend saßen wir erneut im Zug.

Ich nahm an, dass das Leben ähnlich weitergehen würde wie bisher. Ich hoffte, dass wir eine neue Bleibe fänden und John eine neue

Stelle. Dann würden wir uns niederlassen und uns auf die Geburt unseres Babys vorbereiten. Ich wusste, dass wir wahrscheinlich nie mehr nach Hause zurückkehren konnten, doch ich hoffte, dass wir uns wenigstens ein neues Leben aufbauen konnten, so wie zuvor in Quetta. Ich irrte mich.

John rief seine vielen Cousins und Cousinen, Tanten und Onkel an, doch keiner von ihnen wollte uns bei sich aufnehmen. Sie hatten alle gehört, dass ich früher Muslimin gewesen war, und keiner wollte seine eigene Familie in Gefahr bringen. Wir verbrachten fast zwei Wochen damit, von Ort zu Ort zu ziehen. Doch wir wussten, dass wir so nicht weitermachen konnten.

Wir hatten Ersparnisse, aber nicht annähernd genug, um selbst eine Unterkunft zu mieten. Wir konnten uns unser eigenes Essen kaufen, doch für ein Dach über dem Kopf waren wir auf die Großzügigkeit anderer angewiesen. Außerdem wussten wir, dass wir ohne den Schutz einer Familie nicht als christliches Paar in einem muslimischen Gebiet leben konnten. Und bei Namen wie John und Esther wussten die Leute sofort, dass wir keine Muslime waren. Wir mussten unauffällig leben, fernab von neugierigen Augen. Wir mussten untertauchen.

Ich war bisher kaum in christlichen Stadtvierteln gewesen. Als ich als heimliche Gläubige zu Hause lebte, bot ich den Christen, die die Straßen kehrten, Essen und Getränke an. Ich wusste, dass sie arm waren, und vermutete, dass sie in den Teilen der Stadt lebten, in deren Nähe die Leute aus meiner Nachbarschaft niemals gehen würden. Ich hatte eine vage Vorstellung von den Bedingungen, unter denen manche dieser Menschen lebten, doch ich hatte die Tiefen ihrer Armut nie mit eigenen Augen gesehen.

Als keine Familien mehr übrig waren, bei denen wir hätten unterkommen können, erlebte ich diese Armut selbst. Ali, einer von Johns Freunden, bot uns an, bei ihm zu bleiben, bis das Baby geboren sei. Also machten wir uns eines Nachmittags auf den langen Fußmarsch vom Bahnhof zu seinem Haus. Ich war bereits im siebten Monat schwanger und erschöpft von der Hitze der Sonne. Mein Körper wehrte sich mit allen möglichen Arten von Schmerzen.

Als ich Alis Haus sah, fühlte ich mich noch viel schlechter. Draußen verlief ein offener Abwasserkanal, und drinnen war es nicht viel besser. Es gab nur einen einzigen Raum. Dieser war dunkel und feucht und sie hatten weder Strom noch fließendes Wasser. Ein alter, verblasster Vorhang hing schlaff von der Decke. Ich nahm an, dass dieser Vorhang die Ecke des Raumes abtrennte, die uns gehören würde. Der Bereich war nicht viel größer als die zwei Schlafmatten, die an der Wand aufgestapelt lagen.

Nichts in meinem bisherigen Leben hatte mich darauf vorbereitet. Ich war als Tochter eines erfolgreichen Händlers in einer wohlhabenden Stadt im Norden aufgewachsen. Johns Familie war nicht so gut situiert wie meine, doch sie hatten Autos und Handys, Zugang zu höherer Bildung und Jobs, die Stabilität boten. Keiner von uns beiden hatte je Hunger gelitten. Alis Haus, das er mit seiner Frau und seinen vier Kindern teilte, schien von einem anderen Planeten zu sein.

Als Christen waren Ali und seine Nachbarn Opfer ständiger Diskriminierungen. Sie hatten Mühe, Arbeit zu finden, ihre Geschäfte wurden von Muslimen boykottiert und ihre Kinder hatten keinen Zugang zu Bildung. Sogar Leute wie Ali, die eine Ausbildung genossen hatten, bevor sie vom Islam zum Christentum konvertierten, waren vom Arbeitsmarkt ausgeschlossen. Sie wurden von der Gesellschaft als schädlich angesehen und lebten wie Aussätzige. Manche Familien mussten mit dem mageren Gehalt einer einzigen Person auskommen, die irgendeine niedere Arbeit verrichtete. Andere hatten Freunde und Familienmitglieder im Ausland, die bereit waren zu helfen.

Trotzdem schätzten sie sich selbst glücklich. Ali erzählte von einer christlichen Gemeinschaft in der Nähe, deren Häuser ohne Vorwarnung dem Erdboden gleichgemacht worden waren, damit ein Bauunternehmer das Land bebauen konnte. Sie bekamen kein Geld, keine Unterstützung und keine Hilfe, um eine andere Bleibe zu finden. Sie konnten nichts tun, als sich ein ungenutztes Eckchen in einem Slum zu suchen, um dort neue Häuser aus Abfall zu errichten.

Ali erzählte mir auch von einem Christen aus seiner Bekanntschaft, dem es allen Widrigkeiten zum Trotz gelungen war, eine Arbeitsstelle in einer Fabrik zu ergattern. Fast alle anderen Mitarbeiter waren Muslime. Der Mann war gut in seinem Job. Eines Tages – nach Jahren harter Arbeit – wurde ihm gesagt, dass er zum Abteilungsleiter befördert werden sollte. In jener Nacht wurde er von zwei Männern mit Pistolen in seinem eigenen Haus erschossen. »Wie könnte ein Christ unser Vorgesetzter sein?«, schrien sie, bevor sie davonliefen.

Das Leid, das diese Christen erfuhren, war deutlich spürbar. Doch ihre Großzügigkeit war noch größer: Ali und seine Familie teilten ihr Zuhause mit John und mir. Auch ihre Gemeinde nahm uns herzlich auf. Obwohl der Gedanke, inmitten solcher Armut ein Kind zur Welt zu bringen, mich zuerst beängstigte, vertraute ich darauf, dass Gott alles unter Kontrolle hatte.

Ein paar Wochen vor der Geburt unserer Tochter zogen wir aus Alis Haus fort. Ein Freund, der an einer christlichen Hochschule in unserer Heimatstadt arbeitete, bot uns an, im Keller der Schule zu wohnen, solange diese während der Ferienzeit geschlossen war. Ich wusste nicht, ob wir uns durch die räumliche Nähe zu meiner

Familie nicht zu sehr in Gefahr brachten, doch die Vorstellung, in einer sauberen Umgebung und in der Nähe eines Krankenhauses zu entbinden, war sehr verlockend.

Wir zogen nachts in die Hochschule, darauf bedacht, keine Aufmerksamkeit zu erregen. John war so mutig, den Keller zu verlassen, um Besorgungen zu machen oder andere Christen zu besuchen, doch ich blieb stets drinnen hinter verschlossenen Türen. Es gab ein Bett und sauberes Wasser – ich hatte alles, was ich brauchte.

Während ich dankbar war, an einem sauberen Ort zu sein, fühlte ich mich zugleich unglaublich einsam. Ich vermisste es, andere Christen um mich zu haben, und ich vermisste meine Familie. Ich sehnte mich danach, meine Mutter und meine Tanten, meine Schwestern und Cousinen um mich zu haben, damit sie die Luft mit Gelächter und Gesprächen erfüllten. Ich wollte unser Kind gerne so zur Welt bringen wie jede andere Frau in meiner Familie: umgeben von Verwandten.

Als die Wehen einsetzten, stieg Furcht in mir auf. Bald hatte ich heftige Schmerzen. John hatte eine christliche Krankenschwester gefunden, die bereit war, mir zu helfen. Als ich mit großen Schmerzen in den Wehen lag und es keine Anzeichen dafür gab, dass die Geburt voranging, warnte mich die Krankenschwester: »Wenn sich nicht bald etwas verändert, müssen wir ins Krankenhaus gehen.«

Ich wollte auf keinen Fall ins Krankenhaus. Ich fürchtete, von jemandem aus meinem früheren Leben erkannt zu werden, sobald ich den Keller verließ. Also betete ich: »Gott, du hast versprochen, dass du mir helfen wirst. Hast du mich verlassen?«

Beinahe in derselben Minute spürte ich, dass sich etwas in meinem Körper veränderte. Der Schmerz ließ nach und nach weniger als einer Stunde hielt ich sie auf dem Arm – eine wunderschöne Tochter, der wir den Namen Amiyah gaben. Während ich ihren schwarzen Schopf und ihre tiefen Augen betrachtete, dankte ich Gott für sein Versprechen und seine Hilfe. Ich wusste, dass es falsch von mir gewesen war, jemals an ihm zu zweifeln.

Johns Reaktion auf eine Tochter hätte im Vergleich zu der meines Vaters unterschiedlicher nicht sein können. In dem Augenblick, als er sein kleines Mädchen zum ersten Mal auf dem Arm hielt, liefen ihm die Tränen übers Gesicht. »Mein Vater wollte immer eine Tochter haben«, sagte er. »Er liebte seine Söhne, doch er sagte immer, dass es ein besonderer Segen sei, eine Tochter zu haben.«

Die Krankenschwester verließ uns kurz darauf. Wir drei lagen stundenlang auf dem Bett und staunten über Gottes Treue in Form dieses vier Kilo schweren Bündels. Es war dunkel im Keller, doch ich wusste, dass wir in Sicherheit waren.

Sechsundzwanzig

Zwei Wochen nach Amiyahs Geburt mussten wir die Hochschule verlassen. Wir waren dankbar, dass ein Freund von John arrangierte, dass wir bei einer christlichen Familie unterkommen konnten, die etwa eine Stunde entfernt lebte. Allerdings waren ihre Lebensbedingungen sogar noch schlechter als die von Alis Familie.

Als wir versuchten, uns an unser neues Leben zu gewöhnen, entdeckte ich, dass das Muttersein neue Sorgen und Ängste mit sich brachte. Ich vermisste meine Mutter mehr denn je. Ich wünschte mir, sie beim Stillen und Baden um Rat fragen zu können, und es schmerzte mich, zu wissen, dass sie Amiyahs erste Schritte verpassen und nie ihre ersten Worte hören würde. Ich machte mir auch Sorgen, dass Amiyah krank werden könnte. Wie würden wir uns um sie kümmern, wenn wir auf der Flucht waren und kein Einkommen hatten? Auch andere Sorgen quälten mich, wie der Gedanke, was mit unserer Tochter geschehen würde, sollte mein Vater mich ausfindig machen und John und mich töten.

Da Johns Familie ebenfalls in Gefahr war, entschieden wir, dass Amiyah, wenn uns etwas zustoßen würde, am besten bei den Christen aufgehoben wäre, bei denen wir nun lebten. Sie mochten zwar arm sein und am Rande der Gesellschaft leben, doch mir wurde nach und nach klar, wie viel ich von ihnen lernen konnte. Inmitten all der Entbehrungen, die sie erlitten, erkannte ich die Wahrheit über so viele Christen in Pakistan: Ihr Glaube an Jesus ist stark. Sie haben so wenig zu essen und so wenig, woran sie sich sonst festhalten können, dass sie gezwungen sind, sich allein auf Gott zu verlassen. Sie lehrten mich, treu zu sein und meinen Glauben nicht zu verleugnen. Sie hätten jederzeit zum Islam konvertieren können, um ihre Situation zu verbessern. Doch sie entschieden sich dafür, arme Nachfolger Jesu zu bleiben, obwohl ihre Kinder ein Leben voller sozialer, emotionaler und physischer Verfolgung erwartete.

Mein Leiden war vergleichsweise klein, und ich glaubte, dass es bald vorübergehen würde. Ihres war dauerhaft. Einmal mehr wurde ich daran erinnert, dass Christen leiden. Weil wir uns zu Jesus bekennen, werden wir zu Zielen des Hasses. Dies sollte uns nicht überraschen, schließlich kam Jesus von einem höheren Ort und war trotzdem bereit, sich zu demütigen. Er war bereit, hier auf der Erde zu leiden.

Wir zogen weiterhin umher. Wir reisten nur nachts, mein Gesicht hinter einem Schleier verborgen und Johns von einem Tuch bedeckt. Manchmal dachte ich an die Apostel Paulus und Petrus; daran, wie sie von Ort zu Ort zogen und häufig in Städte hinein- oder aus Städten hinausgeschmuggelt wurden. Was war so anders an dem, was wir durchmachten? In vielerlei Hinsicht war es tröstlich, zu wissen, dass wir die Wahrheiten der Bibel erlebten.

Während Amiyah heranwuchs, bekam ich ein immer tieferes Verständnis von Gott. Wenn ich bedachte, wie tief meine eigene Liebe zu meinem Kind war, und sah, wie John für seine Tochter sorgte, schenkte mir dies neue Einblicke in die Liebe unseres himmlischen Vaters. Und so schwer es auch war, andere Christen leiden zu sehen, war ich doch dankbar für das Privileg, von ihnen lernen zu dürfen, wie man auch in schweren Zeiten am Glauben festhält. Ich wusste nicht, was die Zukunft für unsere Familie bereithielt. Doch ich hatte so eine Vorahnung, dass dies eine Lektion war, die ich brauchen würde.

Einige kostbare Wochen lang begannen wir, uns an einem Ort sesshaft zu fühlen. Ich fragte mich, ob wir endlich zu Hause angekommen seien. Doch dann erreichte uns eine erschütternde Nachricht. Ein alter Freund kontaktierte John, um ihm mitzuteilen, dass seine Mutter gestorben sei.

Mein Vater hatte Poster mit Fotos von uns drucken lassen, zusammen mit der Anweisung, dass jeder, der uns fand, uns töten solle. Irgendwie hatte Johns Mutter eine Kopie dieses Posters gesehen und der Schock war zu viel für sie gewesen. Sie bekam einen Herzinfarkt und starb kurze Zeit später.

Johns Trauer wurde durch die Tatsache verstärkt, dass er nicht zu ihrer Beerdigung gehen konnte. Ich spürte, wie die Last der Schuld mich niederdrückte. Mich zu heiraten hatte John schon seine Karriere, sein Zuhause und die Möglichkeit gekostet, in der Nähe seiner Familie zu leben. Nun war auch noch seine Mutter ums Leben gekommen.

Doch John zeigte nie irgendein Anzeichen der Verbitterung oder Reue darüber, mich geheiratet zu haben. Bei jeder neuen Herausforderung, der wir begegneten, stand er an meiner Seite und sorgte dafür, dass wir sie gemeinsam bewältigten.

Amiyah schlief gerade, als der Mann, der uns bei sich zu Hause aufgenommen hatte, keuchend zur Tür hereinplatzte.

»Ich habe gerade einen Mann gesehen … mit einem Poster … mit euren Gesichtern darauf.«

»Wo?«, fragte John.

»Am Bahnhof. Er fragt überall, ob jemand euch gesehen hat.«

Es war, als hätte jemand meinen Hals in einen Schraubstock gespannt und drückte mir die Luft ab. Wir waren Hunderte Kilometer von zu Hause entfernt, und es waren zwei Jahre seit meiner Flucht vergangen. Ich wollte gerne glauben, dass all dies irgendein merkwürdiger Zufall war. Ich hatte sogar gehofft, dass der Zorn meines Vaters sich mit der Zeit gelegt hatte. Doch das war offenbar nur eine Wunschvorstellung gewesen.

»Bleibt hier!«, wies uns der Mann an. »Verschließt die Tür und geht nirgendwohin. Wir werden draußen Wache halten. Wir werden nicht zulassen, dass sie euch etwas antun. Doch sobald sie weg sind, solltet ihr gehen.«

Wir verschwanden noch in derselben Nacht aus der Stadt, doch es dauerte weitere drei Monate, bis wir Pakistan verlassen konnten. Wir reisten von einer christlichen Gemeinschaft zur nächsten, während wir versuchten, unsere Flucht zu planen.

Das größte Problem war wie gewöhnlich ich. Ich hatte keinen Pass oder andere Reisepapiere bei mir, sodass es mir nicht möglich war, Pakistan auf legalem Weg zu verlassen oder in ein anderes Land einzureisen. In gewisser Hinsicht war ich jedoch dankbar, dass mein Vater mir nie erlaubt hatte, irgendeine Art von Lichtbildausweis zu haben. Er war dagegen, dass seine Tochter sich fotografieren und das Bild abdrucken ließ. Er wollte es meinem Ehemann überlassen, ob ich einen Ausweis bekommen würde, wenn ich verheiratet war. Wenn mein Vater weniger radikal gewesen wäre, hätte ich Pakistan vielleicht nie verlassen können, denn jeder formale Ausweis hätte gezeigt, dass ich Muslimin war. Wenn ich versucht hätte, mit einem solchen Ausweis einen Reisepass zu beantragen, hätten die pakistanischen Beamten wissen wollen, warum eine muslimische Frau plante, mit einem christlichen Mann das Land zu verlassen, vor allem, wenn ein Kind im Spiel war.

Ich musste also mein vergangenes Leben vergessen, als ich den Pass beantragen ging. Ich gab vor, ein schüchternes, analphabetisches Mädchen aus einem entlegenen Dorf zu sein. Ich hinterließ meinen Daumenabdruck und nach einigen Wochen des Wartens hielt ich endlich meinen Reisepass in den Händen.

Malaysia war nicht meine erste Wahl. Ich wollte in ein Land mit einer großen christlichen Bevölkerung ziehen, nicht in ein anderes muslimisches Land. Doch unsere Auswahl war begrenzt. Da alle anderen Türen für uns geschlossen waren, wurde Malaysia unser neues Zuhause.

An unserem ersten Sonntag im Land verließen John, Amiyah und ich die Sammelstelle für Asylsuchende, in dem wir vorübergehend untergebracht worden waren, und fuhren eine Stunde lang durch Kuala Lumpur. Ich blickte mit offenem Mund auf die Hochhäuser aus Glas und Stahl und lächelte über die Sauberkeit des Busses. Doch all dies waren bloß kurze Ablenkungen. Mein Herz konzentrierte sich nur auf eine Sache: die unsagbare Freude, in die Kirche zu gehen.

Nachdem wir über zwei Jahre auf der Flucht in Pakistan gelebt hatten, war der Gedanke, an der Seite von tausend anderen Christen Gott anbeten zu können, beinahe zu gut, um wahr zu sein. Ich hatte an ein paar Gottesdiensten in Pakistan teilgenommen, doch ich war nie in einer Gemeinde gewesen, die annähernd so groß war wie diese. Ich spürte mein Herz wild klopfen, als wir uns dem Gebäude näherten. Als wir sahen, dass der Pastor die Leute an der Tür begrüßte, wusste ich nicht, ob ich die Hände zusammenlegen und den Kopf neigen oder vor Nervosität kichern sollte.

»Willkommen!«, sagte er mit einem breiten Lächeln. »Was für ein hübsches Kind Sie haben.«

»Danke«, sagte John. »Wir sind zum ersten Mal hier. Wir kommen aus Pakistan.«

»Wirklich? Dann sind Sie besonders willkommen. Warum haben Sie Pakistan verlassen?«

John sah mich kurz an und wandte sich dann wieder an den Pastor. »Meine Frau war Muslimin, doch jetzt liebt sie den Herrn. Es war sicherer für uns, nach Malaysia zu kommen.«

Der Pastor richtete seinen Blick auf mich. Er hatte immer noch ein breites Lächeln im Gesicht. »Ex-Terroristin!«, sagte er, während er mit dem Finger in meine Richtung zeigte.

Mein Herz blieb stehen. Ich fühlte mich plötzlich schwach. Ich hörte, wie John ein wenig lachte und dem Pastor einen guten Tag wünschte. Dann spürte ich seine Hand auf meinem Arm. Er führte mich ins Gebäude.

»Die Leute sollten nicht solche Vorurteile gegen Muslime haben«, sagte John sanft, als wir uns setzten. »Das ist nicht richtig, und es tut mir leid, dass du es anhören musstest.«

Amiyah musste auf die Toilette und John begleitete sie. Ich saß allein auf der Kirchenbank, während Wellen der Panik in meinem Inneren wogten. Warum hatte der Pastor das gesagt? Hatte Gott ihm mein Geheimnis offenbart? Wenn ja, würde er es auch der restlichen Gemeinde verraten? Was würde ich tun, wenn der Pastor mich bat, aufzustehen und vor allen anderen nach vorne zu kommen? Wenn John es herausfand, war ich mir sicher, dass es das Ende unserer Ehe bedeuten würde.

Während des gesamten Gottesdienstes flehte ich Gott an, dies nicht geschehen zu lassen. Ich bekannte, dass ich nicht mehr als Abfall war, dass ich so sehr in der Finsternis verloren gewesen war, dass ich nicht würdig war, vor ihm zu stehen und auch nur seine Füße zu berühren. Ich gab zu, dass ich geringer war als alle anderen in diesem Gebäude, doch ich flehte um die Erlaubnis, dort zu bleiben.

Der Pastor sagte kein Wort über mich während des Gottesdienstes, und als er sich anschließend verabschiedete, war es, als wäre er uns noch nie begegnet.

Auf dem gesamten Rückweg zum Flüchtlingslager, während John und Amiyah im Bus im hereinscheinenden Sonnenlicht dösten, versuchte ich, das Rauschen des Blutes in meinen Ohren zu ignorieren, während ich Gott für mein knappes Entkommen dankte. In der Stille spürte ich jedoch, dass Gott sich nicht mit mir freute. Was an jenem Morgen geschehen war, war keine Rettung; es war eine Warnung. Obwohl ich wünschte, dass es nicht so wäre, erinnerte Gott mich an eine Wahrheit, die ich vergessen hatte: Nichts, was wir tun, kann je vor ihm verborgen werden. Diese Warnung war hart für mich. Ich wusste, dass ich darauf vertrauen konnte, dass Gott meine Familie bewahren würde, wie er es schon so oft getan hatte. Doch es fiel mir schwer, das Bedürfnis nach Geheimnissen aufzugeben. Ich bat Gott, anderen meine Vergangenheit nicht zu offenbaren.

»Bitte«, betete ich, »ich verspreche, dass ich dir mein ganzes Leben lang dienen werde, aber ich habe schreckliche Angst davor, was geschehen würde, wenn die Leute von meiner Vergangenheit erfahren. Müssen sie es wirklich wissen?«

Siebenundzwanzig

Als ich noch ein Kind war, ließ mein Vater mich manchmal das Geld zählen, das er nach Hause brachte, wenn er Gewürze verkauft hatte. Ich saß am Tisch, meine Augen auf derselben Höhe wie die Stapel von Geldnoten, die wie Herbstblätter die Tischplatte bedeckten. Anfangs durfte ich mich nur um die kleineren Scheine kümmern. Ich zählte sie, bis ich die richtige Summe beisammenhatte, um sie meinem Vater weiterzureichen. Er rollte den Stapel auf und band ihn mit einem Gummiband zusammen. Dann sah ich zu, wie er das Bargeld in den Safe legte.

Je öfter ich dies tat, desto höher wurde der Wert der Scheine, die ich zählen durfte. Damals dachte ich nicht darüber nach, dass ich Geld im Wert von Tausenden von Dollars in der Hand hielt. Ich mochte es einfach, meinem Vater zu helfen.

Jahre später, als ich bereits eine heimliche Gläubige war, war mein Vater einmal auf Geschäftsreise im Ausland. Er und meine Mutter hatten beide einen Schlüssel zum Safe, doch er hatte aus Versehen beide mitgenommen. Ich brauchte Geld, um eine Rikscha zur Uni zu nehmen und mir mein Mittagessen zu kaufen, bevor ich John besuchte. Doch wir hatten keine Möglichkeit, den Safe zu öffnen, um Geld herauszuholen.

Ich war erst seit wenigen Wochen gläubig, doch ich wusste, was ich zu tun hatte. »Gott«, betete ich in jener Nacht, »als es keine Sonne gab, sprachst du und sie entstand. Die Welt begann auf deinen Befehl hin. Du sammeltest das Wasser und schufst das Land. Ich habe kein Geld, um morgen zur Uni zu gehen und John zu besuchen, und ich will unbedingt weiter in der Bibel lesen. Kannst du mir bitte helfen?«

Am nächsten Morgen erwachte ich mit einer zur Faust geballten Hand. Schon bevor ich meine Finger öffnete, wusste ich ohne einen Zweifel, was sich in meiner Handfläche befand. Es war tatsächlich genau die Geldsumme, die ich benötigte.

Ich eilte zu meiner Mutter. »Hast du mir letzte Nacht Geld gegeben?«, fragte ich.

Sie versicherte mir, dass sie es nicht gewesen war. Sie war verwirrt über diesen Vorfall, doch ich wusste genau, was geschehen war: Gott hatte für mich gesorgt.

Ich dachte viel über jenes Ereignis nach, als wir uns in Malaysia niederließen. Auch wenn wir nicht mehr in Furcht und Armut lebten, hatten wir immer noch sehr wenig Geld. Wir hatten einen Großteil unserer Ersparnisse für den Flug aus Pakistan ausgegeben. Da wir Asylsuchende waren, war es uns offiziell nicht erlaubt zu arbeiten. Das wenige Geld, das wir übrig hatten, war somit bald weg.

In mancherlei Hinsicht war das Leben in Malaysia noch härter als das Leben auf der Flucht in Pakistan. Wir konnten nun nicht mehr verschiedene christliche Gemeinschaften um Hilfe bitten. Wir waren nicht mehr einzigartig – wir waren nur noch drei von Tausenden Asylsuchenden, Teil einer anonymen Invasion, die vielen Menschen im Land nicht willkommen war.

Malaysia ist ein muslimisches Land, doch es bot einige Vorteile für uns. Dieses Reiseziel erregte nicht nur weniger Verdacht bei den pakistanischen Grenzbehörden, sondern wir glaubten auch, dass unser Fall dort bessere Chancen haben würde, angehört zu werden, als an einem Ort wie Hongkong, den ich eigentlich bevorzugt hätte. Wir wussten, dass ein kompliziertes Verfahren vor uns lag, doch wir hofften, relativ bald den Flüchtlingsstatus zu erhalten. Anschließend war unser Ziel, über die Vereinten Nationen zu beantragen, in ein christliches Land umgesiedelt zu werden.

Als aus den Wochen Monate wurden und unser Antrag schon in der Anfangsphase hängen geblieben war, wurde uns klar, dass das Verfahren sogar noch langwieriger und komplizierter war, als wir angenommen hatten. Wir brauchten nicht nur ein Wunder. Wir brauchten eine ganze Reihe davon.

John war oft still während dieser ersten Monate. Das beunruhigte mich. Manchmal vergingen mehrere Tage, in denen er kaum ein Wort mit mir oder Amiyah sprach. Ich spürte, dass er distanziert und geistesabwesend wurde. Als Amiyah eines frühen Morgens schlief, brachte ich ihm etwas süßen Chai und nahm seine Hand. »Ich fühle mich schlecht wegen all der Opfer, du die gebracht hast«, sagte ich. »Du verdienst mehr Sicherheit und weniger Angst.«

Er lächelte mich an, doch er blieb still.

Ich nahm einen tiefen Atemzug. Die Worte, die ich zu sagen hatte, waren wie ein Knoten in meiner Kehle und widersetzten sich meinem Willen. Als ich endlich sprach, war meine Stimme so zaghaft wie die eines ängstlichen Kindes. »Wenn du gehen willst, kann ich das verstehen.«

»Nein«, sagte er sofort. »Nein, Esther. Ich bin glücklich – ehrlich!«

»Wirklich? Manchmal wirkst du traurig – und das macht mich auch traurig.«

Er hielt einen Moment inne und suchte nach den richtigen Worten. »Es ist nicht leicht, in dieser Weise zu leben, und es nicht das Leben, das ich dir und Amiyah bieten will. Doch ich weiß, dass das alles für den Herrn geschieht. Es ist das, was er momentan für uns will. Wenn das alles sein Wille ist, dann will ich ihm folgen. Ist es auch das, was du willst?«

»Ja!«, sagte ich. »Ich will allein für Gott leben, mit dir an meiner Seite.«

»Ich auch«, sagte er. Er nahm meine Hand in seine und lächelte zum ersten Mal seit Tagen. »Alles für Gott. Du und ich.«

Gott, was habe ich getan, um so einen wunderbaren christlichen Ehemann zu verdienen?, betete ich nach diesem Erlebnis.

Es geschah nicht über Nacht wie damals, als Gott mir das Geld für die Rikscha geschenkt hatte, doch Gott stillte auch diesmal unsere Bedürfnisse. John wurde Arbeit angeboten. Er sollte sich um einen älteren, bettlägerigen Patienten kümmern. Wir konnten aus dem Flüchtlingszentrum in eine Unterkunft ziehen, die uns von seinem Arbeitgeber zur Verfügung gestellt wurde. Wir waren dankbar, eine Bleibe zu haben, aber Johns Gehalt war bescheiden. Wir waren also weiterhin knapp bei Kasse. Häufig schaute ich in leere Küchenschränke und fragte mich, was ich meiner Familie am Abend zu essen geben sollte.

Dann kniete ich mich auf den Boden und rief Gott an: »Herr, du weißt alles, du weißt auch, dass ich nichts habe, was ich meinem Mann und meinem kleinen Mädchen zu essen geben kann, aber ich werde es dir trotzdem zeigen.« Ich stand auf und öffnete alle Schränke. »Siehst du? Da ist nichts. Ich bitte dich um mein tägliches Brot. Würdest du uns bitte versorgen? Ich weiß, dass du versprochen hast, uns zu tragen, und ich weiß, dass du allein der einzig wahre Gott bist. Bitte beweise uns deine Treue.«

Gott antwortete immer. Manchmal tat er es leise, ohne großes Trara – zum Beispiel, indem John mit genug Geld von der Arbeit nach Hause kam, um uns wieder ein paar Tage lang mit Essen zu versorgen. Manchmal verschlug uns Gottes Eingreifen aber auch fast den Atem.

Eines Tages, als ich die leeren Küchenschränke anstarrte und Gott daran erinnerte, dass wir wirklich Hilfe brauchten, klopfte es an der Tür. Ich öffnete und sah zwei Frauen. Eine von ihnen war eine Indonesierin, die in der Wohnung unter uns lebte. Sie konnte kein Englisch, deshalb hatten wir beide uns bisher nur durch Zeichensprache verständigt. Sie winkte, um mich zu begrüßen, und ließ mich dann mit der anderen Frau reden, die zwei große Einkaufstüten in der Hand hielt.

»Hallo«, sagte die Fremde. »Ich hatte das Gefühl, dass Gott will, dass ich diese Lebensmittel verschenke. Also habe ich diese Frau gefragt, ob sie jemanden kennt, der diese Dinge nötig haben könnte. Können Sie sie gebrauchen?«

Ich spürte, wie Tränen der Dankbarkeit in mir aufstiegen. Genau in dem Moment kam Amiyah an die Tür, sah die Frau an und sagte: »Guten Morgen, Tante.«

»Oh!«, sagte die Frau. »Sie haben ein kleines Kind. Ich wollte zuerst auch Spielzeug kaufen, doch dann habe ich es zurückgelegt. Das tut mir leid. Kann ich Ihnen stattdessen etwas Geld geben?«

Kurz darauf ging sie wieder und alles, was ich tun konnte, war Amiyah an mich zu drücken und dankbar auf die Knie zu fallen.

Die Lebensmittel hielten, bis John sein nächstes Gehalt bekam; doch die Lektion, dass wir Gott vertrauen konnten, hielt noch viel, viel länger an.

Obwohl Malaysia ein muslimisches Land war, wurde das Christentum dort geduldet – zumindest offiziell. Wir konnten uns also eine Gemeinde in der Nähe suchen und uns einem Hauskreis anschließen. Beim ersten Treffen sahen wir Gottes Eingreifen in einer der bisher dramatischsten Weisen.

Die Gruppe bestand aus zehn Personen, die alle neu in der Gemeinde waren. Die meisten waren aus Malaysia, doch ein Paar – Paul und seine Frau Emma – waren vor nicht allzu langer Zeit aus England hergekommen. Wir saßen in ihrer kleinen, aber schönen Wohnung und stellten uns einander vor, indem wir unsere Geschichten erzählten. Paul und Emma erklärten, dass sie nach Malaysia gekommen waren, um für eine gemeinnützige christliche Organisation zu arbeiten.

Ich war froh, dass John für uns sprach, denn ich hatte immer noch Angst, dass die Leute von meiner dunklen Vergangenheit erfahren und uns ablehnen könnten. Doch John fasste unsere komplizierte Geschichte in wenigen Sätzen zusammen. Er erzählte ein wenig vom Leben auf der Flucht in Pakistan und der Geburt unserer Tochter. Ich hörte mit geschlossenen Augen zu und hoffte, dass niemand fragen würde, ob ich eine ehemalige Terroristin war.

Als John fertig geredet hatte, schaute ich auf. Paul starrte mich mit offenem Mund an.

»Ich habe von dir gehört«, sagte er.

Ich spürte, wie ein unwillkommenes Engegefühl in meine Kehle zurückkehrte. Es schien mir, als würden alle im Raum den Atem anhalten. Obwohl ich zu Boden starrte, wusste ich, dass sämtliche Blicke auf mich gerichtet waren.

Paul fuhr fort: »Ich war vor einem Jahr in Pakistan und traf mich mit einigen Gemeindeleitern in deiner Stadt. Sie erzählten mir von einer flüchtigen Frau, deren Vater Poster in der Stadt verteilt hatte. Ich wollte dich gerne treffen, doch es war unmöglich, also beteten wir stattdessen für dich.«

Es herrschte Stille im Raum. Statt zu fürchten, jeden Moment entdeckt zu werden, war ich nun von Dankbarkeit überwältigt. Gott hatte uns schon so weit gebracht – und er war immer noch bei uns.

Wir erlebten Gottes Fürsorge auf so viele unterschiedliche Arten, doch es gab einen roten Faden, der sich durch jedes Erlebnis zog: Jede Anfechtung und jeder Kampf war eine Einladung an uns als Familie zu lernen, Gott noch mehr zu vertrauen.

Eine dieser Anfechtungen erlebten wir etwa zwei Jahre nach unserem Umzug nach Malaysia. Der Patient, den John pflegte, starb, und wir mussten uns nach einem neuen Job und einer neuen Bleibe umsehen. Der einzige Ort, den wir uns leisten konnten, war eine Wohnung, die seit Jahren leer stand. Sie war mit Staub und Schmutz bedeckt und sehr eigenartig dekoriert.

»Warum hängen überall so viele Spiegel?«, fragte John, als wir einzogen.

»Sie sollten die bösen Geister vertreiben«, sagte der Eigentümer. »Aber es hat nicht funktioniert.«

Wir fühlten uns etwas unwohl angesichts der dunklen Vorgeschichte unseres neuen Zuhauses, doch wir hatten keine andere Wahl. Nachdem wir einen Tag lang alles geputzt hatten, sah die Wohnung schon viel besser aus. Doch während Staub und Schmutz entfernt waren, wurden wir eines Nachts von einem seltsamen Geräusch aus der Küche geweckt. Wir eilten dorthin, aber die Küche war leer. Allerdings lagen all unsere Töpfe und Pfannen am Boden.

Ein paar Tage später wurde Amiyah krank. Bald begannen auch John und ich, uns krank zu fühlen, und ich wusste, dass es Zeit war, intensiver zu beten. Wir drei begannen jeden Tag im Gebet, dann beteten wir nachmittags und abends noch einmal. Wir baten Gott, das Haus mit seinem Geist zu füllen und alles Böse zu vertreiben. Wir wurden alle wieder gesund. Dies erinnerte uns daran, dass nichts mächtiger ist als unser Gott.

Eines Nachts wachte Amiyah vor Schmerzen auf. Eine schmale, blutige Wunde verlief rund um ihren Hals und Ameisen krabbelten auf ihrem ganzen Körper herum. Wir brachten sie sofort zum Arzt.

Nachdem die Ärztin die Wunden behandelt hatte, stellte sie uns einige Fragen. »Wo schläft sie?«

»Auf einer Matte am Boden«, sagte ich.

Die Ärztin war schockiert. »Haben Sie denn kein Bett?«, fragte sie. »Sie müssen sofort ein Bett besorgen.«

Ich dankte ihr für ihre Zeit und ging nach Hause, wieder einmal verzweifelt. Wir hatten kaum genug Geld für die Miete und das Essen, geschweige denn für Möbel. Die einzige Möglichkeit, ein Bett zu bekommen, war, dass Gott uns eines schenkte.

Am nächsten Tag, als ich allein im Schlafzimmer war, schrie ich zu Gott. Ich bat ihn, für meine geliebte Tochter zu sorgen. Dann ging ich meiner täglichen Arbeit nach, machte Wäsche und bereitete das Abendessen zu. Ich nahm an, ein wenig auf Gottes Handeln warten zu müssen, doch noch am selben Nachmittag begegnete ich einer Frau, die in die USA auswandern wollte.

»Sind Sie aus Indien?«, fragte die Frau.

»Nein, aus Pakistan.«

»Sind Sie Muslimin?«

Ich erklärte ihr, dass ich Christin sei, und erzählte ihr kurz, warum wir Pakistan verlassen hatten.

»Oh«, sagte sie und schwieg einen Moment. »Haben Sie ein Bett?«

Ich war sprachlos. »Nein«, stammelte ich.

»Kann ich mitkommen und Sie zu Hause besuchen?«

»Natürlich. Wir können einen Tee zusammen trinken.«

Wir stiegen die Treppen hinauf und ich führte sie in unsere Wohnung. »Bitte sehr«, sagte ich, während sie sich umsah, »Sie können sich auf die Matte dort setzen. Es tut mir leid, dass ich Ihnen nichts anderes anbieten kann.«

Die Frau setzte sich, während ich Tee machen ging. Als ich zurückkehrte, weinte sie. »Ich habe all diese Dinge, die ich nicht brauche – Möbel, eine Waschmaschine, einen Kühlschrank –, und ich werde alles hierherschicken.«

»Oh nein, Schwester.« Ich war erstaunt über ihr Angebot, aber ich wollte sie nicht ausnutzen. »Vielen Dank, aber ich brauche nur ein Bett für mein kleines Mädchen.«

»Nein«, sagte sie. »Ich schicke Ihnen alles.«

»Aber ich kann es nicht bezahlen.«

»Sie müssen nichts bezahlen. Ich schenke Ihnen alles.«

Ich sah mit Tränen in den Augen zu, wie zwei Männer unser Haus mit allem füllten, was sie aufgezählt hatte. Außerdem brachten sie einen Fernseher, Ventilatoren und einen Tisch. Die ganze Wohnung war mit einem Schlag vollständig eingerichtet. Als John später an jenem Tag nach Hause kam, sah er sich schockiert in unserer Wohnung um. »Wo kommt das alles her?«

Ich erzählte ihm die ganze Geschichte, doch John war aufgebracht. »Hältst du mich für einen Bettler? Ich habe dir doch gesagt, dass du mir etwas Zeit geben sollst, um zu arbeiten und zu sparen. Dann holen wir nach und nach alles, was wir brauchen.«

»Aber ich habe sie um nichts gebeten. Sie hat einfach nur gesehen, wie wenig wir hatten, und hat alles herübergeschickt.«

»Dann ruf sie an und sag ihr, dass sie es zurücknehmen soll.«

»Aber das ist ein Geschenk von Gott, John. Wenn er es uns gegeben hat, wie könnten wir es da ablehnen?«

Nun weinte John. »Ich bin kein Bettler.«

Er ging nach oben, um zu duschen, und ich rief Paul aus unserem Hauskreis an. Er und John waren gute Freunde geworden, und ich wusste: Wenn es irgendjemanden gab, der mit John reden konnte, dann war es Paul.

In weniger als einer Stunde war er da. »Wow!« Paul stand mitten in der Wohnung, hatte einen Arm um John gelegt und ein breites Lächeln im Gesicht. »Gepriesen sei Gott! Euer Haus ist voller Segnungen!«

John blickte sich um. Er sah die Geschenke nun in einem anderen Licht. »Du hast recht«, sagte er. »Das ist es wirklich.«

»Jetzt habt ihr alles«, sagte Paul. »Ich wollte eigentlich die Gemeinde ermutigen, euch zu helfen, nach und nach all diese Möbel zu kaufen. Aber manchmal wirkt Gott eben auf diese Weise. Und sein Timing ist immer perfekt, nicht wahr?«

John nickte. Inzwischen war sein Lächeln fast genauso breit wie Pauls. Paul hatte recht: Gott hatte uns mit allem versorgt, was wir brauchten. Selbst hier, so weit weg von zu Hause, erinnerte Gott uns daran, wie nah er uns war.

Achtundzwanzig

»Nein, Gott«, sagte ich. »Bitte nicht das.«

Wir lebten inzwischen seit fünf Jahren in Malaysia. Wir waren als Flüchtlinge anerkannt worden und hatten beantragt, in ein anderes Land umgesiedelt zu werden. Nun warteten wir nur noch darauf, dass die Vereinten Nationen uns unseren endgültigen Ansiedlungsort mitteilten. John hatte eine Stelle bei einer gemeinnützigen Organisation gefunden, ich unterrichtete unsere Tochter zu Hause und unsere Familie fühlte sich von unserer Gemeinde geliebt, akzeptiert und angenommen. Alles lief denkbar gut in Anbetracht der Tatsache, dass wir weit weg von unseren Familien waren.

Seit ich Christin geworden war, versuchte ich, noch mehr zu beten, als ich es als Muslimin getan hatte. Ich begann damit, jeden Morgen um 3 Uhr aufzustehen, um eine Stunde lang zu beten. Einmal, als im Haus nichts zu hören war außer meinen geflüsterten Gebeten, sprach Gott zu mir: *Du musst alles weitererzählen, was ich in deinem Leben getan habe.*

Ich wusste, was das bedeutete. Um von Gottes Rettung erzählen zu können, musste ich zuerst zugeben, wie weit ich von ihm entfernt gewesen war. Ich musste das Geheimnis preisgeben, das ich seit der Nacht, in der ich mich von meiner Mutter verabschiedet und aus dem Haus geschlichen hatte, tief in mir verborgen hatte.

»Alles? Aber John wird mich verlassen, wenn er herausfindet, dass ich geplant hatte, Christen zu töten«, flehte ich.

Ich bin bei dir. Danach hörte ich nichts mehr.

Ich wusste, dass der Herr recht hatte – wie konnte ich die Veränderung verbergen, die er in meinem Leben bewirkt hatte? Ich wusste auch, wem ich es zuerst erzählen musste.

»John«, sagte ich später an jenem Tag, nachdem er sein Lieblingsessen, frittierten Fisch mit Chapati, aufgegessen hatte, »ich möchte dir etwas erzählen. Bitte sei nicht wütend!«

Er warf mir einen besorgten Blick zu und legte seine Hand auf meine. »Es ist okay. Wenn irgendetwas passiert ist, kannst du es mir erzählen.«

»Versprichst du mir, dass du dich nicht von mir scheiden lässt?«

»Was ist passiert?«, fragte er alarmiert.

»Ich will, dass du es versprichst«, sagte ich – unfähig, die Tränen zurückzuhalten. »Wenn du mich verlässt, habe ich keinen Ort und keinen Menschen mehr, zu dem ich gehen kann. Und ich kann nicht zurück.«

»Esther, ich werde dich nicht verlassen. Auch wenn etwas Schlimmes passiert ist, werde ich dich nicht verlassen. Selbst wenn es etwas wie Ehebruch ist. Jedem passieren einmal Fehler.«

Ich holte tief Luft und versuchte, meine Stimme wiederzufinden. »Es gibt einen Teil meines Lebens, den ich vor jedem geheim gehalten habe, doch Gott hat immer davon gewusst. Ich will dir erzählen, wer ich war, bevor wir uns getroffen haben. Erinnerst du dich an die erste Kirche, die wir hier besucht haben, und an den Pastor, der mich als ehemalige Terroristin bezeichnete?«

»Ja«, sagte John. »Das hat mich so wütend gemacht.«

»Er hatte recht.«

John starrte mich verwirrt an.

Ich erzählte ihm alles. Als ich fertig war, fragte er mich, warum ich ihm nie von der Medrese, dem Aufruf zum Dschihad und dem Tag erzählt hatte, an dem ich meine Hand gehoben hatte.

»Ich hatte gehofft, dass Gott es nicht aufdecken würde«, flüsterte ich.

Er schwieg eine Weile. Während die Stille zwischen uns andauerte, fürchtete ich, dass er reagieren könnte, wie mein Vater es so oft getan hatte – indem er mich abwies und mir seine Liebe entzog. Sicherlich war das Ganze nun endgültig zu viel für John. Er hatte schon so viel für mich aufgegeben – wie viel mehr konnte ich erwarten, dass er opferte? Konnte ich wirklich von ihm verlangen, die Tatsache zu akzeptieren, dass ich bereit gewesen war, etwas so Schlimmes zu tun?

Als er endlich sprach, waren seine Worte langsam und schwer, aber voller Wärme. »Es ist in Ordnung. Das ist deine Vergangenheit. Ich weiß ja, wie sehr du Gott jetzt liebst.«

»Ja«, sagte ich. »Du weißt, dass mein Leben vom ersten bis zum letzten Tropfen Blut für den Herrn ist.«

Wir redeten noch etwas länger. Auch wenn die Nachricht ihn erst ziemlich schockiert hatte, konnte John mir vergeben und akzeptieren, was ich ihm erzählt hatte.

»Das Einzige, was mir Sorgen bereitet, ist, es anderen zu erzählen«, sagte er. »Vielleicht ist es besser, wenn die Wahrheit zwischen uns und Gott bleibt. Andere können es vielleicht nicht verstehen.«

»Ich weiß, was du meinst«, sagte ich, als wir auf dem Bett saßen. »Aber ich kann nicht länger schweigen. Gott hat mir aufgetragen, es den Menschen zu erzählen. Also muss ich reden.«

John hatte einen guten Grund dafür, die Reaktion der Leute zu fürchten. Ein Christ in einem muslimischen Land wie Malaysia zu sein war zwar lange nicht so gefährlich wie in Pakistan, aber wir waren dennoch eine unerwünschte Minderheit. Es gab zahlreiche Muslime in Malaysia, die Christen mit Zorn und Gewalt begegneten. In unserer Anfangszeit wartete ich einmal mit Amiyah an einer Bushaltestelle, als eine Frau in einem Hidschab mit ihr zu sprechen begann. Amiyah war dreieinhalb Jahre alt und hatte lockiges Haar, runde Backen und helle Haut. Die Frau streichelte ihr sanft über den Rücken und sagte mir auf Malaiisch, dass sie meine Tochter sehr hübsch fand.

»Danke«, sagte ich auf Englisch.

»Sind Sie Malaysierin?«

»Nein, ich bin aus Pakistan.«

»Ah«, nickte sie. »Islam?«

»Nein.« Ich bildete ein Kreuz mit meinen beiden Zeigefingern. »Christin.«

Die Frau verzog das Gesicht. Ihre Hand lag immer noch auf Amiyahs Rücken und plötzlich versetzte sie ihr einen kräftigen Stoß. Amiyah fiel nach vorne und schlug mit dem Gesicht auf den Boden. Ich hob sie hoch und sah, dass Blut aus ihrem Mund floss. Gott sei Dank war es nur ihre Lippe, doch ich drückte sie fest an mich und hätte ihr am liebsten die Schmerzen abgenommen.

Als Amiyah sich etwas beruhigt hatte, sah ich ihr in die Augen. »Es ist alles gut«, sagte ich. »Wenn wir Christen sind, tun Menschen das mit uns. Wir können ihnen vergeben, so wie Jesus uns vergeben hat.«

Es schmerzte mich, zu sehen, dass meine Tochter schon in so jungen Jahren Verfolgung erleiden musste. Doch wie hätte ich sie ganz vor der Ablehnung schützen können, der wir als Nachfolger Jesu nun einmal ausgesetzt sind? Und wenn ich ganz ehrlich mit mir war, wollte ich das überhaupt? Mehr noch als ein Leben, das frei von Widerstand war, wünschte ich meiner Tochter, dass sie lernte, im Angesicht des Hasses den Weg Jesu zu gehen – den Weg der Liebe, Gnade und Vergebung.

Unsere Wohnung hatte viele Fenster, aber keine Klimaanlage. Das bedeutete, dass die Luft nachmittags so heiß und abgestanden wurde, dass es unmöglich war, sich auf die Schularbeit zu konzentrieren. An besonders heißen Tagen nahmen wir unsere Bücher mit nach draußen und ich unterrichtete Amiyah einfach auf dem Spielplatz. Während sie lernte, sprach ich mit anderen Müttern und erzählte ihnen davon, wie mein Leben sich seit meinem Traum von Jesus verändert hatte.

Das war nicht leicht. Es überraschte mich, wie viel schwieriger es war, Fremden von Jesus zu erzählen als meiner Mutter und meinen Geschwistern. Manche der Frauen, die ich auf dem Spielplatz traf, interessierten sich für das, was ich ihnen zu erzählen hatte. Doch auf jede Chance, die sich mir bot, kamen viel mehr Gespräche, die mit finsteren Blicken und zugekehrten Rücken endeten. Manchmal ließ ich mich entmutigen. Es gab eine Zeit, in der John keine Arbeit hatte und die Küchenschränke leer waren und ich meine Heimat sehr vermisste. In dieser Zeit verletzte es mich, wenn ich von Jesus sprach und die Leute mir im Gegenzug Beleidigungen entgegenschleuderten. Es war dann, als lastete das Gewicht all der Ablehnung auf mir, die sich in dem Jahrzehnt angesammelt hatte, seit ich Christin geworden war. In solchen Situationen fühlte ich mich wieder wie ein Kind. Ich brauchte die

Bestätigung, dass Gott mich nicht verlassen hatte und auch weiterhin für meine Familie und mich sorgte. Ich beschloss, zu fasten und zu beten. Nach drei Tagen hörte ich endlich sein sanftes Flüstern: *Meine Tochter, mein Geist, der dich aus Pakistan hierhergebracht hat, ist immer noch mit dir. Sowohl in deinen leidvollen als auch in deinen fröhlichen Zeiten bin ich bei dir.*

Ich weinte. »Es tut mir so leid«, flüsterte ich.

Meine Arbeit für dich in Malaysia geht weiter. Und wenn du hier fertig bist, wird dich nichts mehr von dem abhalten, was ich als Nächstes für dich bereithalte.

»Herr«, flehte ich, »bitte gib mir die Arbeit, zu der du mich berufen hast!«

Am nächsten Tag stellte ein Freund mich einer muslimischen Flüchtlingsfamilie vor, die ebenfalls beantragt hatte, umgesiedelt zu werden. Sie brauchten einen Rat. Ich besuchte sie in dem Asylantenheim, in dem auch wir nach unserer Ankunft gewohnt hatten.

»Danke, dass Sie so nett sind und zu uns kommen«, sagte die Frau, während wir auf ihren Mann warteten. »Aber sagen Sie mir, warum nehmen Sie nicht den Islam an? Allahs Gnade sollte auf Ihnen sein.«

Ich lächelte in Erinnerung daran, wie auch ich den dreistufigen Plan zur Bekehrung eines Christen gelernt hatte.

»Ich bin bereits unter der Gnade«, sagte ich. »Was halten Sie davon, Christin zu werden?«

»Nein.« Sie runzelte die Stirn. »Ihr Buch ist verändert worden.«

»Wirklich? Wer hat es verändert?«

»Weiß ich nicht«, sagte sie.

»Nun, wenn Sie herausfinden, wer es verändert hat und wann, dann sollten Sie es laut herausrufen. Doch bis dahin denke ich, dass Sie keine Gerüchte verbreiten sollten. Christen sind freundlich und liebevoll – und Jesus tut auch heute noch Wunder.«

Dies stimmte sie nachdenklich. »Haben Sie schon Wunder gesehen?«

»Ja, viele«, sagte ich.

Sie hielt inne. »Okay, dann will ich, dass Sie für mich beten. Ich will wissen, ob Sie recht haben und Jesus mich wirklich heilen kann.«

Sie hatte Diabetes und nahm Insulin. Ich betete für sie, bevor ihr Ehemann dazustieß.

Einen Monat später rief die Frau mich an. Sie hatte gerade eine Untersuchung gehabt, ihre Blutzuckerwerte hatten sich normalisiert. Ihr Arzt hatte ihr Insulin abgesetzt. Ich besuchte sie kurz darauf erneut. Wir sprachen darüber, dass Jesus auch heute noch heilt, wie er es in der Bibel tat. Ich fragte sie, warum sie nicht in der Bibel lese, obwohl diese drei der heiligen Bücher enthält, die alle Muslime lesen sollten. Sie sagte, dass sie nicht wisse, warum. Wir unterhielten uns weiter. Unser Gespräch erinnerte mich an die Debatten. Sie war eine gebildete Frau und ich ermutigte sie dazu, tief nachzudenken, den Koran sorgfältig zu studieren und Fragen zu stellen.

Ich besuchte sie drei Monate lang regelmäßig. In diesem Zeitraum nahm ihre ganze Familie den christlichen Glauben an. Sie fanden eine örtliche Gemeinde, die sie aufnahm und unterstützte, und kurz darauf hörten wir, dass die Vereinten Nationen ihren Antrag angenommen hatten. Nach wenigen Monaten verließen sie Malaysia – bereit, ein neues Leben in Europa zu beginnen.

Das war ein bittersüßer Sieg für uns. Wir freuten uns sehr für unsere Freunde, doch ihre Abreise erinnerte uns auch daran, wie sehr unser eigenes Verfahren sich verzögerte. Wir waren seit bald sieben Jahren in Malaysia und bisher hatte jede Phase unseres Antrags länger gedauert als bei jedem anderen Fall, von dem wir gehört hatten. Wo andere Wochen auf einen Termin warten mussten, warteten wir Monate. Wenn uns gesagt wurde, dass wir in einigen Monaten eine Antwort erhielten, wussten wir, dass es Jahre dauern konnte. Wir versuchten, den Grund dafür herauszufinden, doch wir erhielten nie eine offizielle Erklärung.

Während wir warteten, lernten wir eine weitere wertvolle Lektion. Immer, wenn wir unsere Situation mit der anderer verglichen, ärgerten wir uns. Es gab immer jemanden mit einem reibungsloseren Antragsverfahren, einer besseren Unterkunft oder weniger Hindernissen. Doch wenn wir uns daran erinnerten, was Jesus durchgemacht hatte, sahen wir unsere eigenen Umstände mit anderen Augen. Was wir erlebten, war nichts im Vergleich zu dem, was Jesus ertragen hatte, der die Herrlichkeit des Himmels gegen den Schmerz des Kreuzes eintauschte. Wenn wir uns dies ins Gedächtnis riefen, fiel es uns leichter auszuharren. Diese Perspektive erinnerte uns daran, treu zu bleiben, weil wir überzeugt waren, dass nichts unseren Herrn aufhalten konnte, wenn er uns aus Malaysia herausholen wollte.

Ich sprach weiterhin mit Müttern auf dem Spielplatz, Taxifahrern, Freunden von Freunden und jeder anderen Person, mit der ich in Kontakt kam, über Christus. Nach und nach kamen immer mehr Menschen zum Glauben und diese Siege ermutigten mich sehr. Je mehr ich weitergab und je mehr ich betete, desto mehr lernte ich, nach der Lektion zu suchen, die Gott mich in jeder einzelnen Situation lehren wollte.

Eines Tages, als ich mit Amiyah auf einen Bus wartete, kam ein Mann auf uns zu. Er hatte einen langen Bart und trug das traditionelle weiße Baumwollgewand eines strenggläubigen Muslims. Ich hatte von Anfang an das Gefühl, dass dies nicht gut enden würde.

»Ich will da sitzen«, sagte er und zeigte auf die Bank, auf der Amiyah saß.

Ich sagte ihr auf Englisch, dass sie auf meinen Schoß kommen sollte.

»Sind Sie Malaysierin?«, fragte er.

»Nein, ich bin aus Pakistan.«

»Oh! Pakistan«, sagte er nickend. »Islam?«

»Nein.« Ich schüttelte den Kopf und lächelte. »Christin.«

Er starrte mich eine Sekunde lang regungslos an. Dann warf er den Kopf zurück und spuckte in meine Richtung. Er verfehlte mich zwar, traf aber Amiyah mitten ins Gesicht. Sie begann zu weinen, doch der Mann tobte weiter.

»Warum seid ihr Christen hier in unserem Land? Verschwindet von hier! Ich mag keine Christen. Wenn ich der Premierminister wäre, würde ich …«

Ich hörte nicht mehr zu. Ich versuchte, Amiyah zu beruhigen. Als unser Bus kam, bewegte sich der Mann nicht. Ich sah ihn an, sagte Danke und stieg mit Amiyah in den Bus.

Später an jenem Abend erzählte sie John alles. Er kniete sich vor sie und hörte aufmerksam zu. Als sie mit Weinen aufgehört hatte, nahm er ihre Hände in seine und sagte ruhig: »Das Gleiche ist auch Jesus passiert. Sie haben ihn angespuckt, geschlagen und verletzt. Aber nichts konnte ihn davon abbringen, die Menschen so zu lieben, wie Gott es wollte.«

»Warum?«, fragte Amiyah.

John schlug seine Bibel auf und sie lasen gemeinsam, wie Jesus geschlagen und gekreuzigt wurde.

»Weißt du«, sagte er. »Ich denke, es tut uns gut, etwas von den Schmerzen zu spüren, die Jesus ertrug, bevor er gekreuzigt wurde.«

Während ich einerseits Mitleid mit meiner Tochter hatte, spürte ich andererseits, wie ich von Dankbarkeit erfüllt wurde. Sie würde als Christin nicht immun gegen Schmerzen sein, doch sie hatte einen Vater, der sie liebte und ihr zeigte, wie die Liebe des himmlischen Vaters ist.

Neunundzwanzig

Gott hatte einen mir bemerkenswerten Mann als Ehemann geschenkt. Es dauerte einige Jahre, bis ich erkannte, wie bemerkenswert er wirklich war.

Je länger wir in Malaysia blieben, desto dankbarer wurde ich für Johns Glauben. Er war unerschütterlich. Immer, wenn ich das lange Warten satthatte oder Angst bekam, dass wir vielleicht nach Hause zurückgeschickt würden, blieb John standhaft. Er erinnerte mich stets an alles, was Gott bisher getan hatte, und half mir, meinen Blick von meinen Sorgen abzuwenden und erneut auf Jesus zu richten.

Außerdem war John sehr zuversichtlich in Bezug auf den Ort, an den man uns umsiedeln würde. Es hatte zwei Ereignisse in seinem Leben gegeben, bei denen Gott ihm gewisse Einblicke in seine Zukunft gewährt hatte. Das erste Erlebnis hatte er mit 14 Jahren. Damals hatte er das sichere Gefühl, dass Gott ihn dazu berief, eine Person zu bekehren, und ihn ermutigte, dass er eines Tages heiraten würde. Weitere Einzelheiten waren ihm nicht bekannt. Er hätte nicht gedacht, dass es eine Verbindung gäbe zwischen der Person, die er bekehren, und der Person, die er heiraten sollte.

Doch dieser Auftrag von Gott wurde schnell zu einer Leidenschaft, die ihn jahrelang begleitete: eine Seele für den Herrn zu gewinnen und die Person zu finden, von der Gott wollte, dass er sie heiratete.

Bevor John und ich uns begegneten, hatte er einen weiteren Traum, der so detailliert und lebendig war, dass er ihn nie vergaß. Er träumte davon, wie sein Leben einige Jahre in der Zukunft aussehen würde. Er arbeitete in einem medizinischen Labor und erlebte Zeiten großen Leides, bevor er in eine neue Wohnung in einem unbekannten Land zog und sich schlussendlich in einem anderen Land in Übersee niederließ.

Als ich in seinem Labor stand und ihm erzählte, dass ich nicht glaubte, länger eine Muslimin zu sein, wusste John, dass der erste Teil von Gottes Plan im Gange war – dass ich diejenige war, die er bekehren sollte. Und als wir durch den halb leeren Flughafen in Pakistan liefen und von den schläfrig wirkenden Grenzposten durchgewinkt wurden, wusste er, dass der zweite Teil ebenfalls in Bearbeitung war. An dem Tag, als wir unsere erste Wohnung in Malaysia sahen, wusste John, dass nun der restliche Plan umgesetzt werden würde. Es war genau die gleiche Wohnung, die er in seinem Traum gesehen hatte – die gleichen Wände, die gleichen Fenster, die gleiche Atmosphäre. John wusste, dass Gott uns genau dahin führte, wo er uns haben wollte. Er wusste, dass auch das Ende seines Traumes eines Tages wahr werden würde: Wir würden alle nach Amerika ziehen.

Ohne einen göttlichen Plan wäre es unsinnig gewesen, zu glauben, dass überhaupt irgendein westliches Land uns als Flüchtlinge aufnehmen würde – geschweige denn die USA. Meine Vergangenheit war so kompliziert und es gab viele andere Flüchtlinge, die in die Staaten wollten. Wie konnten wir es also überhaupt wagen, davon zu träumen, Malaysia zu verlassen und dort ein neues Leben zu beginnen?

Doch wir wussten, dass Gott gesprochen hatte und dass wir ihm vertrauen konnten.

Also taten wir genau das: Wir beschlossen, Gott unter allen Umständen zu vertrauen. Als wir acht Stunden lang in der sengenden Hitze von Kuala Lumpur warten mussten, um herauszufinden, ob unsere Papiere bearbeitet worden waren, vertrauten wir darauf, dass Gott die Kontrolle hatte. Als Menschen, die lange nach uns in Malaysia angekommen waren, informiert wurden, dass ihnen ein neues Leben als Flüchtlinge in Europa angeboten wurde, widersetzten wir uns dem ängstlichen Gedanken, dass Gott uns verlassen haben könnte. Und als wir Grund zu der Annahme hatten, dass unser Antrag in Malaysia absichtlich verzögert wurde, blieben wir fest entschlossen, den Glauben an Gott zu bewahren.

Nach einem langen Verfahren wurde uns endlich der Flüchtlingsstatus gewährt, der es uns ermöglichte, uns an den UNHCR zu richten, die Flüchtlingsorganisation der Vereinten Nationen. Sie halfen uns, ein Land zu finden, das unser neues Zuhause werden sollte. Ein Mitarbeiter erklärte uns die erste Entscheidung, die wir treffen mussten: Wir konnten uns entweder an ein spezifisches Land richten oder einen offenen Antrag an alle Länder stellen, mit denen der UNHCR zusammenarbeitete, und dann das Land nehmen, das sich für uns entschied.

Wir wussten, dass Gott uns nach Amerika senden wollte. Doch wir wollten ihm die Kontrolle überlassen, also entschieden wir uns für die zweite Option. Nach beinahe acht Jahren Wartezeit wurde uns mitgeteilt, dass von all den möglichen Ländern – von Kanada über Australien und Dänemark bis hin zu Neuseeland und vielen anderen – ausgerechnet das Land unseren Antrag angenommen hatte, auf das wir gehofft hatten: Wir würden nach Amerika gehen.

Aber nicht sofort. Wir befanden uns am Anfang eines weiteren langwierigen Abschnitts unserer Reise. John und ich wurden ausführlich über unsere Vergangenheit in Pakistan befragt. Und genauso wie in unserer ersten Zeit in Malaysia mussten wir wieder viele Monate zwischen den Interviews und Anträgen warten. Unser Fall wurde so häufig überprüft, dass ich mich zu fragen begann, ob er je abgeschlossen würde. Doch egal, wie trostlos die Lage schien, John gelang es immer, mich an die Hoffnung zu erinnern, die wir in Jesus hatten.

Eines Nachts, als ich in meinem Zimmer betete, fühlte ich mich, als hätte Gott mich verlassen. Ich war am Vortag im Büro des UNHCR gewesen, um nach unserem Fall zu fragen. Als ich dort endlich aufgerufen worden war, um mit einer der malaysischen Angestellten zu sprechen, war das Ganze nicht gut gelaufen.

»Sie wollen reden?«, fragte sie mit verschränkten Armen. Ich sah, dass meine Akte ungeöffnet auf ihrem Schreibtisch lag. »Ich höre.«

»Bitte«, sagte ich. Ich versuchte, meine Stimme ruhig zu halten. »Meine Tochter muss zur Schule gehen und wir brauchen Hilfe.«

»Hilfe? Warum sollten wir Ihnen helfen? Wir haben Sie nicht hergebeten. Wir haben nicht gesagt, dass wir Ihnen helfen würden, und wir sind auch nicht hier, um Ihre Kinder zu erziehen. Hören Sie auf, uns zu belästigen! Gehen Sie nach Hause! Wir rufen Sie an, wenn wir Sie brauchen.«

Es war nicht das erste Mal, dass ich so unhöflich behandelt worden war, und mit Sicherheit auch nicht das schlimmste Mal. Dennoch beunruhigte mich dieser Vorfall – nicht wegen dem, was die Frau gesagt hatte, sondern wegen dem, was ich gesehen hatte. Quer über meine Akte stand in fetten Buchstaben: »Frau, die vom Islam zum Christentum konvertiert ist.«

Als ich betete, war mein Gesicht mit Tränen bedeckt und meine Kehle rau. Ich wollte John aufwecken, damit er mir zum tausendsten Mal erklärte, dass alles gut werden würde. Doch er musste am nächsten Tag arbeiten und ich wusste, dass er Schlaf brauchte.

Als ich Gott erzählte, wie groß unsere Probleme waren und wie machtlos ich mich fühlte und wie aussichtslos alles schien, fühlte ich mich schwächer denn je. Meine Gedanken schweiften zurück zu dem Tag, an dem John und ich vor seinem Pastor standen und ihn baten, uns zu trauen. Ich hatte den Pastor an das Gleichnis vom verlorenen Schaf erinnert und die Worte wiederholt, die John mir so viele Male gesagt hatte.

Ich war heute kein verlorenes Schaf mehr. Ich war von Gott gefunden und zur Herde gebracht worden. Ich war Christin. Ich gehörte dazu. Und trotzdem war ich immer noch schwach. Ich musste immer noch gerettet werden. Es war kein besonders dramatischer Augenblick und ich hörte nicht Gottes Stimme in der Dunkelheit. Doch in jener Nacht veränderte sich etwas in mir. Ich wurde an meine eigene Schwäche und an meine Abhängigkeit von Gott erinnert. In jener Nacht gab ich ihm erneut alles hin.

Während unserer Zeit in Malaysia machte ich mir oft Gedanken darüber, wie wir das Land verlassen würden. Johns Gebete hingegen konzentrierten sich meist auf die Menschen, die uns in den zwei Jahren, in denen wir in Pakistan auf der Flucht waren, geholfen hatten. Es brach ihm das Herz, dass sie Armut und Verfolgung leiden mussten. Obwohl wir selbst oft Schwierigkeiten hatten, Essen für uns zu kaufen, sorgte er immer dafür, dass wir ihnen so oft wie möglich Geld schickten.

Je länger wir verheiratet waren, desto mehr erkannte ich, wie viel John und ich gemeinsam hatten. Sein Vater war gestorben, als John etwa so alt war wie ich, als ich von zu Hause fortging. Seine Mutter war nun auch tot, und seit wir aus der Stadt geflohen waren, hatte er keinen Kontakt mehr zu irgendjemandem aus seiner Familie herstellen können. Meine Eltern mochten zwar nicht tot sein, doch praktisch gesehen waren sie es für mich. Ich konnte nicht einmal einen Anruf riskieren, um mich nach der Gesundheit meiner Mutter zu erkundigen. Ich wusste, dass mein Vater, selbst wenn ich von einem Münztelefon aus anriefe, die Landesvorwahl sehen und mich und meine Familie verfolgen würde. Ich konnte es nicht riskieren, Amiyah dadurch in Gefahr zu bringen.

In vielerlei Hinsicht hatte John noch mehr verloren als ich. Er hatte um meinetwillen freiwillig seine Familie, seine Kirche und seine Umgebung verlassen, doch ich hörte ihn nie klagen oder zaudern. Wenn ich ihn fragte, womit ich einen so wunderbaren Ehemann verdient hatte, lächelte er immer nur und winkte ab.

»Gott hat mir dieses Herz gegeben«, sagte er dann. »Ich bin bei dir.«

Dreißig

An dem Morgen, an dem wir unsere sieben Koffer durch die Tore des UNHCR-Geländes zerrten, war ich so nervös, dass ich dachte, ich würde platzen. Mit jeder Minute, die verging, zog sich mein Inneres enger und enger zusammen. Ich hatte guten Grund, nervös zu sein. Es war der Tag, an dem wir von Malaysia in die Vereinigten Staaten flögen, und in einem unserer Koffer befanden sich meine Notizen über den Koran. Im Laufe der Jahre hatte ich Hunderte Anmerkungen zu meinen Nachforschungen über den Koran und die Bibel geschrieben. Wenn diese Papiere von einem eifrigen Zollbeamten am Flughafen entdeckt wurden, konnte ich der Blasphemie beschuldigt werden. Dann würde ich wieder an dem Punkt landen, an dem ich zehn Jahre zuvor begonnen hatte.

Auch Amiyah war nervös, jedoch mehr aus Aufregung als aus Furcht. »Wohin bringen sie unser Gepäck?« »Bist du sicher, dass diese Fenster nicht aufgehen?« »Woher weiß das Flugzeug, wann es landen muss?« Ihre Fragen zu beantworten war eine willkommene Ablenkung für mich.

Ich kam mit meinem Koran sicher durch den Zoll, doch als wir in der Luft waren, weigerte sich mein Inneres immer noch, sich zu entspannen. Langsam dämmere mir, dass ich mir nicht nur um meinen entstellten Koran Sorgen machte. In den vergangenen acht Jahren hatte ich an der Überzeugung festgehalten, dass Amerika der Ort war, an dem Gott uns in der nächsten Phase unseres Lebens haben wollte. Nun, da wir mit 800 Kilometern pro Stunde darauf zurasten, wurde mir klar, dass ich absolut keine Ahnung hatte, wie dieses neue Leben in den Staaten aussehen würde. Wir wussten nur, dass wir einen Fallbearbeiter, eine Mietwohnung und etwas finanzielle Unterstützung haben würden, bis John und ich Arbeit gefunden hätten. Alles andere, was vor uns lag, war ein großes Fragezeichen.

Wir hatten erst vor zwei Wochen erfahren, wo wir leben würden, und bis zu jenem Moment hatte keiner von uns jemals von diesem Bundesstaat gehört, geschweige denn von der Stadt. Wir sahen einander mit großen Augen an. Wir waren nicht einmal sicher, auf welchem Teil der Landkarte wir suchen mussten.

Dies erinnerte mich an Hebräer 11,8: »Durch den Glauben gehorchte Abraham, als Gott ihn aufforderte, seine Heimat zu verlassen und in ein anderes Land zu ziehen, das Gott ihm als Erbe geben würde. Er ging, ohne zu wissen, wohin ihn sein Weg führen würde.« Auch wir wussten nicht, wohin uns unser Weg führen würde. Doch Gott wusste es – und ich hatte genug mit ihm erlebt, um zu wissen, dass ihm zu vertrauen nicht immer bedeutet, sich ruhig und sicher zu fühlen. Ich hatte gelernt, dass ich manchmal inmitten meiner Angst den Sprung wagen musste – in dem Wissen, dass mein Vater mich auffangen würde, bevor ich den Boden erreichte.

Amiyah hingegen war nun ein Bild vollkommenen Vertrauens. Sie sah sich auf dem Flug Filme an und John schlief einen Großteil der Reise. Ich verbrachte die meiste Zeit damit, die Landkarte auf dem Bildschirm vor mir anzustarren und zuzusehen, wie das winzige Flugzeug sich langsam über den Ozean bewegte. Es war gut, daran erinnert zu werden, dass Gott die Kontrolle hatte, egal, wo wir hingingen und was dieses neue Leben für uns bereithalten würde. Ich konnte nur das sehen, was die Landkarte zeigte, doch Gott kannte jeden Zentimeter Land und jeden Tropfen Ozean zwischen hier und dort. Nichts war vor ihm verborgen.

Letzten Endes hatte es zwei Jahre gedauert, bis wir aus Pakistan fliehen konnten, und acht Jahre, bis wir Malaysia verlassen durften. Doch es dauerte nur zwei Tage, bis wir uns in Amerika heimisch fühlten. Am ersten Tag und in der ersten Nacht waren wir müde und desorientiert. Wir waren überrascht, wie viel ruhiger unser Stadtteil war als Kuala Lumpur. Doch vor allem waren wir unsicher, was die kommenden Tage für uns bereithielten. Zwei unserer Koffer, unter anderem der mit dem Koran, waren verloren gegangen. Dies verstärkte die Unruhe, die wir empfanden. Denn wir hatten keine Ahnung, ob irgendjemand ihn absichtlich konfisziert hatte oder ob er zufällig verloren gegangen war.

Doch als wir am nächsten Tag aufwachten und bemerkten, dass Sonntag war, wussten wir genau, was wir zu tun hatten: in den Gottesdienst gehen. Wir verbrachten den Tag mit Fremden, die sofort zu Freunden wurden. Viele dieser neuen Brüder und Schwestern hatten noch nie jemanden aus Pakistan getroffen und wir waren nie zuvor in einer Gemeinde gewesen, die so entspannt und offen war. Trotzdem beteten wir einmütig und priesen Gott zusammen. Wir lachten, unterhielten uns und erzählten einander unsere Erlebnisse. Anschließend luden uns unsere neuen Freunde zum Essen ein. Als wir später voller Dankbarkeit und gutem Essen nach Hause zurückkehrten, wussten wir, dass wir hierhergehörten.

Wir kamen im Hochsommer in Amerika an. Als die Blätter allmählich braun und die Tage kürzer wurden, hatten wir uns an unser neues Leben gewöhnt. Amiyah bekam lauter Einsen in der Schule und John hatte Arbeit in einer örtlichen Klinik gefunden. Wenn sie tagsüber beide fort waren, musste ich mich nur im Haus umsehen, um an Gottes Fürsorge und die wunderbare Großzügigkeit der Gemeinde erinnert zu werden. An unserem ersten Wochenende hier war das Haus beinahe leer gewesen, doch innerhalb von Monaten wurde es mit allem versehen, was wir brauchten – von Schränken voller Kleidung bis hin zu Waschmaschine und Trockner. Wir hatten sogar ein Auto.

Trotz dieser Fürsorge fiel ich häufig auf die Knie und bat Gott verzweifelt, uns zu helfen. Johns Gehalt war nicht sehr groß, doch es war genug, um die finanzielle Unterstützung, die wir vom Staat erhielten, zu reduzieren. Die Leute aus der Gemeinde spendeten uns auch weiterhin Dinge, die wir brauchten, aber manchmal hatten wir nicht genug Geld, um die Rechnungen zu bezahlen. In Malaysia hatten wir uns mit der Zeit immer weniger wie Flüchtlinge gefühlt. Wir gehörten zu unserer dortigen Gemeinde, hatten Arbeit und ein wenig Geld und sahen wie alle anderen im Land aus. In Amerika begannen wir wieder neu als Flüchtlinge und es dauerte etwas, bis wir uns umgewöhnt hatten.

Die finanziellen Schwierigkeiten waren nicht der einzige Druck, der auf uns lastete. Amiyah hatte schon damals in Malaysia begonnen, Fragen über ihre Großeltern zu stellen. Wir versuchten, ihr Antworten zu geben, die sie verstehen konnte. Doch als wir in die Staaten zogen, war sie bereits zehn und konnte die Geschichte, wie ihre Eltern sich kennengelernt hatten, ganz gut nachvollziehen.

Sie wusste, dass sie eine Oma und einen Opa von meiner Seite hatte – ebenso wie Onkel und Tanten, Cousins und Cousinen, die sie nie getroffen hatte. Darüber war sie sehr traurig. Sie sah, wie ihre Freunde in der Schule von ihren Großeltern abgeholt wurden, oder hörte, wie ihre Klassenkameraden am Wochenende Zeit mit ihrer Verwandtschaft verbrachten. Dies weckte ein tiefes Verlustgefühl in ihr. Sie hatte nie einen ihrer Verwandten getroffen, aber sie vermisste sie trotzdem.

Manche Belastungen blieben Amiyah aber auch erspart. Einmal, als ich am Martin-Luther-King-Tag nach Hause kam, fand ich an einem Stein eine Nachricht vom Ku-Klux-Klan. Darin stand, dass alle Ausländer aus der Nachbarschaft verschwinden sollten. Ich rief sofort eine Freundin von der Gemeinde an und sie informierte die Polizei.

»Sie machen das jedes Jahr«, sagte der Polizist. »Es ist nichts Persönliches.«

John und ich beschlossen, auf diesen Rat zu vertrauen und die Nachricht zu ignorieren. Monate vergingen und es gab keine weiteren Drohungen. Doch als wir in einer Frühlingsnacht Schüsse draußen auf der Straße hörten, spürte ich, wie die Angst zurückkehrte und mir die Kehle zuschnürte. Obwohl wir wussten, dass die Schüsse nichts mit uns zu tun hatten, schlief ich in jener Nacht nicht gut.

Es gab eine Zeit, in der Dschihad eines der wichtigsten Wörter war, die ich kannte. Er kann viele Gestalten annehmen, doch alle Ausdrücke des Dschihad haben das gemeinsame Thema des Kampfes. Für manche Menschen geht es beim Dschihad darum, die Armut zu bekämpfen; für andere, wie für mich früher, ist es ein Kampf gegen die sogenannten Feinde des Islam. Mein ganzes Leben war ein einziger Kampf, auch wenn ich das nicht immer sehen konnte.

In vielerlei Hinsicht wurde mein Leben als Muslimin von den Kämpfen bestimmt, die ich auszutragen hatte. Ich kämpfte darum, von meinem Vater geliebt zu werden. Ich bemühte mich sehr und gab in der Schule mein Bestes, nur um seine Aufmerksamkeit zu erlangen. Doch der Kampf war vergeblich. Er hatte kein Interesse an seiner drittgeborenen Tochter.

Ich kämpfte um das Recht auf Bildung. Mein Vater erlegte mir viele Einschränkungen auf, doch ich kämpfte darum, so viel Bildung zu erhalten wie möglich. Obwohl ich das Gefühl hatte, diesen Kampf zu gewinnen, hatte ich keinen inneren Frieden. Ich sehnte mich nach Akzeptanz und Liebe, doch das waren Dinge, die mir nicht einmal die besten Lehrer geben konnten.

Deshalb hatte ich das Einzige getan, das ich mit meinem begrenzten menschlichen Verstand zu tun wusste: Ich bereitete mich darauf vor, gegen die Ungläubigen zu kämpfen.

Meine Kämpfe verschwanden nicht einfach an dem Tag, als ich von Jesus träumte. In vielerlei Hinsicht war es sogar der Anfang eines neuen Kampfes. Als Christin musste ich kämpfen, um mir selbst und meiner Gemeinschaft zu beweisen, dass meine Entscheidung, den Islam zu verlassen, richtig war. Dann kämpfte ich darum, mich selbst, meinen Mann und meine Tochter zu schützen.

Auch in Malaysia hatten wir zu kämpfen. Wir mussten von vorne beginnen, kannten niemanden und hatten nichts als ein paar Dollar in der Tasche. Ich kämpfte darum, meine Ängste und Zweifel abzulegen und mich dafür zu entscheiden, meinem Gott zu vertrauen und anderen meine ganze Geschichte zu erzählen.

Es gab so viele Kämpfe.

Doch der Unterschied zwischen der Art, wie ich als Muslimin kämpfte, und der Art, wie ich als Christin kämpfe, ist entscheidend. Heute kämpfe ich nicht mehr allein. Gott steht nicht in weiter Entfernung und notiert alle meine Sünden, um sie gegen meine guten Taten abzuwägen. Er verwendet meine Sünden nicht, um mich von sich fernzuhalten. Stattdessen offenbart er mir sein wahres Wesen durch seinen Sohn Jesus. Christus steht mit weit geöffneten Armen da, zerschlagen und verwundet, vernarbt und leidend. Er hat viel mehr gekämpft, als ich es je tun werde. Und egal, in was für einem Kampf ich mich befinde, ich stehe nicht allein da. Er ist immer an meiner Seite.

Das vielleicht Befreiendste von allem ist, dass es nicht an uns liegt, uns unsere Errettung zu verdienen. Gott schenkt uns seine Gnade und Liebe – die stärkste Kraft der Welt. Das bedeutet, dass ich nicht mehr darum kämpfen muss, angenommen zu werden. Beim Dschihad drehte sich alles darum, was ich tun konnte; bei Erlösung geht es darum, was Gott für mich – für uns alle – getan hat.

Epilog

»Du warst Muslimin?«

Ich hielt die Nähmaschine an und wandte mich um. Die Werkstatt war klein – nicht viel größer als die meiner Mutter in Pakistan. Obwohl ich wusste, dass ich in Sicherheit war und dass ein Gespräch wie dieses in den USA nicht kontroverser war als eine Diskussion über Politik, war ich nervös.

Ich arbeitete seit drei Tagen in der Näherei, wo ich neben vier anderen Frauen an der Nähmaschine saß. Wir nähten gerade Kostüme für eine bevorstehende Parade in der Stadt. Die leuchtend bunten Stoffe erinnerten mich an zu Hause, ebenso wie das Lachen der Frauen, als sie den Lieferjungen neckten, der nervös an der Tür wartete. Viele fröhliche Erinnerungen, die eine Ewigkeit her zu sein schienen, kamen mir in den Sinn.

»Was meinst du damit, dass du früher Muslimin warst? Das verstehe ich nicht.« Nasirah sah mich aufmerksam an. Sie war die einzige Muslimin in der Werkstatt, zumindest war sie die einzige Frau, die einen Schleier trug. Schon seit dem Augenblick unserer ersten Begegnung betete ich für eine Gelegenheit, ihr von Jesus zu erzählen. Dennoch fühlte es sich riskant an, zu sagen: »Ja. Ich wurde als Muslimin geboren und großgezogen.« Würde sie mich als Kafir ansehen? Was, wenn sie Verbindungen zu Extremisten hatte?

Ich sah, wie sie mein Gesicht musterte, als sie erkannte, dass ich nicht die war, für die sie mich gehalten hatte. Und ich merkte, dass ich ihr mehr erzählen musste.

»Etwas ist mit mir geschehen«, sagte ich, entschlossen, das Beste aus dieser Chance zu machen. »Etwas, was ich nie erwartet hätte. Es hat mir die Augen für die Wahrheit geöffnet.«

Ich bemerkte, wie sie den Mund verzog und die Augen zusammenkniff. Ich war für sie nun kein Ziel freundlicher Bekehrungstätigkeit mehr, sondern eine Ungläubige, die Geringschätzung verdiente. Ich wusste, dass ich nicht viel Zeit hatte, bevor sie mich abweisen und das Gespräch beenden würde, also redete ich weiter. Ich erzählte Nasirah meine Geschichte in wenigen Sätzen. Zu meiner Überraschung unterbrach sie mich nicht und wandte sich auch nicht ab. Sie hörte nur zu, während ihre Augen auf das rote Nähgarn in ihren Händen gerichtet waren. Während wir sprachen, betete ich im Stillen. Ich bat Gott, meinen Worten Leben einzuhauchen und in Nasirah das Bedürfnis zu wecken, mehr von ihm zu erfahren.

Als ich meine Geschichte fertig erzählt hatte, wusste ich nicht, was ich noch sagen sollte, also lud ich sie ein. »Möchtest du einmal zu mir nach Hause kommen, damit wir uns weiter darüber unterhalten können?«

»Ja«, sagte sie. Sie hob den Blick und sah mich an. »Das würde ich gerne.«

Es dauerte eine Weile, bis ich mich an die Freiheit des Lebens in Amerika gewöhnte. Arbeiten, Auto fahren oder öffentliche Verkehrsmittel zu nutzen zu können, ohne Angst vor Fremden zu haben – all diese Erfahrungen waren so anders als das, was wir als Christen in Pakistan und Malaysia erlebt hatten.

Es gab aber auch Veränderungen, die uns nicht so leichtfielen. Seit ich mein Zuhause verlassen hatte, war ich immer weiter von meiner Familie weggezogen. Ich weiß, wie unwahrscheinlich es ist, dass ich sie je wiedersehen oder Kontakt zu ihnen haben werde. Ich weiß nicht einmal, ob meine Mutter noch lebt. Vielleicht werde ich nie erfahren, ob mein Vater und meine zwei älteren Schwestern zu Christus gefunden haben. Amiyah wird nie ihre Großeltern, Tanten, Onkel, Cousins und Cousinen kennenlernen. Es ist nun über zehn Jahre her, dass ich meine Familie verlassen habe, aber das Risiko einer Kontaktaufnahme ist immer noch zu groß. Denn wenn mein Vater noch der Mann ist, der er damals war, wird ihn nichts davon abhalten, meine Familie und mich um seiner Religion und seiner Ehre willen zu töten.

Doch selbst angesichts dieser Verluste hat Gott für uns gesorgt. Wir sind mit so vielen Freunden gesegnet worden. Eine Familie hat uns ganz besonders herzlich aufgenommen und zu einem Teil ihrer Familie gemacht. Ich werde vielleicht nie wieder eine Verbindung zu meiner Familie in Pakistan herstellen, doch ich weiß, dass ich immer eine Mutter und eine Schwester hier in Amerika haben werde, die mich lieben, für mich sorgen und mich beschützen.

Ich bin so froh, dass Amiyah in einem Land wie diesem aufwachsen darf, wo sie die Freiheit hat, zu lernen und so zu leben, wie Gott es will. Doch die Versuchungen der Welt sind groß. John und ich wissen, dass wir wie alle christlichen Familien im Westen es nicht als selbstverständlich erachten können, dass unsere Tochter Jesus auch als ihren Herrn anerkennen wird. Kinder müssen unterwiesen werden. Wir müssen ihnen zeigen, wie groß unser Gott ist und welchen Stellenwert er in unserem Leben hat. Wir müssen zusammen beten und als Familie in der Bibel lesen. So wie jedes Kind muss unsere Tochter ausgerüstet werden. Sie wird vielleicht nie mit einem Mullah debattieren oder einem Saal voller zorniger Extremisten entgegentreten müssen, aber sie muss dennoch bereit sein – bereit, Risiken für Gott einzugehen. Sie muss bereit sein, ihm in jeder Situation zu vertrauen.

Von allen Veränderungen, die in meinem Leben geschehen sind, seit wir in Amerika sind, ist die bedeutendste wohl die Freiheit, meine Geschichte in der Öffentlichkeit ungehindert erzählen zu können. Seit wir hierhergezogen sind, weiß ich, dass ich nicht schweigen kann. Was Gott in meinem Leben getan hat, ist etwas, was ich nicht verbergen kann. Die Tage, in denen ich meine Vergangenheit für mich behalten habe, sind endgültig vorbei.

Ich erzähle meine Geschichte nun, wo immer und wann immer ich kann. Ich ergreife das Wort auf der Arbeit und im Supermarkt. Ich spreche mit Muslimen aus aller Welt über Facebook und halte Vorträge in Kirchengemeinden in meiner Umgebung. Manchmal rede ich vor hundert Leuten; manchmal setze ich mich mit einer einzelnen Person zum Gespräch hin. Es ist egal, wie viele oder wenige da sind; alles, was zählt, ist anderen von Gottes Werken zu erzählen.

Wenn ich mit anderen rede, ist mir bewusst, dass meine Geschichte in vielerlei Hinsicht gar nicht so einzigartig ist, obwohl sie anders ist als die anderer Menschen. Gott wirkt mit großer Macht im Leben vieler Muslime. Im Laufe der letzten Jahrzehnte sind Millionen von ihnen zum Glauben an ihn gekommen. So wie ich sind ihm viele im Traum begegnet. Andere begegneten ihm bei evangelistischen Veranstaltungen oder Missionseinsätzen, entweder in ihren Heimatländern oder hier im Westen.

Als Ortsgemeinden haben wir die Freude und die Verantwortung, diese Personen mit muslimischem Hintergrund in Gottes Familie einzuladen. Unsere Welt wird immer kleiner. Deshalb hoffe ich, dass die Gemeinde Menschen aus anderen Ländern oder Religionen, die zu uns kommen, immer mit Liebe und Freude aufnehmen wird. Schließlich hat Gott diese Menschen so sehr geliebt, dass er alle Grenzen überwunden hat, um sie zu sich zu führen. Wir haben das Privileg, das Gleiche zu tun.

Sie brauchen unsere Hilfe – finanziell, emotional, materiell. Es gibt so viele Möglichkeiten, die Last einer Person mitzutragen, die alles zurücklassen musste, um Gott nachzufolgen. Er fordert uns alle dazu auf, unseren Part beizutragen – sei es, dass wir unseren Glauben mit einer skeptischen Person in der Schule oder auf der Arbeit teilen, wie es Azia und John für mich taten; oder dass wir unser Haus für vertriebene Gläubige öffnen, wie es so viele Christen in Pakistan für uns taten. Genauso kann es heißen, über Jahre hinweg neuen Gläubigen zur Seite stehen, wie es Paul und C. Howe für uns in Malaysia taten. Was immer unsere Mittel, Situationen und Gaben sein mögen, Gott fordert jeden von uns dazu auf, sich seinem Werk anzuschließen.

Wenn Sie also einem Flüchtling oder einer Flüchtlingsfamilie begegnen, fliehen Sie nicht aus Angst oder Unsicherheit darüber, was Sie sagen oder tun sollen. Fragen Sie Gott, wie er möchte, dass Sie sich einbringen. Wie können Sie helfen? Welche Rolle können Sie spielen? Was trägt Gott Ihnen auf, um diesen Menschen ein wenig mehr von seiner Liebe zu zeigen? Fragen Sie sie auch, was sie brauchen. Fragen Sie sie nach ihren Geschichten und erzählen Sie ihnen Ihre eigene Geschichte.

Wenn Sie ihnen zuhören, entdecken Sie vielleicht, dass ihre Reise eine voller Kämpfe und Sorgen, Schmerzen und Verfolgung war. Ihre eigene Geschichte mag völlig anders sein – und dennoch wird es Ähnlichkeiten geben. Denn es ist typisch für Gott, unterschiedliche Menschen zusammenzubringen, die doch Ähnlichkeiten miteinander haben. Es ist typisch für ihn, aus der Zerbrochenheit in uns allen Stärke zu bewirken. Und vor allem ist es typisch für ihn, die Unqualifizierten und Schwachen zu gebrauchen, um sie zu einem Teil seines Plans zu machen.

Mein Leben begann mit einer Wunde. Sie eiterte und führte dazu, dass ich mich noch verzweifelter nach der Liebe und Aufmerksamkeit eines Vaters sehnte, der entschlossen war, sein Gesicht von mir abzuwenden. Doch Gott war da. Er sah meinen

Schmerz und all meine törichten Versuche, diesen Schmerz zu verbergen. Als ich kurz davor war, den schlimmsten Fehler meines Lebens zu begehen, griff er ein und rettete mich.

Ich werde nie wissen, wie viele Leben Gott rettete, als er mich vom Weg des Dschihad abbrachte. Vielleicht werde ich auch nie erfahren, ob Gott meinen Vater, meine Schwestern und Personen wie Anwar errettet hat. Doch ich weiß sicher, dass niemand von uns zu weit von Gottes Hand entfernt ist. Es steht uns allen offen, die Liebe und Akzeptanz zu erfahren, die unser vollkommener himmlischer Vater uns anbietet.

Denn er ist der Gott, der uns liebt. Er nimmt uns, so verwundet und schwach und verirrt, wie wir sind, und bringt uns nach Hause.

Interview mit Esther Ahmad

Frau Ahmad, stehen Sie in Kontakt zu Familienmitgliedern oder Freunden in Pakistan?

Ich habe überhaupt keinen Kontakt zu meiner Familie. Das bricht mir das Herz. Amiyah sieht oft andere Kinder mit ihren Großeltern und es macht uns beide traurig, zu wissen, dass sie ihre Großeltern und den Rest ihrer Verwandtschaft wahrscheinlich nie kennenlernen wird.

Derzeit stehen wir in Kontakt zu Johns Familie, seinem Pastor, seiner Kirchengemeinde und vielen der Personen, die uns halfen, als wir auf der Flucht waren. Diese Gläubigen sind weiterhin der Verfolgung in Pakistan ausgesetzt und leben unter ständigen Gewaltandrohungen. Einer von Johns Brüdern ist geschlagen worden. Auch andere Christen, die uns geholfen haben, sind angegriffen worden. Ein Teil unseres Herzens wird immer in Pakistan sein.

Wie gehen Sie damit um, nicht mit Ihrer Familie kommunizieren zu können, vor allem nicht mit Ihrer Mutter und Ihren Geschwistern?

Manchmal ist es wirklich schwer gewesen, damit klarzukommen. Auch heute ist es noch schmerzhaft. In unserer ersten Zeit in Malaysia wachte ich jeden Morgen auf und weinte. Eines Tages, als John früh von der Arbeit nach Hause kam, fand er mich tränenüberströmt. Er fragte mich, warum ich weinte, und ich erzählte ihm, dass ich meine Familie vermisste.

»Wie lange weinst du schon?«, fragte er, während er seinen Arm um mich legte.

Ich erzählte ihm, dass ich schon seit drei Stunden weinte.

»Und sind deine Eltern zurückgekommen? Hat dein Weinen irgendetwas verändert?«

»Nein.«

»Warum weinst du jeden Tag so viel, wenn du nichts davon hast? Warum verbringst du diese Stunden nicht lieber im Gebet für sie? Bete dafür, dass der Glaube deiner Mutter stärker wird. Bete für Kraft, deinem Vater zu vergeben. So wird Friede in dein Herz und deine Gedanken einkehren.«

Vom nächsten Tag an tat ich genau das. Ich fühlte mich sofort getröstet. Auch jetzt beginne ich noch jeden Tag damit, für meine Familie zu beten. So komme ich damit zurecht.

Was vermissen Sie am meisten an Ihrem Heimatland, insbesondere, da Sie wissen, dass Sie wahrscheinlich nie dorthin zurückkehren werden?

Ich vermisse meine Familie, meine christlichen Freunde und die Gemeinschaft, die wir hatten. All die Menschen, die sich um uns kümmerten, als wir auf der Flucht waren, waren wie eine Familie für mich. Sie gingen die Extrameile mit uns, so wie Jesus es uns aufträgt. Wir konnten mit einigen von ihnen in Kontakt bleiben. Immer, wenn es uns möglich ist, schicken wir ihnen Geld, da sie noch immer verfolgt werden.

Ich vermisse auch die schönen Landschaften in Pakistan, zum Beispiel die nördlichen Berge rund um Murree und die schönen Täler von Kalash und Kaghan. Das pakistanische Essen vermisse ich aber nicht – das kann ich ganz gut zu Hause kochen! Chapatis, Biriyani und Chicken Masala kommen bei uns regelmäßig auf den Tisch.

Manches am Leben in Amerika erscheint uns immer noch fremd: Das sind die Tage, an denen die Sonne hinter schweren Wolken verborgen bleibt, oder Zeiten, in denen ich allein zu Hause bin. Am meisten verwirrt uns, dass viele Menschen hier nicht in den Gottesdienst gehen, obwohl es ihnen gut geht, sie gesegnet sind und sie ungehindert hingehen könnten. Als ich in Pakistan lebte und nicht in die Kirche gehen konnte, malte ich mir in Tagträumen aus, wie wunderbar es wäre, mit anderen Christen Gott anzubeten. Ich dachte, dass die Christen in den USA glücklich darüber wären, in eine Gemeinde gehen zu können, wann immer sie wollen. Doch stattdessen wollen sie lieber an den Strand gehen, Fußball schauen oder essen. Das stimmt mich ein wenig traurig.

Was waren für Sie und Ihre Familie die größten Umstellungen in dieser fremden Kultur?

Wir haben keine schlechten Erfahrungen als Flüchtlinge in den USA gemacht. Die Regierung half uns, Arbeit zu finden, und unsere Gemeinde sowie unsere Nachbarn haben uns die Umstellung sehr erleichtert. Als wir ankamen, fehlten zwei unserer Koffer, also mussten John und ich drei Tage lang dieselben Kleider tragen. Doch der Pastor unserer ersten Gemeinde hier in den USA kam uns sofort zu Hilfe. Er und ein paar andere Gemeindemitglieder nahmen uns zum Einkaufen mit und schenkten uns alles, was wir brauchten. Andere Leute aus der Gemeinde luden uns zum Essen ein und halfen uns auf viele verschiedene Weisen. Jemand schenkte uns sogar ein Auto! Die Großzügigkeit dieser Leute war wirklich bemerkenswert.

In Malaysia waren wir von Menschen aus so vielen unterschiedlichen Kulturen umgeben, sodass uns manche Teile der amerikanischen Kultur schon etwas vertraut waren. Eine der Herausforderungen, die wir nicht erwartet hatten, war der viele verwirrende Papierkram! Die vielleicht größte Umstellung war, dass Johns Ausbildung und Arbeitserfahrung hier nicht anerkannt werden, sodass er sein Studium von vorne beginnen muss, wenn er eine Stelle im gleichen Berufszweig haben möchte.

Amiyah hatte ein paar Schwierigkeiten mit ihren Mitschülern, doch sie hat sie mit Mut, Liebe und Gebet bewältigt. Ich kann sehen, wie Gott sie schon jetzt gebraucht!

Wie sind Sie in Ihrem neuen Zuhause aufgenommen worden?

Wir haben von so vielen wundervollen Menschen aus verschiedenen Ortsgemeinden Hilfe bekommen. Sie haben uns zum einen ganz praktisch geholfen – durch Möbel, Kleidung und Essen –, zum anderen luden sie uns dazu ein, Teil ihrer Familien zu werden. Zu einer Zeit, in der ich meine Mutter besonders vermisste und Amiyah traurig war, dass sie ihre Tanten und ihre Oma nicht kannte, sandte Gott uns Lisa, eine Frau, die wir in der Gemeinde trafen. Sie sagte schon bald zu mir: »Nenn mich Mama« und zu Amiyah: »Nenn mich Oma«. Es vergeht kein Tag, an dem ich Gott nicht für sie danke.

Gott ist auf so viele Arten vor uns hergegangen und hat uns so viele liebevolle, großzügige Menschen geschickt. Wir sind sehr dankbar für unsere hiesige Familie aus christlichen Brüdern und Schwestern.

Welche falschen Vorstellungen haben die Menschen hier Ihrer Ansicht nach über Muslime?

Viele Menschen im Westen nehmen an, dass alle Muslime Hass verbreiten und Terrorismus unterstützen. Auch wenn ich bereit war, mein Leben im Dschihad zu geben, glaube ich nicht, dass alle Muslime so denken. Ich war Teil einer gefährlichen Minderheit, doch meiner Meinung nach gibt es viele gute, vernünftige und gebildete Muslime da draußen, die die Ideologie des Dschihad ablehnen, die im Koran beschrieben wird.

Beten Christen und Muslime denselben Gott an?

Als ich Muslimin war, glaubte ich, dass Muslime und Christen denselben Gott anbeten. Als Christin glaube ich das nicht mehr. All meinen Erfahrungen zufolge – durch mein Studium der Bibel und des Korans, durch Gebet und alles, was mir in Pakistan passiert ist – kann ich sagen, dass die Unterschiede zwischen dem Gott der Bibel und Allah so enorm sind, dass sie einfach nicht derselbe Gott sein können. Gott ist gnädig und liebevoll, doch Allah kennt weder Gnade noch Liebe.

In Bezug auf Ihre Debatten über den Koran und die Bibel könnte man behaupten: So wie Sie den Koran herausgefordert haben, könnte man auch den Wahrheitsanspruch der Bibel infrage stellen. Wie würden Sie darauf reagieren?

Die Bibel beruht in ihrem Kern auf Wahrheit. Sie weist uns auf Jesus hin und fordert uns dazu auf, unsere Beziehung zu Gott zu vertiefen. Der Koran hingegen beruht auf Verwirrung. Muslime werden nicht dazu ermutigt, sich mit ihm auseinanderzusetzen oder selbst nach der Wahrheit zu forschen. Der Koran steckt voller Widersprüche. Bei der Geschichte von Jona zum Beispiel finden sich im Koran und im Hadith unterschiedliche Angaben zur Anzahl Tage, die Jona im Bauch des großen Fisches zubrachte: An manchen Stellen ist es ein Tag, an anderen drei, sieben oder vierzig. Deshalb werden Muslime auch nicht dazu ermutigt, den Koran in ihrer Muttersprache zu lesen oder ihn in irgendeiner Weise zu hinterfragen.

Ich liebe es, wie wir Christen uns mit der Bibel auseinandersetzen und darüber diskutieren können – sie ist stark genug, um unseren Fragen standzuhalten. Und die Suche nach der Wahrheit ist auch genau das, wozu wir ermutigt werden. In Lukas 11,9 sagt Jesus: »Bittet, und ihr werdet erhalten. Sucht, und ihr werdet finden. Klopft an, und die Tür wird euch geöffnet werden.«

Wie ist die Kirche in den USA im Vergleich zur Kirche in Pakistan?

Die Gemeinden in den USA sind anders als die Gemeinden in Pakistan. Obwohl die Menschen in Amerika materiell reich gesegnet sind und mehr Möglichkeiten haben, gehen viele nicht gerne in den Gottesdienst. Die Pastoren hier konzentrieren sich vor allem darauf, der Gemeinde zu dienen und mehr Menschen dazu zu ermutigen, an den Gottesdiensten teilzunehmen.

In Pakistan müssen die Christen kämpfen. Sie gehen leidenschaftlich gerne in die Kirche und sehnen sich nach Gebet und Anbetung. Manche Gemeinden erhalten Bombendrohungen, doch sie treffen sich trotzdem weiter. Die Pastoren sind meist dem größten Risiko ausgesetzt.

Aber wir haben auch vieles gemeinsam. Wir alle loben Gott, wir lesen in der Bibel und beten zu demselben Gott! Er ist groß genug, um uns alle zu kennen und für uns alle zu sorgen.

Welchen Rat würden Sie Christen geben, die Muslimen von Jesus erzählen wollen?

Seien Sie ein guter Christ! Wie es im Matthäusevangelium heißt: »Genauso lasst eure guten Taten leuchten vor den Menschen, damit alle sie sehen können und euren Vater im Himmel dafür rühmen« (Matthäus 5,16). Unser größtes Vorbild ist der Herr Jesus Christus. Er hat uns ein Beispiel gegeben, dem wir nacheifern sollen. Wir sollen Menschen lieben, ihnen dienen und für sie beten, so wie er es tat.

Es ist wichtig, daran zu denken, dass Menschen zu Jüngern zu machen nicht nur bedeutet, Leute zu einem einzigen großartigen

Event mitzunehmen oder eine Woche lang mit ihnen Jüngerschaft zu praktizieren. Gott kann eingreifen und sich ihnen innerhalb von Augenblicken zeigen, wie er es bei mir tat. Aber der Lernprozess der Nachfolge dauert oft eine lange Zeit.

Wenn wir unseren Glauben an Muslime weitergeben wollen, müssen wir bereit sein, Extrameilen mit ihnen zu gehen, zusätzliche Arbeit zu leisten. Begegnen Sie ihnen mit einer positiven Ausstrahlung, geben Sie Ihr Zeugnis weiter und seien Sie bereit, auch über längere Zeit ein guter Freund oder eine gute Freundin zu sein. Und beten Sie! Versuchen Sie, zu lernen, Ihre Worte und Taten allein von Gott lenken zu lassen.

Begriffserklärungen

Al-Bukhari: Kurz für Muhammad ibn Ismāʿīl ibn Ibrāhīm ibn al-Mughīra al-Buchārī al-Dschuʿfī, einen bedeutenden islamischen Gelehrten, der im 9. Jahrhundert lebte. Er hat aus dem großen Umfang der damaligen Hadithen eine Sammlung erstellt, die heute noch bei Muslimen höchste Autorität genießt.

Allahu Akbar: Islamischer Ausruf, der zu vielen Gelegenheiten von Muslimen gesprochen wird und die unumstößliche Größe Allahs hervorhebt. Auf Deutsch übersetzt bedeutet er: »Gott ist größer/am größten« oder »Gott ist der Größte«.

Ami: Kosewort, pakistanische Form von »Mama«.

As-salam alaikum, salam, Wa-alaikum salam: Arabische Grußformeln. Hierbei ist *salam* die einfachste. Sie leitet sich von dem arabischen Wort für Frieden ab. *As-salam alaikum* ist die längere Grußformel und bedeutet: »Friede mit dir/euch«. Darauf antworten Muslime mit *Wa-alaikum salam*, was bedeutet: »Und mögen der Friede und die Gnade und der Segen Allahs auf dir/euch sein.«

Azán, auch Adhān: Bezeichnung des islamischen Gebetsrufes. Traditionell wird er in islamischen Ländern fünfmal am Tag ausgerufen. In Deutschland wird er als Muezzinruf bezeichnet.

Biriyani: Herzhaftes asiatisches Reisgericht. Es zeichnet sich dadurch aus, dass der Reis vor dem Garen angebraten wird.

Burka: Kleidung zur Vollverschleierung des Körpers. Im Westen werden oft alle Formen der Vollverschleierung als Burka bezeichnet. Es gibt allerdings Unterarten und länderspezifische Unterschiede. In Pakistan besteht die Burka meist aus zwei Tüchern: einem Schleier, der um den Kopf gebunden wird, und einem Tuch, das Mund und Nase bedeckt, aber leicht abnehmbar ist, zum Beispiel beim Essen.

Chai: Bezeichnung für Tee in asiatischen und osteuropäischen Sprachen.

Chapati: Ungesäuertes, dünnes Fladenbrot, üblicherweise aus Weizenvollkornmehl.

Chicken Masala: Abkürzung für Chicken Tikka Masala, ein beliebtes Currygericht in Indien und Pakistan, bei dem gebratene Hähnchenfleischstücke in einer scharfen Soße serviert werden.

Daras: Bezeichnung für religiöse Zusammenkünfte im privaten Rahmen außerhalb des Freitagsgebets, wahrscheinlich eine einfache Herleitung vom arabischen Wort *dara* (Wissen) und kein offizieller Begriff.

Dschihad: Als Dschihad werden im Islam zum einen Anstrengungen auf dem Weg zu Gott bezeichnet. Zum anderen bezeichnen radikale Muslime damit Gewalt und Kampf gegenüber Andersgläubigen. Wie Muslime diesen Begriff füllen, hängt stark von ihrer Lesart des Korans ab.

Dupatta: Langer, breiter Schleier in Form eines Schals, der vor allem in Indien und Pakistan getragen wird. Er gehört bei Frauen zur Bekleidung des Salwar Kamiz. Hinduistische Frauen tragen den Dupatta als Schal, Schleier oder Umhang; muslimische Frauen tragen den Dupatta immer als Schleier. Oft nutzen sie ihn auch zur Vollverschleierung des Gesichts.

Fatwa: Die Fatwa ist ein islamisches Rechtsgutachten oder Urteil, das von einer muslimischen Autorität getroffen und öffentlich verkündigt wurde. Eine Fatwa kann von einfachen Rechtsurteilen bis hin zu Todesurteilen reichen.

Hadith: Bezeichnung für die zusätzlichen Schriften, die tiefere Einblicke in das Leben und die Lehren Mohammeds geben. Die

Hadithe wurden von verschiedenen Überlieferern zusammengestellt. Für viele Muslime sind sie von beinahe ebenso großer Bedeutung wie der Koran. Den Hadithen wird nachgesagt, dass sie helfen, den Koran besser zu verstehen.

Haddsch: Bezeichnung für die Pilgerfahrt nach Mekka. Diese bildet eine der fünf Säulen des Islam. Jeder Muslim ist angehalten, einmal in seinem Leben nach Mekka zu reisen.

Hazrat: Arabischer Ehrentitel, ursprünglich für Mohammed und die anderen Propheten verwendet.

Hidschab: Allgemeine Bezeichnung des Schleiers für islamische Frauen. Üblicherweise ist damit ein einfacher Schleier gemeint, der Schultern, Haare und Ohren bedeckt.

Imam: Bezeichnung für einen Vorbeter in der Moschee. Ein Imam hält die Freitagspredigt und leitet zum rituellen Gebet an. Es handelt sich um ein Amt, das jeder geachtete männliche Gläubige innerhalb der muslimischen Gemeinschaft einnehmen kann. Im Gegensatz zum Mullah und Mufti hat ein Imam oft keine islamische Ausbildung genossen.

Indschil: Bezeichnung im Islam für die Jesus offenbarten Schriften. Von arabischsprachigen Christen werden die vier Evangelien als Indschil bezeichnet.

Kalima: Islamisches Glaubensbekenntnis. Als Muslim gilt laut Koran jeder, der dieses Bekenntnis vor Zeugen, sprich anderen Muslimen, laut ausspricht.

Kāfir, kāfir, Kāfira: Arabische Bezeichnung für Ungläubige. Der Begriff kann als Bezeichnung für eine ungläubige Person, aber auch für eine bestimmte Form des Handelns verwendet werden.

Medrese, auch Madrasa oder Medresse: Bezeichnung für eine Schule, an der islamische Wissenschaften gelehrt werden.

Mufti: offizieller islamischer Rechtsgelehrter. Er ist berechtigt, Fatwas auszusprechen, und besitzt dadurch höhere Autorität als ein Mullah.

Mullah: Ehrentitel eines islamischen Rechts- und Religionsgelehrten. Ein Mullah besitzt üblicherweise kein staatliches Diplom und ist rangniederer als ein Mufti.

Naan: Dünnes Fladenbrot, das in Südasien und dem Vorderen Orient beliebt ist und als Beilage zu heißen Speisen gereicht wird. Im Gegensatz zu Chapatis wird Naan aus gesäuertem Teig hergestellt.

Naat: Gedichte und Lieder, die den Propheten Mohammed und seine Taten preisen. Besonders beliebt sind sie in Südasien, also in Indien, Pakistan und Bangladesch.

Paria: Bezeichnung für einen Ausgestoßenen oder Außenseiter. Der Begriff leitet sich vom tamilischen Begriff für die unterste Kaste her.

Qur'an: Arabische Bezeichnung für Koran.

Salwar Kamiz, auch Shalwar Kamiz, Shalwar Kameez oder Salwar Kameez: Traditionelle Kleidung einiger Völker Südasiens. Ein Salwar Kamiz besteht aus einer Hose und einem langen Hemd, das meist ab Hüfthöhe geschlitzt ist. Salwar Kamiz werden in Indien und Pakistan von Männern wie Frauen getragen. Bei den Frauen gehört der Dupatta (ein Schleier, Schal) zum Salwar Kamiz.

Sunna: Als Sunna werden Werte, Normen, Gebräuche und Sitten bezeichnet, die der Handlungsweise des Propheten Mohammed entsprechen und folgen. Das Handeln des Propheten ist neben dem Koran die zweite wichtige Quelle des islamischen Rechts.

Ulema, auch Ulama oder Ulamā: Bezeichnung islamischer Religionsgelehrter. Sie haben lokale Autorität über die korrekte Interpretation der islamischen Glaubenslehre.

UNHCR: Kurz für *United Nations High Commissioner for Refugees*. Die ausführliche deutsche Bezeichnung ist *Hochkommissar der Vereinten Nationen für Flüchtlinge*. Es handelt sich um ein Amt der UN zum Schutz von Flüchtlingen und Staatenlosen.

Zabur: Heiliges Buch, welches David laut Koran offenbart wurde. Man geht davon aus, dass das biblische Buch der Psalmen gemeint ist.

Anmerkungen

1 Vgl. Koran 46:9 nach: Maher, Mousafa: Al-Muntakhab (Übersetzung der Al-Azhar), Kairo 1999, verwendete Quelle: www.koransuren.com (zuletzt aufgerufen am 19.07.2019).

2 Vgl. Koran 18:86.

3 Vgl. Koran 12:31, 50.

4 Vgl. Koran 80:1-10.

5 Vgl. Koran 4:136 nach Rassoul, Muhammad: Die ungefähre Bedeutung des Al Qur'án Al Karím in deutscher Sprache/aus dem Arab. von Abu-r-Ridá' Muhammad ibn Ahmad ibn Rassoul, Köln 2012, verwendete Quelle: www.koransuren.com (zuletzt aufgerufen am 24.07.2019).

6 Vgl. al-Buchari, Sahih: »Die Erläuterungen des Qur'an (Tafsir)«, Kap. 2/Hadith Nr. 5 und Muslim, Sahih: »Das Buch des Glaubens«, Kap. 2/Hadith Nr. 10; verwendete Quelle: www.islamische-datenbank.de (zuletzt aufgerufen am 14.08.2019).

7 Johannes 14,6.

8 Römer 8,31.

9 1. Petrus 3,13.

10 Matthäus 5,10-12.

11 2. Mose 20,12.

12 Epheser 6,1.

13 Römer 8,18.

14 Jakobus 1,5.

15 Vgl. Koran 46:9 nach: Maher, Mousafa: Al-Muntakhab (Übersetzung der Al-Azhar), Kairo 1999, verwendete Quelle: www.koransuren.com (zuletzt aufgerufen am 19.07.2019).

16 Vgl. Koran 10:37 nach Rassoul, Muhammad: Die ungefähre Bedeutung des Al Qur'án Al Karím in deutscher Sprache/aus dem Arab. von Abu-r-Ridá' Muhammad ibn Ahmad ibn Rassoul, Köln 2012, verwendete Quelle: www.koransuren.com (zuletzt aufgerufen am 31.07.2019).

17 Vgl. Koran 16:89 nach Rassoul, Muhammad: Die ungefähre Bedeutung des Al Qur'án Al Karím in deutscher Sprache/aus dem Arab. von Abu-r-Ridá' Muhammad ibn Ahmad ibn Rassoul, Köln 2012, verwendete Quelle: www.koransuren.com (zuletzt aufgerufen am 31.07.2019).

18 Vgl. Koran 29:27 nach Rassoul, Muhammad: Die ungefähre

Bedeutung des Al Qur'án Al Karím in deutscher Sprache/aus dem Arab. von Abu-r-Ridá' Muhammad ibn Ahmad ibn Rassoul, Köln 2012, verwendete Quelle: www.koransuren.com (zuletzt aufgerufen am 31.07.2019).

19 Lukas 12,11-12.

20 Vgl. Muslim, Sahih: »Das Buch der Almosensteuern (Zakah)«, Kap. 13/Hadithnr. 1724; verwendete Quelle: www.islamische-datenbank.de (zuletzt aufgerufen am 14.08.2019).

21 Vgl. Koran 4:158.

22 Vgl. Matthäus 10,30.

23 Vgl. Jesaja 49,16.

24 Vgl. Koran 5:69 nach: Maher, Mousafa: Al-Muntakhab (Übersetzung der Al-Azhar), Kairo 1999, verwendete Quelle: www.koransuren.com (zuletzt aufgerufen am 31.07.2019).

25 Vgl. Matthäus 18,12-14.